Gesang
der Sterne

Erfahrungen aus
Spirituellen Rückführungen

TAO
der Geist des Spielens
spielt das „Große Spiel".

Wer seinen ursprünglichen Spielgeist verliert hat verloren, noch bevor sein „Spiel des Lebens" richtig begonnen hat.

Günter Skwara

Gesang der Sterne

Erfahrungsberichte aus früheren Leben

Bibliografische Information der Deutschen Nationalbibliothek:
Die Deutsche Nationalbibliothek verzeichnet diese Publikation in der
Deutschen Nationalbibliografie; detaillierte bibliografische Daten
sind im Internet über http://dnb.dnb.de abrufbar.

Illustration: **Günter Skwara**

Herstellung und Verlag: BoD – Books on Demand, Norderstedt

ISBN: **978-3-7543-8463-3**

Inhaltsverzeichnis

Vorwort

Liebe Freundinnen, liebe Freunde, verzeiht mir bitte meine allzu menschliche Ausdrucksweise, sobald ich versuche mich dem Geistigen oder gar dem Göttlichen zu nähern. Manchmal vergesse ich einfach, dass dort (schon falsch!) im Geistigen weder der Raum noch die Zeit von Bedeutung sind.

Weder das Deutsche noch irgendeine andere Sprache auf diesem Planeten ist geeignet, diesem Höheren Bewusstsein gerecht zu werden. Dennoch fühle ich mich befleißigt, als einer der vielen Göttlichen Funken in diesem physischen Universum, darüber zu berichten, was sich seit Anbeginn ereignet hat.

All diese Erkenntnisse beziehe ich aus Spirituellen Rückführungen, denen von anderen Menschen sowie aus meinen eigenen Sichtungen und Erlebnissen. Mir gelang es, durch diese spirituellen Maßnahmen und mit der Genehmigung meiner Freundinnen und Freunde, sehr, sehr weit in das Vergangene vorzustoßen.
Dabei durfte ich lernen, dass die Vergangenheit keineswegs vorüber ist, sondern vom Ursprung her immer noch allgegenwärtig. Der Prozess des Erschaffens ist noch längst nicht abgeschlossen. So sind auch wir in hohem Masse an der Durchführung von etwas beteiligt, das ich als das „Große Spiel" wahrnehmen durfte.

In diesem Zusammenhang wurde mir ebenso klar: Ich bin weder ausschließlich der Mensch hier auf dem Planeten Erde, noch sonst ein anderes bioenergetisches Wesen in den Weiten des physischen Universum.
In Wahrheit bin ich TAO, der Seele-Aspekt der über lange Zeiten immer wieder verschiedenartige Körperformen steuert.

TAO ist, in all seinen Ausprägungen, sowohl Göttlich als auch Geistig und gleichfalls physisch. Deshalb findet sich TAO bei euch selbst sowie in der Natur und genauso im Geistigen Dasein. Menschen genauso wie Nicht-Menschen sind im Normalfall von nur einer TAO-Seele „besetzt", die wir in Wirklichkeit als ein Selbst sind.

Lediglich der analytisch denkende Verstand erklärt uns vehement, dass wir eine Seele hätten. Aus seiner Ego-Anschauung heraus stimmt das sogar. Es sieht dann so aus, als wäre er alleine das steuernde Element durch den Stürme unserer Leben.

Dabei ist der Verstand lediglich ein energetisches Konstrukt, das wir vor langer Zeit entwickelt haben, um uns nicht selbst andauernd um diese zerbrechlichen Lebenseinheiten kümmern zu müssen.

Der individualisierte, dem jeweiligen Lebensobjekt zugeordnete Verstand ist ähnlich aufgebaut wie die universale Akasha-Chronik.

Diese allumfassende Chronik ist ein vom Göttlichen TAO geschaffener Wissensspeicher, der haarklein und noch kleiner alle Daten enthält, die seit der Konstruktion dieses derzeitigen Universum und tatsächlich auch schon von früheren Versionen des Universum angesammelt wurden.

Jeder Himmelskörper, Planet oder Sonne oder ..., ist mit einem eigenen Anteil der übergeordneten Chronik ausgestattet.

Wenn ihr, liebe Freundinnen und Freunde, wissen wollt welche Bedeutung frühere Leben haben, dann solltet ihr euch nicht nur von den gewohnten Begriffen des Raumes und/oder der Zeit lösen.

Es gilt dabei: Eurem überaus klugen Verstand müsst ihr mehr als ein Schnippchen schlagen und unter anderem die von ihm vorgegebene Zeitlinie verlassen.

Im Geistigen Kosmos gibt es nämlich weder die linear ablaufende Zeit noch den einengend physischen Raum, noch sonstige Bestandteile die ihr aus dem physischen Universum kennt.

Den Geistigen Kosmos kennt jedes Menschwesen von sich selbst, das abstrakt oder real zu träumen vermag. Träume sind keineswegs „Schäume". Sie können, bei einem bewusst gemachten Umgang damit, der direkte Zugang zum „Ich Bin" sein, sowie darüber hinaus zu den mehrfach „gestapelten" Höheren Selbst.

Hierüber laufen nämlich Vernetzungen zusammen, die den Kontakt zu anderen Geistigen Wesenheiten ermöglichen. So sind lebhafte Träume außerdem ein verklausuliertes und doch gangbares Zugangstor zur Akasha-Chronik.

GLOSSAR

Dieses Glossar habe ich schon vor längerer Zeit für all meine Aufschreibungen erarbeitet. Damit sollte sowohl mir als auch den Leserinnen und Lesern deutlich werden, auf welcher Basis sich mir die Ausführungen in meinen Büchern und Schriften erschlossen haben.

Es ist mir daher ein besonderes Anliegen, dieses Glossar an den Beginn dieser Ausführungen zu stellen. Damit will ich euch im vorfeld darlegen was ich unter einigen, nicht nur für mich wichtigen Begriffen verstehe, wie ich sie für mich und damit auch für euch, liebe Leserinnen und Leser, definiere. Dadurch hoffe ich allerlei Missverständnissen vorbeugen zu können.

Auf diese Art und Weise versuche ich mit euch gemeinsam einen weitgehend fehlerfreien Start zu den singenden Sternen hinzulegen, die ich im Titel dieses Buches andeute.

In weitgehend alphabetischer Reihenfolge lege ich euch mein ureigenes Weltbild dar, das manchmal ganz sicher anders ist, als ihr es gewohnt seid. Lasst uns also beginnen:

Aufmerksamkeit

Paul Eugen Bleuler, ein Schweizer Psychiater, sieht in der Aufmerksamkeit die Zuweisung von (beschränkten) Bewusstseinsressourcen auf Bewusstseinsinhalte, beispielsweise auf Wahrnehmungen der Umwelt oder des eigenen Verhaltens und Handelns, sowie auf aufkommende Gedanken und Gefühle. Als Maß für die Intensität und für die Dauer der Aufmerksamkeit gilt in seiner Betrachtung die Konzentration. Die Aufmerksamkeit ist somit eng mit unserem Bewusstsein verbunden, denn die Aufmerksamkeitszuwendung zu einem Reiz oder zu einem Gedanken ist erst die notwendige Bedingung dafür, dass uns dieser bewusst wird.

Dennoch verarbeitet, nach meiner Erfahrung, der Verstand auch nicht-bewusste Reize, auf die wir nicht unmittelbar und direkt unsere Aufmerksamkeit richten.

Zumeist erfolgt die Fokussierung unserer Aufmerksamkeit auch dann, wenn kein eindeutig zuordenbares Reaktionsmuster auf einen Reiz existiert und dennoch eine Verarbeitung notwendig wird.

Indem die Wahrnehmung sich mit einem zeitlich oder örtlich reduzierten Wahrnehmungsbereich beschäftigt, ergibt sich zugleich, offenbar notwendigerweise die Abgrenzung gegen andere Aufmerksamkeitsträger niedrigerer Priorität.

William James, Principles of Psychology (1890) erläutert dies so: „Jeder weiß, was Aufmerksamkeit ist. Es ist die Besitzergreifung des Geistes, in deutlicher und lebhafter Weise, von anscheinend mehreren gleichzeitig möglichen Objekten oder Gedankengängen.

Zuwendung und Konzentration des Bewusstseins gehören zu seinen Voraussetzungen. Dies impliziert die Vernachlässigung einiger Dinge, um andere besser verarbeiten zu können. Die Aufmerksamkeit ist damit ein Zustand mit einem echten Gegenteil, nämlich dem verwirrten, benommenen, zerstreuten Zustand, der auf Französisch distraction und auf Deutsch Zerstreutheit heißt."

Ich ergänze hier noch eine weitere, meine speziell für die Spirituellen Rückführungen sehr wichtige Betrachtungsweise:

„Aufmerksamkeit ist die Energie die wir bewusst beziehungsweise nicht-bewusst den Dingen und Lebewesen unserer Umgebung sowie unseren Gedankengängen, Gefühlen und Emotionen widmen, um uns im eigenen Geistigen Kosmos sowie im umgebenden physischen Universum zu stabilisieren. Mit dieser Energie erschaffen wir laufend sowohl unseren eigenen Geistigen Kosmos als auch die Umgebung im physischen Universum. Jegliches Dasein im Hier und Jetzt ist Ausdruck unserer bewussten sowie nicht-bewussten Aufmerksamkeit. Auch die Lebensenergie ist, in meinem Verständnis, gleichbedeutend mit Aufmerksamkeit. Somit hängen Vitalität und Aufmerksamkeit unmittelbar zusammen. Je geringer die Aufmerksamkeit für die Vorgänge rundum ist, desto geringer ist die Lebendigkeit. Geraubte Aufmerksamkeit, wie beispielsweise durch übermäßigen Fernsehkonsum oder durch das entsprechende virtuelle Erleben im Internet, ist geraubte Lebensenergie."

Drogenzombies entstehen, wenn Drogenkicks für den Ablauf im Leben bestimmend werden. Dadurch raubt die Droge die Energie zum Leben, indem sie sehr intensiv die Aufmerksamkeitsanteile für sich in Anspruch nimmt. Wir sollten im Ablauf unseres Lebens stets darauf bedacht sein eigenständig, selbstbestimmt und selbstermächtigt zu bleiben. Durch jede Art von Fremdbestimmung verlieren wir Aufmerksamkeitsanteile und damit Lebensenergie.

Bewusstsein versus Unterbewusstsein

Unser Bestreben sollte stets Bewusstes Sein sein, mit allen Sinnen, den körperlichen sowie den geistigen und den seelischen, inklusive all den jeweils verschiedenen Betrachtungen dazu.

Bewusstes Dasein definiert sich sowohl über den eigenen Besitz in der Außenwelt als auch über die Empfindungen körperlicher sowie mentaler Art, wie die Wahrnehmungen, die Erinnerungen und alle Betrachtungsweisen und Vorstellungen.

Zum Bewusstsein gehören, über die körperlichen Sinne hinaus, Gedanken aller Arten, wie Überlegungen, Beurteilungen, Einschätzungen, Berechnungen und Bewertungen, Planungen bis hin zur Bildung von Konzepten einschließlich der dazu nötigen Achtsamkeit und der energetisch definierbaren Aufmerksamkeit.

Das bewusste Sein von TAO, der Seele, ist letztlich entscheidend für das BewusstSein im Hier und Jetzt. Zusammen mit dem Körperlichen (inklusive Gehirn) und dem Geistigen (dem Verstand) bildet das Seelische (TAO) die ursächlich gewordene Einheit im Universum.

Dem Unterbewussten entziehe ich bei meinen Anschauungen die Existenz. Für mich gibt es lediglich das Nicht-Bewusste in verschiedenen Nuancen. Unter dem Bewusstsein habe ich, während meiner ganzen Arbeit, kein tieferes bewusstes Sein gefunden. Der Begriff Unterbewusstsein ist irreführend. Er lenkt vom bewussten Sein ab.

Denken als Fähigkeit: Körperlich - Geistig – Seelisch

Körper: Eine dem Körper zugehörigen Hardware, wie dem Gehirn mit seinem Nervensystem, können wir eher automatisierte, gewohnheitsmäßig ausführbare Denk- und Handlungsweisen zuordnen. Dessen gedankliche Funktionen dienen dabei überwiegend der Erhaltung der jeweiligen Lebenseinheit (menschlich, menschenähnlich, tierisch, pflanzlich, ...) und der entsprechenden Art als Gruppe.

Dies beinhaltet sowohl die Fortpflanzung als auch darüber hinaus die Betreuung und Pflege von Mitgliedern der Gruppierung.

Die Notwendigkeit dazu ergibt sich vor allem deshalb, weil das physische Material von Körpern einem in der Zeit andauernden, allgemeinen, irgendwie seit langem einprogrammierten Verfall unterliegt, das durch vergiftende oder krank machende Einflüsse aus der Umgebung noch beschleunigt werden kann.

Das Gehirn, besonders das Großhirn mit der Großhirnrinde und seinen direkten Verbindungen zu den Nervenbahnen, ist als Führungsinstanz relativ jung. Es scheint tatsächlich mit einer gewissen selbstbestimmten Denkfähigkeit ausgestattet zu sein; anders als die anscheinend eher emotionalen Widersacher: Herz und Bauch. Was allerdings, trotz vielerlei, schlauer Untersuchungen, noch immer zu beweisen wäre.

Immerhin kann den ältesten Anspruch auf Führung, über allerlei Systeme des Körpers, der Bauch beziehungsweise der Darm für sich geltend machen. Sein eher weicher Zustand lässt den Schluss zu, dass seine ursprüngliche Entstehungsgeschichte bis auf den Aufenthalt von quallenartigen Lebewesen in den Urmeeren zurückgeht, irdischen sowie nicht-irdischen.

Der Denkfähigkeit des materiellen Herzens schreibe ich zeitgeschichtlich eine spätere Entstehung zu. Dessen Kraft und mitfühlende Art entspringt einer anderen, vermutlich neueren Geschichte.

Wobei bei einer eher energetischen Anschauungsweise, nämlich der Herzgegend als Chakra, dessen Ursprung ebenfalls in weit, weit zurückliegenden Zeiten angesiedelt werden kann.

Im Verlaufe von Spirituellen Maßnahmen ist sicher nachweisbar, dass besonders bei den niederen Lebensformen ein Reiz-Reflex-Reaktions-Mechanismus, als Sicherheitssystem, alle Lebensabläufe beherrscht. Mit seinen emotionalen Instinkten bestimmt der Mechanismus zum Beispiel, dass bei Durst getrunken, bei Hunger gefressen und bei dem sexuellen Drang nach Fortpflanzung geliebt wird.

Der einmal erlebte Schmerz reguliert den Abstand zu verletzenden Gefahren. Die Angst sorgt für Respekt vor den Stärkeren und vor Naturkräften. Die Apathie ist ein sich Totstellen gegenüber überlegenen Feinden. Als nicht-bewusster Anteil ist der Reiz-Reflex-Reaktions-Mechanismus auch bei den Menschen immer noch vorhanden, bei jedem Menschen sowie bei Nichtmenschen, in den Funktionsweisen von Gehirn, Bauch und Herz, parallel zum Verstand.

Setzt dieser Mechanismus urplötzlich ein, so spinnt sich Verwirrung ins System. Speziell für den analytisch denkenden Verstand wirkt dessen Über-Reaktion offensichtlich unangemessen.

Als Folge verliert erst der Verstand und dann sogar die TAO-Seele vorübergehend oder dauerhaft die Kontrolle. Das System reagiert dabei ohne Vernunft auf etwas aus der Vergangenheit.

Dieses Etwas ist eine Restimulation von altem bis uraltem Datenmaterial, das der Organismus in Situationen mit völliger oder teilweiser Bewusstlosigkeit in die Teile seiner Daten-Speicher-Systeme aufgenommen hat.

Diese Eindrücke in Worten, Bildern und Emotionen, sind dann dafür verantwortlich, dass Leute im modernen Dasein geistige Barrieren, Depressionen, Ängste und psychosomatische Erscheinungen haben, die sie, aus der Vergangenheit heraus, im gegenwärtigen Leben mehr oder weniger stark beeinträchtigen.

Verstand: Die Diskrepanz im Führungsanspruch zwischen dem Gehirn, dem Herzen und/oder dem Bauch, alle sind unserem Körpersystem zuzurechnen, und dem Verstand ist kein Zufall. Schließlich ist er ein vom Körper unabhängiges, energetisches Konstrukt.

Diese Nichtübereinstimmung gehört eindeutig zur Spielsituation im „Spiel des Lebens". Denn das Denken des Verstandes ist ein höherwertigeres Konzept zur Erhaltung des Lebens. Es geht über das automatische Denkvermögen von Gehirn, Bauch und Herz und über den bei allen Lebensformen vorhandenen Reiz-Reflex-Reaktions-Mechanismus hinaus. Es kann diese Instrumente zur Steuerung sogar übergehen.

Der Verstand prägt das Ego. Andere würden die Vorgehens- und Arbeitsweise des Verstandes als Charakter bezeichnen.

Speziell die Fähigkeit des Verstandes bezeichnen wir gemeinhin als Denken. Zu dieser Denkfähigkeit, zur Auswertung von Daten, zieht der Verstand alle verfügbaren Informationen heran, analysiert diese und zieht seine Schlüsse. In unserem Verstand sind weitaus mehr und vor allem detailliertere Informationen gespeichert, als in allen Speichermedien des Körpers zusammen. Er nutzt aber auch die anderen Medien, zusätzlich zu seiner eigenen Befähigung.

Die entscheidende Frage bei unserer Betrachtung ist allerdings: Was ist dieser Verstand eigentlich? Eines ist ganz sicher: Der Verstand ist nicht das Gehirn!

Der analytisch arbeitende Verstand ist ein energetisches Konstrukt, zur Durchführung von Aktionen im physischen Universum. Er ist ein weitgehend selbständiger Denker. Er arbeitet in Bildern voller Emotion und Dynamik. Und: Er braucht Zeit zum Denken.

Aus meiner Erfahrung weiß ich: Nicht jeder Verstand arbeitet auf die gleiche Art und Weise.

Einige funktionieren ohne allzu lange Verzögerungen, andere brauchen länger, um zum Punkt zu kommen. Jedoch alle berechnen, werten gesammelte Daten aus und versuchen, wenn es nötig erscheint, ihre getroffenen Entscheidungen auch zu rechtfertigen.

So bleiben manche Menschen dann leider, ohne irgendeine Hilfe von außen, im Prozess der Entscheidung stecken.

Oftmals spricht man dann von Blockaden, Ablenkungen oder von Verwirrungen beim Verstand. Dies ist im Wesentlichen auf falsche, fehlgeleitete, mangelnde oder auf von ihm selbst oder von anderen abgewertete Daten zurückzuführen.

Das Konstrukt Verstand hat zudem nicht immer perfekte Lösungen für seine Problematiken, die er sogar sich selbst als Aufgabe zueignen kann, weil ihm oftmals Daten fehlen. Dieses Fehlen von Daten stellt sich ein, wenn Wissensbestandteile früherer Geschehnissen im Nicht-Bewussten verschüttet und per Dramatik abgesperrt wurden, als Emotionen wie Angst, Schmerz, Wut und dergleichen.

Speziell mit Spirituellen Rückführungen kann ein entsprechender Helfer ihm „wieder auf die Sprünge helfen".

Solch ein Verstand ist übrigens nicht nur beim Menschen feststellbar. Auch Pflanzen und Tiere verfügen über ein ähnliches Denkkonstrukt. Jedoch wirkt deren Verstand nicht so individuell sondern häufig kollektiv auf den Ablauf des Leben ein.

Dass der Verstand ein energetisches Konstrukt und nicht das Gehirn ist, können besonders Menschen bezeugen, denen es bereits gelungen ist, per Spiritueller Rückführungen, einen oder mehrere Tode bewusst mitzuerleben.

So nutzt die TAO-Seele ihren Verstand im Ablauf von vielerlei Lebenseinheiten. Dadurch lassen sich alte bis uralte Geschehnisse aus verschiedenen Leben detailgenau heben.

Seele: Mit unserem „Ich Bin" brechen wir zu Sphären von bewusstem Sein auf. Die TAO-Seele ist in ständiger Verbindung mit allen anderen individualisierten sowie kollektiven Einheiten im morphischen Feld und darüber hinaus mit dem Göttlichen TAO. Somit ist das Denkvermögen im BewusstSein von TAO überhaupt nicht vergleichbar mit dem der „niederen" Zustände.

Dennoch wirkt dieses Sein auf unser Leben im physischen Universum ein. Nur so empfinden wir uns Hier und Jetzt, als vollständig bewusste Einheit.

Unsere ungewöhnlichen, gedanklichen Aktivitäten finden eindeutig ihren Niederschlag, wenn Attribute gefordert oder zumindest angesprochen werden, die fast ausschließlich seelischer Natur sind. Zu unserer seelischen Art und Weise gehören beispielsweise:

a) Sinn für Schönheit und Ästhetik,
b) Ordnungssinn, Bewahrung und Strukturierung
c) (Er-)Schaffenskraft und Kreativität,
d) (Er-)Kenntnis von ethischer Vernunft,
e) Empfinden für ein Miteinander in Freundschaft und Zusammengehörigkeit.

Mit wahrnehmbarer Intuition melden wir uns als TAO, als Geistiges Wesen, im Leben zurück, selbst wenn wir beispielsweise über Drogen aus dem bewussten Geschehen gekickt wurden.

Das Denken einer TAO-Seele vollzieht sich im Rahmen von Postulaten. Postulate sind per Definition: Entscheidungen, Entschlüsse oder Schlussfolgerungen. Diese werden von einer Person aufgrund der eigenen, als freiheitlich angenommene Selbstbestimmung und Selbstermächtigung einmal gefasst und noch immer aufrechterhalten. Postulate beruhen bei TAO auf bewussten Daten des Hier und Jetzt. Dem Verstand, der dies auch versucht, gelingt es nicht immer, weil er sich oft mit zeitlich langwierigen, analytisch erstellten Plänen und Strategien selbst im Wege steht. Ihm fehlt die Intuition.

TAO bevorzugt Freiheit, Freigeistigkeit sowohl im Denken als auch im Handeln. Deshalb laufen auch die Gesetzmäßigkeiten des Denkens im Geistigen ohne jede Anstrengung und ohne übermäßig planvollen Willensakt ab. Die von TAO gesetzten Postulate geschehen wie von selbst, einfach locker, von einem Standpunkt aus, der über das Physische hinausgeht.
Beim Erstellen von Postulaten ist entscheidend: Ein wirkungsvolles Postulat ist immer in der unmittelbaren Gegenwart bekannt. Es wirkt nur dann, wenn es Gegenwartsbezug hat, zur Gegenwart her imaginiert ist. TAO, wir Selbst als Geistiges Wesen, beherrscht den Umgang mit Postulaten vollkommen.
Als das unverfälschte TAO des Ursprungs sind wir tatsächlich in der Lage, unsere Umgebung einfach per Gedankenkraft zu regeln.

Das **Hier**

Es ist der unmittelbare Ort einer jeweiligen Umgebung! Bei vollständiger, stabiler Bewusstheit bleibt das Hier immer eindeutig fassbar, also auch physisch anfassbar.

Dies gilt auch für ein ständig wechselndes, örtliches Umfeld, in Verbindung mit all den Lebewesen, wie Menschen oder Tieren, Gegenständen, Einflüssen und „Störfaktoren". Die gesamte Umgebung dieses Hier wird immer und überall aufmerksam wahrgenommen.

Das **Jetzt**

Es ist die absolut stabile und doch in ständigem Fluss und damit im Wandel befindliche Gegenwart!

Dabei ist der Wesenheit jeder Bezug zur Vergangenheit bewusst, sowohl zur eigenen als auch zu einer fremden Vergangenheit, wie etwa der zuordenbar geschichtlichen.

Die Gegenwart gilt als die Ausgangsbasis für Zukünftiges. Eine Zukunft ist demzufolge jegliche von uns aus gestaltbare, wahrscheinlich entstehende Möglichkeit einer Wirklichkeit. Gute Zukunft wird von verantwortungsbewussten Wesen nach ethischen Grundsätzen und in Übereinstimmung mit anderen erschaffen.

Dynamik

Vom Griechischen: dynamis = "Kraft". Wie zum Beispiel die Bewegung von Körpern, unter dem Einfluss von Kräften.

Die Dynamik ist auch als Triebkraft, Kraftentfaltung, Schwung, Lebendigkeit oder als lebendige, lebhafte, beispielsweise rhythmische Bewegung zu verstehen.

Die dynamisch geistigen Ebenen befähigen, über mehrere Stufen hinweg, die Vitalität oder Lebendigkeit von Wesen zu heilen, also zu vervollständigen - letztlich zu Heiligen.

Der Mystiker, der sich mit der unsichtbaren Geistigen Welt befasst, weiß zumindest von sieben Welten.

Auch die uralte vedische Wissenschaft vom bewussten Sein spricht von sieben Stufen.

In der Ontologie, einem theoretisch-philosophischen Denkansatz, stellt man neun Stufen dar.

In den von mir vorgestellten, dynamischen „Ebenen der Geister" gehe ich von acht Stufen aus. Darauf gründe ich auch die Beschreibungen in meinen Werken.

Ego

Sowohl im Griechischen als auch im Lateinischen: „Ich". Der Sinn für das Selbst, ein „ausgeprägtes Ego", bedeutet, dass ein Mensch sich seiner selbst, seines Wertes und eventuell seiner Bedeutung sehr deutlich bewusst ist.

Es ist in meinen Schriften die erste, unterste geistige Ebene auf der alle anderen Ebenen aufbauen und mit der auch alle anderen Ebenen in Verbindung stehen und verknüpft sind.

Das starke Ego, das hauptsächlich vom Verstand dominiert und verwirklicht wird, ist eine stabile Basis zur Weiterentwicklung. Aufbauend auf ein stabiles Ego ist, allen Unkenrufen zum Trotz, die Entwicklung zum freien, Geistigen Wesen möglich.

Egoismus

Das Duden-Fremdwörterbuch beschreibt Egoismus als „Ich-Bezogenheit", geradezu als „Ich-Sucht", „Selbstsucht", „Eigensucht", „Eigenliebe". Damit wird eine negative Eigenart beschrieben, bei der die Stabilität des Ego stark gelitten hat.

Egoismus wird meistens abwertend für rücksichtsloses Verhalten verwendet, als „unanständig" verurteilt.

Egoistische Menschen sind demzufolge instabil, vorgeblich weil sie selbst ihren Selbstwert verloren glauben. Sie versuchen, anfangs durchaus zu Recht, ausschließlich sich selbst genug zu sein, um wieder an alter Stärke zu gewinnen.

Im fortschreitenden Absturz und bei zunehmendem Druck von außen schwindet ihr Selbstbewusstsein immer mehr.

Je mehr ein Mensch im Egoismus versinkt, desto geringer wird auch seine Fähigkeit zur offenherzigen Kommunikation mit den Mitmenschen. Wut und Zorn auf die ganze Welt und verdeckte oder offene Gewalt nehmen zu. Gewaltanwendungen werden als Kommunikationsersatz angesehen.

Egoismus wird in diesem Zusammenhang als Gegenteil von Altruismus, uneigennütziger Selbstlosigkeit, und Solidarität kritisiert.

Egomanie

Hier finden wir die Zusammensetzung von Ego = Ich + griech. manía = Raserei. Die „Ich-Sucht" nimmt dabei weiter zu, bis hin zur krankhaften Selbstbezogenheit oder Selbstzentriertheit.

Die betroffene Person wird als Egomane bezeichnet. Sie hat das dringende Bedürfnis, stets im Mittelpunkt jeglichen Handelns und Geschehens zu stehen. Sie interpretiert Abläufe häufig ausschließlich ich-bezogen und bezieht alles auf sich.

Die Egomanie tritt als eines von mehreren Symptomen einer Manie (Raserei, Wut, Wahnsinn) im Rahmen einer bipolaren Störung (manisch-depressive Krankheit) in Erscheinung und wird dabei oftmals von Megalomanie (Größenwahn) begleitet.

Der Begriff Egomanie wird aber vielfach auch rein umgangs- oder alltagssprachlich verwendet, ohne den Anspruch auf eine ärztliche Diagnose.

Egozentrik

Dies ist ein zusammengesetzter Begriff aus den Worten Ego = "Ich", und Zentrum = "Mittelpunkt". Unter dieser extremen Ich-Bezogenheit verstehen wir hier eine wirklich sehr negative Geisteshaltung bei der das Ego regelrecht in sich zusammengestürzt ist und nur noch um sich selbst kreist.

Dies ist bildlich vergleichbar mit einem Schwarzen Loch, einer in sich zusammengestürzten Sonne.

So zieht auch der Egozentriker alles und jeden in sich hinein, ohne Rücksicht auf die Bedürfnisse der anderen. Er belastet sein Umfeld extrem, ohne echten Ausgleich.

Was er gibt ist immer an Bedingungen oder an Erwartungen geknüpft, die ausschließlich ihm dienen.

Egozentriker fühlen sich ganz schnell enttäuscht oder gar getäuscht, wenn ihre Erwartungen nicht erfüllt werden. Ihr Weltbild ist von diesen Enttäuschungen geprägt, die sie zu ganz schlimmen, nur ihnen zugefügten Verlusten hochjubeln.

Um weiteren Enttäuschungen und Verlusten vorzubeugen haben sie sich eine Welt des berechnenden Denkens geschaffen.

In diesem Weltbild geschehen Abläufe dennoch ziemlich planlos, bestenfalls noch automatisch, was sie jedoch selbst nicht erkennen.

Das Leben von Egozentrikern verläuft in mechanischen, sich ständig wiederholenden Strukturen.

So können Menschen, die in egozentrischen Denkmustern gefangen sind, stark gefährdet sein Selbstmord zu begehen, wenn Teile dieser Strukturen angekratzt oder gar beschädigt werden.

Extra-extro-vertiert oder introvertiert

Aus dem Lateinischen extra oder extro = "außerhalb, außen" + vertere = "wenden". Extravertierte Menschen sind nach außen gewandt, weltoffen, allen äußeren Einflüssen zugänglich.

Dort „draußen" können sie sich leichtfüßig bewegen oder in einem leichtsinnigen Lebensstil verlieren.

Der Gegensatz ist introvertiert. Lateinisch intro = "nach innen" + vertere = "wenden". Introvertierte Menschen sind nach innen gekehrt, auf das eigene Ego gerichtet, bis hin zu einer egoistischen Denkweise. Weiter hinein besteht die Gefahr egozentriert zu sein.

Fremdsteuerung oder externe Führung

Im Gegensatz zu Menschen mit wahrhaft persönlicher Selbststeuerung sind fremdgesteuerte Leute kaum in der Lage zu erkennen, wer oder was sie selbst sind. Die externe Steuerung ist darauf ausgerichtet Menschen unfähig zu machen, ihnen die eigene Denk- und Urteilsfähigkeit abzuerkennen. Fremdgesteuerte können sowohl aus der näheren Umgebung als auch aus der Ferne gelenkt werden.

Aus der Nähe könnte beispielsweise bedeuten, dass andere Menschen, zum Beispiel aus der Familie oder aus der Firma, sich in stillschweigender Übereinstimmung zu Motivatoren, Manipulatoren oder Führern aufschwingen können oder als solche auserkoren werden.

Fernführung erfolgt, wenn man sich von Ämtern, Behörden, dem Staat, einer Kirche, sowie von der Natur, den Genen, übersinnlichen Wesen, wie Engeln, Dämonen oder dergleichen, oder von Gott oder Göttern abhängig macht.

In diesem Zusammenhang finde ich persönlich nichts Verkehrtes daran, sich vom Göttlichen TAO führen zu lassen.

Dennoch rate ich dringend dazu, bewahrt auch dabei immer eure Selbstständigkeit und eure Selbstermächtigung. Denkt und handelt im Sinne der Worte: „Hilf Dir selbst, dann hilft Dir Gott!".

Gebet

Das Gebet (abgeleitet von bitten) bezeichnet eine zentrale Glaubenspraxis vieler Religionen. Es ist eine verbale oder nonverbale rituelle Zuwendung an eine transzendente Wesenheit (Gott, Gottheit, Göttin, Göttlichkeit, TAO).

Das Gebet unterscheidet sich durch persönliche, kommunikative Komponenten von allen anderen religiösen Praktiken. Es setzt die Vorstellung eines personifizierten Göttlichen Wesens voraus. Dieses muss dem Betenden gegenüber präsent sein.

Außerdem setzt es voraus, dass das Göttliche empfänglich für eine solche Form der Zwiesprache ist und nicht etwa ausschließlich durch kultische Handlungen, Opferpraktiken und Ähnliches erreicht werden kann.

Neben dem Vorgang des Betens (als gemeinschaftliches oder als persönliches Gebet) wird mit dem Begriff „Gebet" auch ein vorformulierter, feststehender Text bezeichnet. Ein solches Gebet kann auf einen bestimmten Urheber zurückgehen, zum Beispiel einen Religionsstifter, einen Heiligen oder einen religiösen Schriftsteller.

Manche dieser Gebete werden zu einem bestimmten Anlass im Leben des einzelnen oder der Gemeinschaft gesprochen. Sie werden beispielsweise in einer Religionsgemeinschaft oder in der Familie gelehrt und gelernt.

Würden Religionsgelehrte und Theologen ausschließlich an eine Vorherbestimmung glauben, dann könnten sie nicht erwarten, dass der Wille der Gottheit veränderlich sei und durch menschliche Gebete geändert werden könne.

Sie erwarten vielmehr vom Gebet den Bestand des Guten sowie eine Änderung zum Besseren: Der zu erstrebende Wille Gottes ist somit durch die Gebetstätigkeit zu verändern.

Geistige Ebenen

Darunter verstehen fast alle philosophischen oder religiösen Erkenntnis- oder Glaubensrichtungen etwas anderes.

Hier versuche ich ein wenig herauszufiltern, was den gemeinsamen Urgedanken ausmachen könnte und womit ich meine eigenen Vorstellungen und Erfahrungen aus vielen Spirituellen Rückführungen teilweise in Übereinstimmung bringen kann.

In fernöstlichen Wertesystemen werden sieben Bewusstseinszustände aufgezeigt, die eins zu eins mit den Sieben Chakren korrespondieren sollen:

1. Schlafzustand des Bewusstseins: Ruhezustand des Geist-Körper-Systems. Neue Energie für die erschaffende, kreative Intelligenz wird aufgeladen.
2. Traumzustand ohne oder mit Bewusstsein: Der Geist ist aktiv und verarbeitet die Erfahrungen des Lebens. Dieser Zustand hat seine Funktion im Auflösen von Müdigkeit, Verspannungen und Stress.
3. Wachzustand von Bewusstsein: Die Sinnesorgane sowie Geist im Sinne von Intellekt und Ego funktionieren aktiv in der grobstofflichen Welt. Die kreative Intelligenz gestaltet hierbei das Leben.
4. Reines Bewusstsein: Eine subjektive Erfahrung innerer Stille, innerer Ruhe; jedoch ohne das Bewusstsein auszuschalten. Transzendentale Bewusstheit erfährt hier nur sich selbst in seinem reinen, unbegrenzten Selbst.
5. Kosmisches Bewusstsein: Der Geist umfasst die kosmische Stille und Dynamik im allumfassenden Status. Die innerliche Freiheit sprengt die Fesseln der täglichen Pflichten.
6. Gottes-Bewusstsein: Es entsteht Einsicht in den kosmischen Plan. Das Vertrauen in das Göttliche, die kosmische Intelligenz, ist unendlich groß. Wir nehmen zwar die Trennung vom Göttlichen wahr, jedoch spüren wir auch seine Allgegenwart.
7. Einheits-Bewusstsein: Die Klarheit kosmischer Intelligenz, die in allem und jedem wirksam ist, ist auch in uns wirksam.

Emotionelle Zustände, wie Angst, Depression und Aggression, verlieren ihre Schwere, ihre Wichtigkeit.

Die Einheit wird in der Verschiedenheit gesehen. Jegliche Trennung ist aufgehoben.

Im Ozean der gemeinsamen Erfüllung sollen sich die Anhänger dieser Systeme ganz, vollständig und heil(ig) fühlen.

Die Philosophie der Ontologie gliedert geistige Bewusstseinsebenen in neun Dimensionen:

Erste   Dimension, das Natur- oder Materiereich
Zweite   Dimension, die Entwicklungsebene des Triebbewusst-
          seins
Dritte   Dimension, die Entwicklungsebene des Emotional-
          bewusstseins
Vierte   Dimension, die Entwicklungsebene des Mental-
          bewusstseins
Fünfte   Dimension, die Ebene des Höheren Selbst, auf der
          sich das individuelle Potential an Fähigkeiten und
          Talenten befindet
Sechste Dimension, die sich im Materiellen verwirklichen
          wollende Bewusstseinsqualität
Siebte   Dimension, die Einheit herbeiführende Wahrneh-
          mungsqualität (Christuskraft; Liebes-, Erkenntnis-
          bzw. Wahrheitsaspekt)
Achte   Dimension, die nach Vergeistigung strebende Innen-
          weltwahrnehmungskraft, die Wahrnehmungsqualität
          des Mutterarchetypus (Luziferkraft)
Neunte Dimension, die kosmische Wirklichkeitskategorie des
          Geistes (allbewusste Polarität; All-Vater; kosmisches
          Allbewusstsein)

In meinen eigenen Ausführungen beschreibe ich acht dynami-sche Ebenen des Geistigen als Spielebenen im kosmischen sowie im physischen „Großen Spiel":

Ebene 1: Das starke Ego, mit den Abstürzen in Richtung Egois-
          mus bis Egozentrik
Ebene 2: Die Familie, Clans, Sippen und dergleichen
Ebene 3: Die Gruppen, Firmen, Vereine, Netzwerke, Staaten und
          noch größere Vereinigungen
Ebene 4: Die Menschheit, besonders auf Planet Erde, aber auch
          darüber hinaus
Ebene 5: Bereich Lebewesen, jegliche Lebensform, Einzeller bis
          Zellstaaten
Ebene 6: Das physische Universum, mit Energie, Materie, Raum
          und Zeit, wobei zuerst die reine Energetik da war, sich
          dann im geschaffenen Raum ausbreitete, um schließ-
          lich in Materie transformiert zu werden.

Zeit ist dabei lediglich: Die Bewegung von Energie oder Materie im Raum

Ebene 7: Geistige Wesen oder Geistiges TAO, die Erschaffer der Spielbasis, genannt Universum, mit allen Spielregeln, Spielern und den Spielsituationen

Ebene 8: Göttliches TAO oder der Göttliche Ursprung, außerhalb vom Universum

Unsere Aufgabe, als Geistige TAO-Wesen, besteht einfach darin, das „Große Spiel" sowie das „Spiel des Lebens" mit allen Variationen zu spielen, möglichst viele Möglichkeiten zu er- und zu durchleben, um letztlich selbstbestimmt, dem Spielgeschehen als Gemeinschaft zu entrinnen.

Geistiges Wesen

Das Geistige Wesen wird weitgehend gleichgesetzt mit den Begriffen Spiritualität oder Frömmigkeit. Dies hat allerdings nicht notwendigerweise etwas mit Glauben oder Religiosität zu tun. Lediglich die Geistigkeit, als Gegensatz zum Materiellen, ist ein Ausdruck von Geistigen Wesenheiten.

Das Geistige Wesen ist bei mir eine Bezeichnung für das Geistige TAO, die „Person selbst", das „Ich bin", als die Seele oder den „Göttlichen Funken".

TAO, das Geistige Wesen, sind wir unmittelbar selbst. Als ein individualisiertes Geistiges Wesen entsprechen wir TAO, dem übergeordnet Göttlichen (nicht unbedingt dem Gott oder Allah irdischer Glaubensrichtungen). Unser aller Ursprung ist nach meiner Erkenntnis das Göttliche TAO, eine Einheit im Miteinander von vielen.

Als Erschaffer oder Konstrukteure des kosmischen Spieles, des Universum mit seinen ersten Gesetzmäßigkeiten (Spielregeln) sind wir gerade mal Zwölf plus Eins. Im Laufe des Spielverlaufs haben wir uns allerdings selbst vervielfacht. Wir haben vielfältige, unterschiedliche Aspekte von uns geschaffen und ins Spiel geschickt.

Es ist wichtig für uns TAO-Seele, uns TAO-Selbst oder unsere vielfachen Höheren Selbst, uns zu erkennen und als unsere Entsprechungen wieder zu finden und zu vereinen.

Wir sind nämlich vom Ursprung, von der Quelle her, ebenso wie das Göttliche TAO, kein Bestandteil des physischen Universum.

Geist

In der Beschreibung von TAO oder der „Person selbst" vermeide ich mit Bedacht einfach die Bezeichnung „Geist".

Denn, wenn man in einem ausführlichen Bedeutungswörterbuch nachschaut, wird ganz schnell feststellbar: Der Begriff „Geist" wird für viele, viel zu unterschiedliche Bedeutungen herangezogen.

So wird er beispielsweise als der „Träger des Lebens" bezeichnet oder als das denkende, erkennende Bewusstsein, in dem schwammigen Unterschied zu einer angeblich empfindenden, ach so empfindsamen Seele. Der nächste Definitionsversuch bezeichnet diesen „Geist" dann als: Liebenswürdige, feinsinnige, kluge Witzigkeit. Sowie auch noch als: Die Gesamtheit aller nicht-materiellen Eigenschaften, zum Beispiel eines Volkes, einer Epoche, einer Dichtung.

Auch von Menschen im Hinblick auf ihre geistigen Fähigkeiten, ihrem sogenannten inneren Wesen, beziehungsweise ihrem Genius, spricht man von Geist. „Geist" bezeichnet zudem: Wiederkehrende Verstorbene, abgeschiedene Seelen, Gespenster, Dämonen, Teufel, Naturwesen und nicht zu vergessen das Göttliche als Heiliger Geist.

So lasse ich diesen in so gut wie alle Himmelsrichtungen dehnbaren Begriff „Geist" einfach geistreich außen vor. Ich benutze deshalb bestenfalls die Begriffe „Geistige Wesen", vielleicht noch „Welt des Geistigen" und verwende ansonsten eindeutigere Bezeichnungen, die den Unterschied zum Körperlichen klarer aufzeigen.

Das „Große Spiel" und das „Spiel des Lebens"

Das Spiel, dem wir uns beigeordnet haben, ist vom Anbeginn unser eigenes oder zumindest das Spiel der Geistigen Wesen, denen wir in der Aspektfolge nachfolgen.

Das „Große Spiel" ist der Beginn der Spiele in diesem jetzt physisch gewordenen Universum. Die zwölf Konstrukteure, hohe Geistwesen vom Ursprung her, erhielten vom Göttlichen TAO den „Auftrag" ein neues, ein weiteres Spiel zu erstellen. Dazu entwickelten sie in ihrem geistigen Miteinander allerlei Varianten von Wirklichkeiten, um diese dann zu Realitäten zu manifestieren.

Auf diese Art und Weise erschufen sie aus der Göttlichen Energetik die Energien sowie die Materie, als Massen und Formen, in einem sich ausdehnenden Raum, den sie ebenfalls kreierten.

Im Prozess des Erschaffens entstanden ebenso Regeln, die heute als Naturgesetze bekannt sind.

Dass das Ganze anfangs noch ziemlich chaotisch zuging ist nachvollziehbar. Denn die Konstrukteure mussten erst einmal ein gemeinsames Konzept finden, mit dem sie poeapoe, Schritt für Schritt, zu Übereinstimmungen kamen, um sich dadurch aufeinander einzuschwingen.

Was wir derzeit im Spielfeld des physischen Universum vorfinden ist das Ergebnis von Äonen. Dabei kam es auch zu heftigen Konflikten. So entstand das Bild eines urzeitlichen Chaos, das sich tatsächlich in so manchen Mythen und Religionsfiktionen erhalten hat.

Wobei sich chaotische Zustände auch in näherer Vergangenheit abgespielt haben. Immer war jedoch das Ergebnis ein neuartiger Zustand im Dasein.

Das „Große Spiel" ist längst nicht abgeschlossen. Genauso wie die Konstrukteure nicht verschwunden sind. Über das Geistige, auch als Geistige oder Spirituelle Welt bezeichnet, mit unterschiedlichen Darstellungen und Anschauungen, sind selbst wir, die vermenschlichten Lebewesen, mit dem Ursprung allen Sein verbunden.

So kommen wir zum „Spiel des Lebens": Diese Variation hat der dreizehnte Konstrukteur, der sich lange im Hintergrund gehalten hat, in den Spielverlauf des „Großen Spiels" eingebracht. Seine Aufgabe war und ist die Schaffung von Leben. Dabei ist er oder sie fast überall im dennoch noch jungen Universum auf gleiche Art und Weise vorgegangen.

Biologisch oder bio-energetisch gesehen hat er/sie von den Einzellern aufwärts ganze Zellstaaten entwickelt.

Selbstverständlich hat er/sie sich nicht nur auf solche Lebensformen beschränkt. Vermutlich gibt es nämlich noch mineralisches Leben oder Lebendigkeit in ganz anderen Ausprägungen.

Jedenfalls hat er/sie sich bei all diesen Varianten von Leben als geistige Komponente in jede einzelne Zelle oder dergleichen eingebunden.

Auch das „Spiel des Lebens" ist ein dynamischer Prozess, der einem laufenden Wandel ausgesetzt ist, von ihm/ihr, dem dreizehnten Konstrukteur, in Gang gehalten. Nicht umsonst spricht man bei dem wandelbaren Geschehen von der Mutter Natur oder der Mutter Erde, also einem weiblichen Aspekt des Sein.

Kosmos - geistig versus Universum - physisch

Zuerst einmal, um meine Gedankengänge zu verdeutlichen: Der Geistige Kosmos ist nach meinem Verständnis nicht gleichbedeutend mit dem physischen Universum. Deshalb vermeide ich es strikt das Universum ebenfalls mit Kosmos zu bezeichnen.

Dies hat sich mir in vielerlei Spirituellen Rückführungen offenbart. Unser Geistiger Kosmos ist nämlich gleichbedeutend mit den manchmal allzu phantastisch erscheinenden Bildern, die wir uns vorstellen oder einfach erträumen können.

Deshalb gehören sie aber ebenso zu unserer ureigenen Wirklichkeit. Jeder trägt seinen eigenen Kosmos, als seine Gedankenwelt bei sich. Diese Welt kann eng begrenzt oder geradezu unendlich sein.

Aus der Vorstellungswelt all der verschiedenen Gedanken heraus hat sich im ursprünglichen Entstehungsprozess unser physisches Universum manifestiert.

In Übereinstimmung mit dem Einen und dem Anderen sind wir vor undenklichen Zeiten (noch ohne den Begriff von messbarer Zeit) dazu gekommen Galaxien, Sterne und Planeten und ... vielem mehr zu erschaffen.

Es hat dem Gleichklang, den gleichen Schwingungsmustern bedurft, bis das Physische entstand. In den von einigen von uns Geistigen Wesenheit geschaffenen Raum hinein, realisierten wir Energie und Materie.

Wobei Materie nicht anderes ist, als das Potenzial der Energie, das in eine Art „stabile" Masse oder Form gebracht wurde.

Somit ist das gesamte physische Universum ein Ausfluss unserer Gedanken, unseres Geistigen Kosmos im großen Miteinander.

Deshalb sollte niemand die Phantasie von jemandem unterschätzen. Denn auch aus dessen jetzt noch phantastisch anmutenden Gedankengängen kann sich etwas völlig Neues materialisieren.

Vor allem dann, wenn sich viele seiner Mitwesen diesem Phantasieprodukt in einer gleichartigen Schwingung anschließen. Auf diese Art und Weise wurde Amerika entdeckt und hat die Menschheit sich über den Planeten Erde hinaus begeben.

Der Geistige Kosmos entwickelt vor allem dann seine unbändige Kraft, wenn sein Geistiges Wesen, ein TAO-Wesen, an der Verwirklichung seiner innewohnenden Idee unerschütterlich festhält und sich ganz der Realisierung im Universum hingibt.

Von Meditation zu Kontemplation

Wir finden den Ursprung des Wortes Meditation im Griechischen ebenso wie im Lateinischen: meditatio, abgeleitet von dem Verb meditari „nachdenken", „nachsinnen", „überlegen". Es ergibt sich auch eine Verwandtschaft mit lateinisch mederi „heilen", medicina „Heilkunst" sowie griechisch = medomai für „denken", „sinnen".

In der lateinischen Kultur werden meditative Handlungen auch gleichgesetzt mit: Transcendentia, „das Übersteigen". So bezeichnet wird vor allem eine Überschreitung der endlichen Erfahrungswelt auf deren Göttlichen Grund hin.

Die Meditation ist eine in vielen Religionen und Kulturen geübte spirituelle Praxis zur Transzendenz. Durch die aufmerksame Achtsamkeit und durch Konzentrationsübungen beruhigen sich Körper und Geist (hier der Verstand); Vitalität erwacht und das Leben sammelt neue Kräfte.

Angestrebte meditative Bewusstseinszustände werden je nach Tradition beschrieben mit „Eins-Sein", „im Hier und Jetzt sein" oder mit „Stille", „Leere" sowie dem „frei von Gedanken sein".

In den fernöstlichen Kulturen gilt die Meditation als eine grundlegende, zentrale, das Bewusstsein erweiternde Übung. In Buddhismus, Hinduismus und Jainismus ist das höchste Ziel die Erleuchtung oder das Erreichen des Nirwana. Das Meditieren bedeutet zum Beispiel im Buddhismus: „Müheloses Verweilen in dem, was ist".

Aus dem mittelalterlichen Christentum wurden uns „geistliche Übungen" zur Sammlung des Geistes überliefert. So bezeichnet als meditatio (gegenstandfreie Anschauung), lectio (aufmerksame Lesung), oratio (Gebet) und contemplatio (gegenständliche Betrachtung, Kontemplation).

Man kann all die Meditationstechniken grob in zwei Gruppen einteilen:

> In die passive (geradezu kontemplative) Meditation, die im stillen Sitzen praktiziert wird und

> in die aktive Meditation, bei der körperliche Bewegung, achtsames Handeln oder lautes Rezitieren zur Meditationspraxis gehören.

Wir gelangen oft überschneidend in den Bereich der Kontemplation, die über das bewusstseinsmäßig „gemachte" Meditieren hinausgeht. In den Übungen der Kontemplation gelingt absolutes NichtTun.

Bildungssprachlich kommt daher auch das Verb „kontemplieren" vor, was bedeutet: Sich der Kontemplation hingeben.

Im spirituellen Sinne gibt sich der Kontemplierende dem Göttlichen Sein hin. Ohne Wenn und Aber!

Für Platon war die Überlegenheit der betrachtenden Haltung unzweifelhaft. Er verband damit keinesfalls eine Geringschätzung des tätigen Lebens. Entsprechend seiner Philosophie soll Kontemplation zur „Schau" der nicht sinnlich wahrnehmbaren, nur geistig erfassbaren „Ideen" führen. Er verkündete das Ideal einer solchen Kontemplation, in der er die wahre Bestimmung des Menschen sah.

Für große Teile der christlichen Welt bildet die kontemplative Betrachtung der Werke Gottes und eine auf Gott selbst gerichtete Kontemplation traditionell einen Kernbestandteil des religiösen Lebens der Frommen. Oft wird von der Kontemplation eine Erfahrung von Gottes Gegenwart oder sogar eine Gottesschau erhofft.

Die geistlichen Lehrmeister pflegen aber seit jeher zu betonen, dass solche Schau ein göttlicher Gnadenakt sei und vom Menschen nicht aus eigener Kraft herbeigeführt werden könne.

Im Taoismus wird Kontemplation als die beste, ethisch hochwertigste und vernünftigste Handlung angesehen. Dies ist ein Zustand des inneren Friedens und der völligen Nichteinmischung in die Geschehnisse der Welt.

Taoisten glauben, dass jede aktive menschliche Handlung die absolute Harmonie einer perfekten Welt verletzt. Sie wird als eine Verschwendung von Energie und Kraft angesehen.

Nur Untätigkeit und kontemplative Passivität können zur Erlangung von Glück führen. Laut Lao Tse wird jeder Einfluss auf die Welt der Dinge nur zu Verlust und Frustration führen.

"Nicht-Tun", wu-wei, im Taoismus bedeutet aber nicht die völlige Gleichgültigkeit und Untätigkeit, sondern das Fehlen einer unnützen Initiative, um etwas zu ändern und zu verbessern. Taoisten glauben, dass das Weltgeschehen in sich harmonisch und perfekt ist.

Jeder Einfluss von außen zerstört Harmonie und Einheit. Die beste Übersetzung des Wortes "wu-wei" ist "störungsfrei".

Untätigkeit ist dabei keine müßige Lebensweise, sondern es geht darum die Welt zu erkennen.

Das Prinzip dieses Konzeptes ist in den folgenden Konzepten enthalten: Kontemplative Passivität, Überraschendes und Spontanität.

Untätigkeit bezieht sich also nicht auf die völlige Untätigkeit des Individuums, sondern auf seinen unvernünftigen Wunsch die Welt zu beherrschen oder etwas auf eigene Faust zu korrigieren.

Die Philosophie des Dao besagt, dass die Welt vom Gesetz der Veränderung regiert wird.

Wenn eine Person anfängt, in dieses Gesetz mit seinen unvernünftig unethischen Handlungen einzugreifen, wird sie infolgedessen nicht nur Probleme in ihrem eigenen Erleben aufwerfen. Lao Tse meint: „Das einzig Beständige ist der Wandel."

Morphogenetik

Der Begriff der morphogenetischen Felder wurde von dem britischen Biologen Rupert Sheldrake für folgende Überlegung verwendet: „Es gibt einen realen aber irgendwie nicht-bewussten Informationskanal für alle Wesen einer Spezies."

Dies ist anscheinend eine Art und Weise von weltweitem Informations- und Organisationsystem.

Alle Lebewesen einer Spezies bilden dabei durch ihre biologischen und sonstigen Erfahrungen und Eigenschaften ein Feld.

In diesem als „morphogenetisch" oder neuerdings „morphisch" bezeichneten Feld stehen wohl jedem Lebewesen derselben Art die Erfahrungen, Fähigkeiten und Fertigkeiten eines jeden anderen Lebewesens zur Verfügung.

Der auch in der Entwicklungsbiologie verwendete Begriff des morphogenetischen Feldes ist nicht identisch mit den von Sheldrake angenommenen Feldern.

Ich gehe in dieser Betrachtung eines solchen Feldes noch einen Schritt weiter. Für mich ist das morphische Feld sowohl die Verbindung von Lebewesen einer Art sowie aller Spezies, also ebenfalls aller Lebensformen untereinander.

Meiner Ansicht nach unterliegt alles den Gesetzmäßigkeiten der Morphik, lebendig oder nicht. Jegliche Art und Form im Feld des physischen Universum ist ein Bestandteil dessen. Davon ausgenommen ist das Geistige TAO und selbstverständlich das Göttliche TAO.

Motivator

Motive sind Gründe oder Begründungen oder Rechtfertigungen, die aus inneren und/oder äußeren Reizen abgeleitet sind.

Der Reiz-Reflex-Reaktions-Mechanismus bedient sich der nicht-bewussten, restimulierenden Motive einer fernen oder näheren Vergangenheit. Damit sind sie ungleich den eher logisch analytischen Denkvorgängen eines Verstandes.

Motivatoren können auch Leute sein, die entsprechende Mechanismen anwenden und andere Menschen damit zu motivieren versuchen. Spezialisten für Werbung und Marketing versorgen ihre Mitmenschen mit von außen gelieferten und gesteuerten Motiven.

Auch Propagandisten von Parteien, von Religionsgemeinschaften oder von … sind solche fremd- oder fernsteuernden Motivatoren.

Coachs versuchen zu motivieren, indem sie ihre eigene Kraft an die Klientin oder den Klienten weitergeben möchten.

Diese Fremdsteuerung entspricht nicht meiner Absicht, bei der Durchführung von Spirituellen Rückführungen.

Als Spiritueller Rückführer bin ich weder ein Motivator noch ein Coach, sondern eher ein spiritueller Helfer oder ein Seelsorger.

Postulat

Dieser im Menschlichen per Verstand angestrebte Willensakt, wie er vom Lateinischen: postulatum = "Forderung", her erscheint, ist per Definition: Eine Schlussfolgerung, eine Entscheidung oder ein Entschluss, der von einer Person aufgrund seiner eigenen Selbstbestimmung einmal gefasst wurde und noch immer wird. Ein Postulat ist immer als solches bekannt.

Postulate können sowohl auf bewussten Daten der Gegenwart als auch auf nicht bewussten Daten aus der Vergangenheit beruhen.

Ein wirkungsvolles Postulat ist immer unmittelbar in der Gegenwart aufgestellt und als solches bekannt.

Es löst Problemstellungen der Vergangenheit auf, entscheidet über Probleme oder Beobachtungen der Gegenwart und stellt zudem ein Konzept für die Zukunft auf.

Postulieren heißt also: Das Beschließen oder die Entscheidung ein Problem zu lösen oder ein Konzept für die Zukunft aufzustellen oder aber ein Schema der Vergangenheit aufzuheben.

Erst in dem Zustand zunehmender Bewusstheit funktionieren solche Entschlüsse vollkommener und ohne jede zeitliche Verzögerung, weil sie, über den Verstand hinaus, von TAO immer zur Gegenwart her imaginiert sind.

Denn die Postulate eines Verstandes brauchen Zeit für eine möglichst gründliche Analyse und dann für einen strategisch aufgefeilten Plan, der wiederum an einer Zeitlinie orientiert wird.

TAO hingegen lässt intuitiv kreative Spontanität wirken, die unmittelbar aus dem Geistigen kommt, in dem weder Raum noch Zeit von Bedeutung sind.

Karma

"Karma" kommt aus dem Sanskrit: karman, es bedeutet "Rad". Das Karma (kamma = „Wirken", „Tat") bezeichnet ein spirituelles Konzept, nach dem jede physische wie auch jede geistige Handlung unweigerlich eine Folge hat (entsprechend dem Gesetz von Ursache und Wirkung).

Diese Folgeaspekt muss nicht unbedingt in dem aktuellen Leben wirksam werden. Er kann sich auch erst in einem der nächsten Leben manifestieren.

Das Karma zwingt uns demnach, immer und immer wieder zu inkarnieren, um die Probleme, die wir uns selbst geschaffen haben, endlich alle aufzulösen. Jede neue Inkarnation soll dementsprechend eine neue Möglichkeit des Lernens sein.

Wir werden so immer wieder mit den noch unbewältigten Problemen konfrontiert. Bewältigung bedeutet, dass man den auftretenden Problemen nicht ausweicht, sondern sie annimmt und löst.

In den Religionsfiktionen von Hinduismus, Buddhismus und Jainismus versteht man unter dem Karma die Abhängigkeit vom Schicksal, einer Ansammlung von Erlebnissen aus früherer Inkarnationen, bei der man durch ein Tun, Handeln oder Werk eine Veränderung bewirken können soll.

Deren Karma entsteht durch eine Gesetzmäßigkeit und nicht infolge einer Beurteilung durch einen Weltenrichter oder Gott. Es geht hierbei weder um „Göttliche Gnade" noch um „Strafe".

Nicht nur „schlechtes" Karma erzeugt nach Auffassung dieser Religionen den Kreislauf der Reinkarnationen, sondern gleichermaßen das „gute" Karma.

Letztes Ziel ist es darum, überhaupt kein Karma mehr zu erzeugen. Erst, wenn zum Zeitpunkt des Todes das Karma von der Seele abfällt, so erreicht sie die endgültige Befreiung von erneuter Reinkarnation.

Sie steigt auf in den obersten Bereich am Scheitelpunkt des Kosmos, um dort für immer in ruhiger Seligkeit zu verharren. Damit kehrt die Seele nie wieder in den Kreislauf zurück.

Das Ziel von TAO ist entsprechend ähnlich. Als Entwicklung in all den vielen Lebenszyklen soll zum guten Schluss der Ausstieg und damit der Aufstieg zum Göttlichen TAO erreicht werden.

Auch hier geht es darum dem „Rad des Lebens" ein Schnippchen zu schlagen. Doch das Verlassen des „Großen Spiels" sowie des „Spiel des Lebens", gelingt nur, als insgesamt gemeinschaftlicher Akt im Miteinander.

Einzelwesen bleiben dem Spielgeschehen so lange zugeordnet bis letztlich die hohe Erkenntnis zur gegenseitigen Hilfe für alle Wesen dem mittlerweile „witzlos" gewordenen Spiel ein Ende bereitet.

Die Idee einer Lösung aus dem karmisch geprägten Zusammenspiel gelingt also letztendlich nur über das Erreichen von allumfassender, bedingungsloser Liebe.

Matrix

Die Matrix ist gleichbedeutend mit dem deutschen Wort Matrize (Lateinisch: „Zuchttier", „Stammmutter", „Muttertier", „Ahne"). Der Begriff ist also sehr vieldeutig.

Hier einige Beispiele der Definitionen:

A) Darstellungsmittel für die zweidimensionale Zuordnung von Daten, Zahlen, Funktionen und dergleichen, etwa in tabellarischer Form (Zeilen und Spalten).

B) Mathematisch verstanden: Ein aus Zeilen und Spalten bestehendes zweidimensionales Feld.

C) Biologisch gesehen: Das Innere des Zellkerns, die Kernmatrix.

D) Beim Druck bezeichnet man als Matrize im Zusammenhang mit dem Satz (Handsatz, Maschinensatz, Schriftgießerei) eine Form aus Metall zur Erzeugung von Lettern in Bleisatzzeilen.

E) Als Muttergestein ist die Matrix die Gesteinsmasse, in der sich Kristalle gebildet haben und in der sie dann vorgefunden werden.

In der Verwendung wie ich sie verstehe, ist die Matrix die mehr oder minder eng gefasste Einbindung in ein psychisch wirksames, von langer Hand vorgegebenes System, organisatorischer, sozialer, moralischer und/oder rechtlicher Art und Weise. Ausgehend von traditionellen beziehungsweise historischen Ursprüngen befinden wir uns alle im Einflussbereich einer relativ fest gefügten Matrix.

Die Wegweiser, hinaus aus dem System der Matrix sind: 1) die Erkenntnis darüber 2) das Finden von Übereinstimmung mit anderen 3) die Schwächen der Matrix ausfindig machen 4) die Schwächen als eigene Stärken nutzen 5) der Mut, der bestehenden Matrix die Stirn zu bieten und 6) etwas Besseres, Neues zu kreieren, keine womöglich vergleichbare Matrix.

Psycho trifft Logie

Absichtlich vermeide ich bei all meinen Ausführungen auch den Begriff „Psyche". Genau wie dem Wort „Geist" werden diesem Wort zu viele unterschiedliche Bedeutungen beigeordnet. Damit wird wieder einmal nur noch mehr irrsinnige Verwirrung geschaffen (womöglich mit Absicht).

Aus dem griechischen Sprachgebrauch kommend, besagt der Begriff „Psyche" speziell den Lebensodem sowie die Atemkunde mit dem Atemhauch und dem Atemfluss (von ich: „atme", „hauche", „blase", „lebe"). Somit schließen sich hierbei die Lebenslehre und die Lebenskraft an.

Auch das Bewusstsein sowie das Gemüt finden wir im Gefolge ihrer Definitionen, dann den Trieb und diesmal sogar die Seele. Was denn nun? Die Lebensenergie, eine Körperkunde oder die Seele?

Um das Kraut auch hier fett zu manchen ist „Psyche", aufgrund mythologischer Vorstellungen, auch noch ein „Schmetterling", nämlich jener „Seelenvogel mit den Flügeln eines Schmetterlings", der sich zu den Unsterblichen aufschwingt.

In der griechischen Mythologie hatte nämlich eine sterbliche Königstochter, mit dem Namen Psyche, eine Liebesbeziehung mit dem Gott Amor, auch Eros oder Cupido.

Schließlich wurde sie nach etlichen Seelen-Prüfungen durch Aphrodite, ihrer Schwiegermutter, von Zeus unter die Unsterblichen aufgenommen, indem er ihr einen Schluck Ambrosia zu trinken gab.

Aus dem Hintergrund wurde sie immer von der Liebe (ihrem Eros) unterstützt, der ihr hilfreiche Energien zur Verfügung stellte.

Wo bleibt denn hier der Bezug zu dem, was ich aus gutem Grund als TAO-Seele bezeichne, das „Ich bin" oder die „Person selbst"?

In Österreich versteht man übrigens unter dem Begriff „Psyche" eine Art Frisiertoilette, also etwas, an dem den Menschen der Kopf gewaschen und ein Haarschnitt verpasst wird, um Leute wieder gesellschaftsfähig zu machen. Was mir irgendwie viel ehrlicher zu sein scheint, als alles andere, was das Wort „Psyche" noch begleitet.

Die moderne Psychologie meint jedenfalls selbst von sich, keine „Wissenschaft vom Seelenleben" zu sein, sich nicht mit der Seelenkunde zu beschäftigen.

Die Psychologen sind demgemäß eher empirisch forschende Wissenschaftler, die sich mit der Erforschung des Lebewesens Mensch befassen, allgemein in seinem Verhalten, mit seinen Fähigkeiten und mit dem Zusammenspiel von Nerven.

Mindestens seit dem 19ten Jahrhundert arbeitet die Psychologie empirisch, das heißt: Aus den Erfahrungen gewinnend, darauf beruhend, vergleichend mit dem Verhalten von Mensch und Tier.

Daher kennen wir die bekannt gewordenen Experimente mit Ratten, Mäusen, Hunden und Schimpansen und … .

Im Jahrhundert davor mischte sich die Psychologie noch mit der Philosophie, der Theologie und der Metaphysik. Die weniger empirischen, die metaphysischen Zusammenhänge hat diese neue „Wissenschaft vom Menschen" mittlerweile weit von sich gewiesen. Sie versucht weder Geist noch Seele noch den Sinn des Lebens philosophisch zu erklären.

Für solche Metaphänomene, mehr spekulativen Ideen und Vorstellungen wurde extra die Parapsychologie geschaffen.

Bei dieser Abspaltung geht es dann tatsächlich mehr um etwaige Seelenaspekte, wie die Geister und Geistererscheinungen sowie um verschiedene außer- oder übersinnliche Wahrnehmungen, also irgendwelchen „Fähigkeiten der Seele".

Diese Para-Wissenschaft wird, wie es das Wort schon sagt, aus der Psychologie ausgegrenzt (dieses para ist griechisch, es heißt: „Neben...", „gegen..." oder „wider..."). Die Parapsychologie nimmt, als eine Art ausgelagerter „Müllcontainer", all die unheimlichen, außergewöhnlichen Phänomene auf, die der vorgeblich „normalen Psychologie" nicht ins Programm passen.

Nach meinem Verständnis darf es bei der Psycho... einfach nicht darum gehen, die Geistigkeit der Wesen ausschließlich auf den körperlichen Menschen und seine offensichtlichen Unzulänglichkeiten zu reduzieren.

Auch kann und darf der Einsatz medizinischer Drogen keine dauerhafte Lösung für geistige oder mentale Problemstellungen sein.

Ebenso entspricht der wertende Vergleich mit Tieren wie Ratten, Schweinen, Affen oder ..., die angeblich dem Menschen ähnlich sein sollen, nicht meiner Vorstellung von geistiger Freiheit.

Und nun Logie > Logos > Logik

Der griechische Ausdruck lógos verfügt über einen außerordentlich weiten Bedeutungsspielraum. Unspezifisch ist er im Sinne von Wort und Rede sowie deren Gehalt oder deren Sinn. Logos bezeichnet zudem das geistige Vermögen und was dieses hervorbringt, wie zum Beispiel „Vernunft". So ist er ein allgemeineres Prinzip einer Weltvernunft oder ein Vernunftprinzip des geordneten Kosmos.

Gleichsam ist er auch ein Gesamtsinn der Wirklichkeit oder eine die Welt durchdringende Gesetzmäßigkeit.

Darüber hinaus findet lógos Verwendungen als: Definition, Argument, Rechnung oder Lehrsatz. Auch philosophische und religiöse Prinzipien werden mit dem Ausdruck lógos bezeichnet.

Die daraus entspringende Logik wurde einst als "Wissenschaft vom richtigen Schließen" von Aristoteles (384-322) begründet.

Logik ist hierbei: Die Lehre von den Prinzipien des richtigen, das heißt, des schlüssigen Denkens und Beweisführens.

Diese wissenschaftliche Anschauung hat, durch das Mittelalter hindurch bis zu Kant und Hegel, die verschiedensten philosophischen und theologischen Erweiterungen erfahren.

Das logische Denken hat immer eine Schlussfolgerung. Es ist folgerichtiges Denken, selbst wenn man auf der Grundlage einer gegebenen Menge an Daten sowie allgemein anerkannter Zusammenhänge aus einer anderen Denkweise heraus schlussfolgert.

So bedeutet schlussfolgerndes Denken: Man kommt von etwas Gegebenem zu etwas Neuem. Im einzelnen kann dies zum Beispiel bedeuten, dass:

> man einen gegebenen Sachverhalt genauer erschließt, wenn man erkennt, was impliziert (mit eingeschlossen) ist;

> man aufgrund immer wiederkehrender Phänomene Regelmäßigkeiten oder Wirkungszusammenhänge annimmt;

> man Ähnlichkeiten erkennt und versucht Bekanntes auf Unbekanntes zu übertragen.

Schlussfolgerndes, logisches Denken hat also verschiedene Aspekte, die durch die folgenden zwei Fragen systematisch erschlossen werden können:

> Problem der Gültigkeit oder Verlässlichkeit > Wie/wodurch gelangen wir zu gültigen Schlussfolgerungen; inwieweit können wir sicher sein, dass unsere Schlussfolgerungen richtig sind?

> Problem der Innovation > Wie/wodurch kommen wir zu neuen Einsichten, entdecken wir Zusammenhänge zwischen ursprünglich unverbundenen Sachverhalten?

Wir verstehen die Psychologie somit als eine Wissenschaft, die beständig versucht aus gegebenen und/oder noch zu erarbeitenden Daten Rückschlüsse und Schlussfolgerungen auf die Psyche zu ziehen, vorrangig auf die menschliche.

Reinkarnation

Aus dem Lateinischen für „Wiederfleischwerdung" oder „Wiederverkörperung". Wir finden hier die Vorstellungen der Art und Weise, dass sich menschliche Seelen nach dem Tod (Exkarnation) erneut in anderen empfindenden Lebewesen manifestieren.

Im Buddhismus wird die Seele durch mentale Prozesse ersetzt. Nach buddhistischer Auffassung existiert der Mensch nicht als ein „Selbst", nicht als „Ich" oder als ein „Individuum". Statt dessen ist er eine Zusammensetzung von physischen und psychischen Teilen einer größeren Einheit des Dasein. In ihnen lässt sich kein individualisiertes „Selbst" finden.

So ist Reinkarnation im Buddhismus zwar die Wiedergeburt in einem neuen Körper, als Mensch, Tier oder als anderes Wesen. Die Buddhisten glauben jedoch an ein übergeordnetes Geist-Kontinuum, das die vielen Leben durchläuft, also immer wiedergeboren wird.

Die Reinkarnation orientiert sich in verschiedenen Religionsfiktionen an unterschiedlichen Systemen, nach entsprechenden, vorgefertigten Plänen.

Vergleichbare Konzepte werden auch mit Metempsychose bezeichnet, die Wanderung einer Seele durch verschiedene (menschliche oder tierische) Körper in aufeinanderfolgenden Leben, oder mit Transmigration, was auch soviel wie Seelenwanderung bedeutet.

Wiedergeburt sollte mit den strikten Systemen der Reinkarnation nicht verwechselt werden, denn Wiedergeburt ist kein System sondern einfach nur Wiedergeburt, entweder unmittelbar oder etwas später nach dem eingetretenen Tod oder gegebenenfalls bereits im ablaufenden Leben.

Auch außerkörperliche Erfahrungen werden im Zusammenhang mit dem Begriff Reinkarnation gebraucht. Dies ist allerdings eine vorübergehende Exteriorisation, ein Verlassen des Körpers mit der bewussten oder nicht-bewussten Absicht zurückzukehren.

Religion

Der Begriff kommt aus dem Lateinischen: religare = „zurückbinden" oder relegere = „wieder zusammennehmen".

Die Religion ist somit die (Rück-)Bindung an Gott, an einen oder mehrere, sowie an Göttliches beziehungsweise an das ursprünglich Göttliche (in meinem Verständnis: Das Göttliche TAO).

Die Heilslehren zur Heiligung, Heilsversprechen, Heilserfahrungen und Heilserfüllung bilden den besonderen Inhalt dieser Bindung.

Die erstrebenswerten Grundmerkmale von Religionen sind oder sollen sein: Gläubigkeit, Übersinnlichkeit und Sittlichkeit.

Diese Merkmale setzen auch die gläubige Überzeugung vom Dasein sowie dem machtvollen Walten übersinnlicher, Göttlicher Mächte voraus, zumindest nach allgemein gültiger Ansicht.

Die unterschiedlichen Göttlichen Mächte sollen uns demzufolge im irdischen Geschehen einen höheren Sinn geben. Sie setzen uns religiös geprägte, sinnvolle Ziele. Ursprünglich, am echten oder fiktiven Beginn der Religionsgründung, stellen die Mächte sittliche Forderungen an die Menschen.

Solche anfangs noch einfachen Forderungen, wie zum Beispiel die „Zehn Gebote", sind im Laufe der Zeit zu allerlei komplizierten rechtlichen Grundsätzen geworden. Diese Rechtsvorschriften gehen häufig über die verschiedenartigen, moralisch mehr oder weniger strengen Vorgaben hinaus.

Damit erhebt sich so manche, staatlich organisierte Gruppierung zu einer völlig neuen Religionsfiktion. Das Staatsoberhaupt hatte oft und oft die Funktion eines Vertreters Gottes auf Erden, um nicht zu sagen, einer eigenständigen Gottheit.

In der Neuzeit nehmen vielfach tatsächlich vom Volke gewählte Politiker ähnliche Positionen ein. Zumindest fühlen und benehmen sich so manche dieser Menschen wie Herrgötter. Diese Leute stellen sich über die Bürger. Sie belügen und betrügen sie nach Strick und Faden. Sie betrachten offenbar die anderen als niedere Sklaven, wie dies in frühen Zivilisationen mehrfach vorkam.

Schließlich mussten, damals wie heute, zum Machterhalt brauchbare Lösungen her, denn die elitären Mitmenschen einfach „um die Ecke bringen" kam sogar bei der Masse gar nicht gut an. So rückten die „Götter" aus den Abteilungen der Wissenschaften oder dergleichen, ihre Köpfe zusammen und fanden schlussendlich die Lösung.

Verschiedene Arten von Sklaven wurden kreiert; nämlich Sklaven für: Die Arbeit, den Konsum, das Geld- und Schuldenwesen sogar die „demokratischen" Wahlen und das Religionsverständnis.

Seele

Selbst der Begriff „Seele" wurde von unterschiedlichen Interessengruppen so durcheinander gewirbelt, dass dessen Ursprünglichkeit aufgeweicht wurde und fast verloren ging.

Eine seltsam anmutende Wörterbuch-Definition besagt: „Die Seele ist das Innenleben eines Lebewesens, das sich im Denken, im Fühlen, im Handeln oder im Bewegen äußert."

Damit sind doch hoffentlich nicht unsere Innereien gemeint!? Oder kommt daher der Bezug zum Gehirn sowie zum Herzen und zum Bauch?

Als Seele nennt man ebenso bei Seilen, die im Inneren angefertigte Faser oder Litze. Dieser innerste Teil macht ihre Stabilität und Zugfestigkeit aus.

Man spricht vielfach bei der menschlichen Seele auch von deren emotionalen Gemütskräften. Ebenso nimmt man an, nun richtigerweise, sie sei der unsterbliche Anteil des Menschen.

Außerdem erkennt man in der Seele die dynamischen Triebkräfte und einen Mittelpunkt, der dem Leben gegeben ist.

Im Urgermanischen heißt sie „saiwalo" und beschreibt die „vom See stammende" oder „von der See stammende" oder die „zum See gehörige".

Wir finden auch eine Ableitung von dem oder der See, als dem Aufenthaltsort sowohl der Ungeborenen als auch der Toten.

Die See ist hierbei wohl auch gleichbedeutend mit dem Begriff: Meer. Aus dem Meer kommt alles Leben, entsprechend der Betrachtungsweise der Entwicklungsbiologie.

Trotz aller Wirrnis, ist mir der allumfassende Begriff „Seele" noch am sympathischsten, denn er hat etwas Ursprüngliches.

Deshalb ist der Seelenbegriff, den ich anwende, all diesem Wirrwarr übergeordnet.

Im Umgang mit der „TAO-Seele" gelangen wir zu vereinfachten Verhältnissen, ohne die herkömmlichen Begriffsverwirrungen.

TAO als Aspektfolge der vielen Höheren Selbst: nach „oben hin" enger werdend

Mit dem Seelenbegriff, den ich meine, können wir auch wieder an TAO oder das „Ich bin" oder die „Person selbst" anknüpfen.

Die Seele ist TAO, der „Göttliche Funke", der nicht dem physischen Universum zuzuordnen ist, der wahrhaft ein Abbild des Göttlichen TAO ist. TAO, die „Person selbst", ist demzufolge vollständig bewusstes, Göttliches Sein des „Ich bin", eines Geistigen Wesens, einer wahrhaftigen Seele.

Unser Alltagsbewusstsein ist lediglich ein schwacher Abklatsch dieses bewussten Sein. So wie wir mit unseren Sinnen nur einen Bruchteil all der Frequenzen von Licht, Schall und sonstiger Wellen wahrnehmen können, ebenso unvollständig ist unser menschliches Bewusstsein. Erst nach dem körperlichen Tod erhalten wir die Erkenntnis für unser wirkliches Sein zurück (hoffentlich – wahrscheinlich aber doch nicht oder zumindest nicht immer jeder).

Bei Eintritt des körperlichen Todes verlässt TAO, die „Person selbst", die menschliche, körperlich bio-energetische Einheit und nimmt dabei den Verstand mit, plus der Speicherinhalte aus der Materie des Körpers sowie aus dessen Energie, aus der Aura.

Genau deshalb funktionieren sowohl die Spirituellen Rückführungen als auch die Spiegelmeditationen, mit der Möglichkeit des Einblicks von TAO in den Verstand, dem mentalen Blickkontakt zu allen gespeicherten Daten und in frühere Leben hinein.

Mit dieser Möglichkeit des Zugriffs der TAO-Seele, also der „Person selbst", gemeinsam mit dem Verstand, auf alle gespeicherten Daten, lassen sich verschüttete Ereignisse wieder hervorholen.

Ich versuche in verschiedenen Ausführungen, großen Religionsfiktionen auf den Zahn zu fühlen, was die Seele bei Wiedergeburt, Reinkarnation und Seelenwanderung anbelangt, sowie dem damit zusammenhängenden Karma. Ich fand etliche unterschiedliche und manche gleichbedeutende Ansichten. Letztlich durfte ich erfahren:

Die von mir gefundene, spirituelle Form des TAO, beinhaltet sehr viel Basiswissen für verschiedene Religionen dieses Planeten.

Aus dieser, vor langer Zeit eingebürgerten, ehemals nicht irdischen Art und Weise religiösen Denkens, scheint sich so manche irdische Religion ein paar Scheiben abgeschnitten zu haben.

Für mich sind unterschiedliche Seelenaspekte die ewig beständigen Daseinsformen.

Daraus ergibt sich: **Es gibt nur ein Erleben in TAO, das alle Zeiten überdauert.**

Nun noch ein Blick auf das Höhere Selbst, beziehungsweise auf die Höheren Selbst:

Vom Anbeginn der Zeiten, noch ohne zeitliche Festlegungen, haben Geistige Wesenheiten das physische Universum geschaffen und sind darin natürlich auch unterwegs gewesen. Aufgrund der immer riesiger werdenden Dimensionen, im Raum des Universum, bot es sich an, sich selbst zu vervielfachen.

So schufen die Geistigen Wesen des Ursprungs Aspekte ihrer Selbst. Diese anderen und doch nicht anderen Geistwesen beteiligten sich ebenfalls an der Gestaltung der vielfältigen universalen Gegebenheiten.

Auch sie entwickelten weitere Aspekte. Auf diese Art und Weise entstanden die Guten und/oder die Bösen, um im „Großen Spiel" Positionen einzunehmen. Wobei das Gute sowie das Böse lediglich Betrachtungsweisen aus heutiger Sicht sind.

Die Reproduktionsfähigkeit der Geistigen Wesen war unbegrenzt und setzte sich lange „Zeit" fort. Es entstanden ganze Hierarchien und Familien von „Göttern". Sie alle hatten und haben noch immer einen direkten Bezug zum Göttlichen TAO.

Erst im Entstehen der Aspekte von Leben, im „Spiel des Lebens", verbreitete sich die Ansicht, dass die großen Geister, Götter und Gott von den Lebewesen strikt getrennt und weit über ihnen angesiedelt sind.

Deshalb liegt es an uns, den Lebewesen der Neuzeit, wieder die Anknüpfung an unser Höheres Selbst beziehungsweise unsere Höheren Selbst zu finden. Vielfach wird dies mit Meditationstechniken oder durch Trance versucht.

Leider bleiben die möglichen Erfolge selten über mehrere Leben hinweg stabil.

Dennoch können wir den Versuch beispielsweise per Spiritueller Rückführungen angehen. Dabei gelingt es tatsächlich uns selbst und sogar unser Umfeld, mit den Mitmenschen darin, über mehrere Leben hinweg zu stabilisieren.

Meines Wissens, aus meiner Erkenntnis, erwarten uns die Geistigen Wesenheit der Höheren Selbst sogar. Sie stehen uns bei unserem spirituellen Bestreben hilfreich zur Seite und helfen darüber hinaus, um uns wieder mit dem Göttlichen TAO zu verbinden.

TAO, das Selbst, das Prinzip der Vernunft

Körper, Verstand und Seele bilden in der Betrachtungsweise der Esoterik eine Einheit. Unsere Wahrnehmung zum Körper, mit allen Teilen, dem Zellstaat und dem Energiefeld, ist ebenso entscheidend wie die zur Art und Wirkungsweise des Verstandes. Denn dieser ist ein auf relativer Logik basierendes Konstrukt, zur Durchführung von analytischen Berechnungen und wertenden Zuordnungen mit den jeweils zur Verfügung stehenden, vergleichbaren Daten.

Die Seele ist TAO, das „Geistige Wesen" oder die „Person selbst", die jemand ist - NICHT HAT!

TAO ist für mich, als Druide des TAO, der Inbegriff der Seele, der Göttliche Funke der nicht dem physischen Universum zuzuordnen ist und wahrhaft ein Abbild des Göttlichen ist, des Göttlichen TAO.

Mit dieser Art des Seelenbegriffes gelangen wir leichter zu vereinfachten Verhältnissen in den Definitionen. Hiermit können wir jetzt auch wieder an TAO, als das „Ich bin" oder die „Person selbst" oder das „Selbst", anknüpfen. TAO ist demzufolge: Vollständig bewusstes Göttliches Sein, das "Ich bin", ein Geistigen Wesens, eine wahrhafte Seele.

Der Begriff TAO floss mir hierfür aus meinem atalantischen Dasein zu: Wir sind TAO und TAO ist das Göttliche Selbst, absolut deckungsgleich mit der Seele.

Darüber haben wir Druiden des TAO, aus einem übergeordneten Gesichtspunkt, die nachfolgend zusammengestellten Informationen bezüglich der Person selbst, der TAO-Seele, die uns offenbar wurden, erarbeitet.

Das ist TAO!
01) TAO ist die Seele, TAO das Geistige, TAO das Göttliche - TAO ist allumfassend TAO.
02) TAO ist kein Bestandteil des physischen Universum, weder die Seele, das Geistige, noch das Göttliche.
03) Wir TAO, als Höhere Selbst, die Geistigen Wesenheiten, sind nicht wirklich viele.
04) Durch zunehmende Individualisierung haben wir uns in das von uns geschaffene Spielfeld für das „Große Spiel", das Universum begeben, uns ihm zugeordnet.

05) Jede TAO-Seele ist in der Lage mehrere Körper zu steuern.
06) Über das Steuern von Bio-Körpern halten wir, TAO, uns
selbst im Spielverlauf verfangen – ein tolles Spiel.
Das Steuern von Menschen oder dergleichen war anfangs
eine kollektive Angelegenheit.
Ein Seelen-Aspekt steuerte ganze Gesellschaften.
07) Die „menschliche Seele" (ein Widerspruch in sich!)
ist mittlerweile ein weitgehend individualisierter Aspekt.
08) Tiere einer Art (nicht nur Ameisen oder Bienen) sind meist
noch immer kollektiv beseelt.
Auch menschlich geprägte Seeleneinheiten übernehmen
vorübergehend Tiere.
09) Mit konzentrierter Aufmerksamkeit steuert TAO seine
jeweiligen Körper. Diese Aufmerksamkeit ist vergleichbar
mit belebender Energie, mit Lebensenergie.
10) Belebende Energie ist also einwirkende Aufmerksamkeit.
11) Jeder Körper ist demnach ein Konstrukt aus belebender
Aufmerksamkeit. Viele Einheiten davon bilden ein Ganzes.
12) Mittels Aufmerksamkeit werden auch Informationen und
Wissen aus der Umgebung gesammelt.
13) Erfahrungen sind allerdings oftmals schwere, belastende,
karmisch zu nennende Anteile, die Aufmerksamkeit im
vorgeblichen Strom der Zeit binden.
14) Das dramatisch Überbewertete, schmerzhaft Erfahrene
sowie Verluste und Verlustängste binden uns per Verstand
ins Spielfeld, in das Universum.
15) Wer den alten Erfahrungen, gespeichert im Verstand, zu
sehr nachhängt, verliert seine ursprüngliche, seelische
Leichtigkeit und damit seinen Spielgeist.
16) Anteile von Aufmerksamkeit bleiben im holographischen
Raum und in der virtuellen Zeit hängen.
Wer diese Energie nicht bewusst machen und loslösen
kann, bleibt über lange, lange Zeit daran gebunden.
17) Gebundene Aufmerksamkeit wird bis zur Gegenwart her
als Verlust dramatisiert und vom Verstand als schmerzhaft
empfunden.
Auf diese Art und Weise entstehen allerlei Ängste.
Vermeidungsängste und Lebensängste führen sowohl zu
körperlicher als auch zu geistiger Erstarrung.

18) Dramen werden gerne auch konstruiert, um dem „Großen Spiel" sowie dem wesentlich später hinzu gekommenen „Spiel des Lebens" einen irgendwie gearteten, manchmal ziemlich verrückt erscheinenden Sinn zu geben.

19) Solche Dramatisationen trennen uns, wieder per Verstand, über ewig lange Zeiten hinweg, vom Lebendigen, lassen uns gleichfalls wie erstarrt erscheinen.

20) Das schmerzhaft Erfahrene wird vom Verstand reichlich überbewertet, besonders in derartigen Verbindungen mit Körpern. Es bindet uns als individualisierte Spielbälle in das „Große Spiel", ins physische Universum.

21) Besonders plötzliche Tode führen zu Verlustsituationen beim Erleben, wenn TAO dem ach so wichtigen Körper „nachtrauert". Auch hier wichtig zu wissen: Nicht TAO selbst trauert, sondern das energetische Konstrukt, genannt Verstand.

22) Verluste reihen sich an Verluste und belasten damit vergangene Leben, dieses Leben sowie spätere Leben.

23) Nach jedem Tod werden alle Einheiten der körperlichen sowie der geistigen Aufmerksamkeit als Informationen von TAO mitgenommen, speziell über den Speicher des Verstandes.

24) Gestorbene erhalten sich dadurch ihre individuelle Identität und tragen ihre unverwechselbaren Signaturen durch die vom Verstand linear dargestellte Zeit.

25) Geister-Aspekte, im Sinne von Gespenstern, sind Reste von Aufmerksamkeit, die sich nicht lösen konnte. Solche Aspekte sind unfähig, sich ohne fremde Hilfe von Orten, von Gegenständen oder von Personen zu lösen.

26) Einzelne dieser Aspekte können sogar bei anderen TAO-Seelen andocken. Hier spricht man dann von einer geistigen Übernahme oder von einer Besetzungen.

27) Es ist wichtig, den verstreuten Aufmerksamkeitsanteilen zu helfen, sich wieder zu vereinen. Hierbei spricht man leider fälschlicherweise von abgespalteten Seelenanteilen oder dergleichen.

28) Das bedeutet nämlich nicht, dass TAO-Seelen als solche teilbar sind. Es handelt sich nur um ihre in Zeit und Raum verteilte Aufmerksamkeit.

29) Auch bei anscheinenden Verlusten von Aufmerksamkeit bleibt TAO, die Seele, immer vollständig. Offensichtlich teilbar sind lediglich die energetischen Erscheinungen im physischen Universum.

30) Ursächlich und bewusst handelnde Seelen können weder getötet werden noch werden sie krank, noch gehen sie verloren. Krankheiten, Krankheitserscheinungen sowie Krankheitsbilder und dergleichen befinden sich im Vorfeld nur im Verstand. Erst im Nachzug manifestieren sie sich im Körpersystem.

31) In den Speichereinheiten von Verstand und Körpersystem sind die jeweiligen Krankheitsbilder aus alten bis uralten Geschehnissen gespeichert.

32) Lediglich mittels selbstbestimmter Übereinstimmung bindet sich die TAO-Seele selbst in das Universum. Über ihren Verstand lässt sich TAO auf das „Große Spiel" ein.

33) Solche Übereinstimmungen können tatsächlich, zumindest vorübergehend, so erscheinen, als wären Seeleneinheiten geschädigt. Entsprechende, auch den Körper krank machende Schadensbilder sind in Wahrheit lediglich physisch, also energetisch vom Verstand getragen.

34) Es sind Verluste von Aufmerksamkeit = Lebensenergie. Verlorene Lebensenergien sind die im Raum und in der Zeit gebundenen Einheiten von Aufmerksamkeit. Je mehr wir uns in Raum und Zeit verlieren oder verloren glauben, desto schwächer erscheint sogar TAO.

35) Unser aller Ziel sollte jedermanns Ganzwerdung sein, das Gewinnen jeglicher Aufmerksamkeit im HIER und JETZT. Genau dies bedeutet Heilung, letztendlich als Heiligung.

36) Bewusstes Sein, das Da-Sein aller Wesenheiten im HIER und JETZT, ist die Los-Lösung für uns alle.

37) TAO zu Sein, Seele zu Sein, Selbst zu Sein, Göttlich zu Sein, heißt: Frei zu sein vom „Großen Spiel", vom Spielfeld des physischen Universum, von Materie, Energie, Raum und Zeit. Als TAO-Seele „stehen" wir außerhalb der Schwere des physischen Universum.

38) Jegliches TAO ist dauerhaft mit dem Göttlichen TAO „verbunden", selbstverständlich über der Illusion von Raum und Zeit hinaus.

39) Leichtigkeit und spielerisches Vergnügen führt zur Freiheit mit ursächlich wahrgenommener Verantwortung, mit Ethik und Ästhetik. Es gilt, unseren ursprünglichen Spielgeist unbedingt wiederzuerlangen.

40) Als einzelne Egos sind wir allerdings nicht in der Lage dauerhaft frei zu sein. Viele der Menschwesen wissen nicht einmal, dass sie unfrei sind und wofür sie frei sein sollten.

41) Nur die bewusste, gemeinschaftliche Verbindung in all den Hohen Selbst, dem Geistigen TAO, öffnet uns den Weg zur Quelle oder zum Ursprung, erlebbar im Göttlichen TAO.

42) Im BewusstSein, dass wir als TAO-Seelen sowieso nicht vereinzelt sind, wachsen wir über unser Menschsein hinaus. Wir erheben uns über die Illusion von Raum und Zeit. Auf diese Art und Weise sind wir beständig miteinander und mit dem übergeordnet Geistigen TAO verbunden. Ebenso sind wir mit dem Universum, als dem universal physischen TAO verbunden. Selbstverständlich sind wir auch mit dem Göttlichen TAO verbunden.

43) Das Wissens-BewusstSein für all diese Verbundenheit gilt es zurückzugewinnen.

Spirituell

Wiederum aus dem Lateinischen kommend, gilt hier als Spiritus = „Atem", „Hauch", „Leben", „Geist", „lenkender Geist" sowie spiritualis = „geistlich", also Geistig und/oder übersinnlich. Der Gegensatz dazu ist materiell.

Der Spiritualismus oder die Spiritualität ist die Lehre, dass der Geist das einzig Wirkliche ist. Das Körperliche hingegen sei nur eine nachfolgende Erscheinungsform des Geistigen.

Spiritualität ist eine Ursache-Position, von der Ursache oder Verursachung zur Wirkung oder zum Bewirken. So gelangen wir per Spiritualität vom Geistigen TAO hin zum Göttlichen TAO. Über unsere Spiritualität erschaffen wir uns die Transformation, den Weg zum und das Ziel beim Göttlichen.

Es wird auch gesagt, dass wir uns einfach nur zum spirituellen Gefäß machen müssen, um TAO, das Göttliche, einströmen zu lassen. Auch dies ist korrekt, wobei wir dabei keineswegs untätig sind. Denn auch das Zulassen ist letztendlich ein Tun.

Auf keinen Fall dürfen wir dies mit dem Spiritismus verwechseln. Dessen Vorgehensweise ist nämlich der Umgang mit den vorgeblich „Toten" oder mit denen, die sich als „Verstorbene" ausgeben.

Nach meiner Überzeugung stören oder behindern wir damit die Reinkarnation oder das erneute Geborensein von Wesenheiten.

Suggestion

Aus dem spätlateinischen Wort suggestio; zu lateinisch suggerere = "von unten herantragen", erkennen wir die Vorgehensweise bei einer Suggestion.

Darunter versteht man also die Absicht der Beeinflussung oder einer Willensübertragung aus dem Nicht-Bewussten heraus.

Das Ziel ist das Hervorrufen bestimmter Gedanken, Gefühle oder Handlungen. Dies kann jemand bei einem anderen oder ebenso bei sich selbst auslösen.

Eine Suggestion ist der erteilte Auftrag, der einem mehr oder weniger hypnotisierten Menschen im Zustand der Passivität beziehungsweise des herabgesenkten Bewusstseins zugewiesen wird.

So ein Zustand muss nicht zwangsläufig mit einer Hypnose im Zusammenhang stehen. Auch Menschen, die sich in die Abhängigkeit von religiös sowie spirituell anmutenden, von wirtschaftlichen oder anders gearteten Gruppierungen begeben, können deren Suggestionspotenzial unterliegen.

Zuweilen gibt es dann einen Widerstreit zwischen dem freien Willen der Person und der Suggestion. Der Mensch verfällt in so einem Falle in eine Krise, sogar ohne den ihr widerstrebenden Befehl ausgeführt zu haben.

Transformation

Im Lateinischen finden wir den Begriff „transformare" für die Bedeutungen: „umwandeln", „umformen", „umgestalten".

So werden zum Beispiel sexuelle Triebe in geistig psychische Regungen umgewandelt. Dies ist die besondere Zielvorstellung beim tantrischen Yoga.

Meine Betrachtung beim Transformieren ist die Hinführung zu TAO, dem Geistigen Wesen.

Die beinhaltet die Umwandlung von Menschen in geistig hochwertige, selbstbewusst, selbstständig und selbstermächtigt denkende und handelnde, überaus ethische Wesen.

Daraus ergibt sich die Vorgehensweise und letztendlich die Zielsetzung von Spirituellen Rückführungen.

Transzendenz

Das Lateinische transcendere = „hinübersteigen" sagt schon einiges aus, wenn die Transzendenz des geistig Wahrnehmbaren angestrebt wird.

Dabei handelt es sich letztendlich um die bewusste Erfahrbarkeit des Jenseits. Denn vor allem Esoteriker wissen, dass gewissermaßen außerhalb des materiellen Bewusstseins- und Erfahrungsbereiches die spirituelle Welt des Geistigen liegt.

Die engen Grenzen der körperlichen Erfahrungen und des sinnlich Wahrnehmbaren werden überschritten, um dort „drüben" anzukommen.

Bei Hexen und Hexern wurde von Alters her angenommen, dass sie hinübersteigen können oder zumindest über die fiktive Grenze zu schauen vermögen.

Die Berufsbezeichnung Hexe kommt nämlich von „Häckse", was soviel wie Zaunreiter bedeutet, was also vermuten lässt, dass diesen Menschen das „Drüben" nicht fremd war oder ist.

Ursprung

Der „Ort" von dem wir alle, wirklich alle herkommen. Dabei wird weder der Begriff eines Raumes noch die Betrachtung eines zeitlichen Ablaufes dem Ursprung irgendwie gerecht.

Denn am „echten" Ursprung gibt es dieses Universum und seine physischen Gesetzmäßigkeiten nicht.

Manchmal kommen während Spiritueller Rückführungen tatsächlich Geschehnisse hervor, die den Anschein erwecken, als hätten sie etwas mit dem Göttlichen Ursprung gemeinsam. Diese Idee löst sich aber recht schnell auf, sobald materielle Bestandteile vorkommen.

Der Ursprung ist nämlich ohne Materie, ohne Energie (wie wir sie kennen), ohne Raum und ohne Zeit. Am Ursprung fallen alle unsere irdischen Betrachtungen ab.

48

Einige Freundinnen und Freunde empfanden während ihrer Spirituellen Rückführungen nur noch Liebe und Licht und ein inniges Miteinander - wobei auch diese Begriffe aus dem „Erdenleben" dem „dort" Wahrnehmbaren nicht wirklich gerecht werden können. Deshalb lasse ich mich hier über den Ursprung nicht weiter aus.

Ich kann nur empfehlen, die Wahrnehmung des Ursprung, unserer TAO-Quelle, per Spiritueller Rückführungen selbst anzusteuern, den Ursprung zu erleben.

Ich weiß mittlerweile, es ist mir unumstößlich bewusst: Der Göttliche Ursprung erwartet uns, das ursprüngliche TAO-Sein.

Verstand, ein wertvolles Konstrukt

Die umfangreichen Funktionsweisen des menschlichen Verstandes will ich hier nur überfliegen.

WICHTIG ist: Der energetische Verstand hat so gut wie nichts mit der Hardware Gehirn zu tun, außer, dass das Konstrukt Verstand in der Lage ist zum Empfänger: Gehirn eine Art Funk-Verbindung aufzubauen, um den jeweiligen Körper mit diesem gemeinsam steuern zu können.

Der Verstand ist vergleichbar mit einer „Blase aus Energie" und befindet sich meistens in der unmittelbaren Nähe einer Körpereinheit. Er vertritt die TAO-Seele bei der sinnvollen Steuerung des Körpers im physischen Universum.

Der analytisch arbeitende Verstand zeichnet alle Ereignisse seiner jeweiligen Umgebung minuziös und detailgenau auf und hält sie für Abrufe bereit.

Energetisch wird alles zeitlich und räumlich geordnet abgelegt, sogar über die fünf, uns körperlich begrenzenden Sinneswahrnehmungen hinaus, die einem Menschen zur Verfügung stehen.

Durch diese energetische Speicherung ist es möglich, auch weit über jedwede Tode hinaus, per Spiritueller Rückführungen Wissensbestandteile abzurufen, die frühere Leben betreffen.

Je mehr halbwegs korrekte Daten der Verstand zur Verfügung hat, desto mehr Möglichkeiten einer Vergangenheit kann er aufzeigen. So kann er auch umso mehr Vergleiche mit Ähnlichkeiten anstellen, wenn er in seinen Zugriffen beweglich bleibt und nicht durch sich selbst oder durch andere dogmatisch eingeengt wird.

Der Mensch kann im Denkprozess leichter Neues erfassen und seinen bereits gespeicherten Daten hinzufügen. Das Datenmaterial des Verstandes wird besonders intensiv in bewegten und unbewegten Bildern aufgenommen. Verstärkt festgehalten werden Geschehnisse, durch darin enthaltene, dramatisch gewordene Emotionen.

Auftretende Herausforderungen oder Problemstellungen werden vom Verstand mit relativer Leichtigkeit gelöst. Dabei kann es sogar vorkommen, dass er diese Probleme selbst kreiert hat, bewusst oder nicht-bewusst. Anderenfalls werden diese von außerhalb an den Menschen herangetragen. Wobei hier auch die Faktoren „Resonanz" und „Anziehung" für das persönliche Erleben zum Tragen kommen.

Die Voraussetzungen für alle leicht erreichbaren Problemlösungen sind: Das Datenmaterial ist halbwegs vollständig und der Zugriff ist ohne größere Schwierigkeiten möglich.
Denn sobald die zur Anwendung gebrachten Informationen aus dem Nicht-Bewussten kommen, können himmelschreiende Schwierigkeiten auftreten, die erst im Verlaufe von Spirituellen Rückführungen zu beseitigen sind, sobald der Verstand eines Menschen diese Maßnahme erkennt und akzeptiert.

Was wir noch wissen müssen: Das Denkvermögen des Verstandes braucht seine Zeit (im Schnitt zirka drei Tage), um mehrdimensionale Vorstellungen in räumlicher Offenheit und in fließender Bewegung entfalten zu können, wie Bilder oder sogar wie Filme. Er bildet den Lauf der Zeit linear ab, von der Vergangenheit bis zur Gegenwart. Zur Zukunft hin gestaltet er Möglichkeiten und Visionen.
Diese lineare Betrachtungsweise des Verstandes hat nichts mit dem Zeitbegriff zu tun, der für eine TAO-Seele wirklich ist. Im Geistigen gestaltet sich die Zeit eher wie eine Amöbe, mit vielen, vielen Auswüchsen. Dabei kann jegliches Erleben gleichzeitig „ablaufen" beziehungsweise sein.

Voodoo

Voodoo ['vu:du:], auch Vodun, Voudou oder Wodu, ist eine kreolische Religion, die in Haiti und anderen Teilen Amerikas und in Afrika beheimatet ist.

Durch die Sklaverei kamen die Glaubensvorstellungen von Westafrika auf die Westindischen Inseln, wobei auch Elemente anderer Religionen aufgenommen wurden.

Voodoo kennt nur einen Gott, dieser wird "Bondieu" (Guter Gott) genannt. Da Bondieu allerdings so gewaltig ist, dass der Gläubige sich nicht direkt an ihn wenden kann, gibt es die "Loa" als hilfreiche Vermittler. Bei den Loa handelt es sich um Geistwesen, in deren Macht es steht Dinge zu verändern.

Für den Gläubigen sind die "Loa Racine", die Familien-Loa, deren Anbetung innerhalb der Familie schon seit Generationen stattfindet, dabei die wichtigsten Ansprechpartner.

Diese Religionsfiktion ist in westlichen Ländern vor allem durch Opferdarbringungen sowie durch die Praktizierung von weißer und schwarzer Magie bekannt.

Immer wieder wird Voodoo nur als schwarze Magie angesehen. Genährt wird diese Vorstellung durch die Praktiken des Totenkults sowie durch den Glauben an die Wiederbelebung längst Verstorbener (Nekromantie).

Wirklichkeit und/oder Realität

Die Wirklichkeit geht weit über den Begriff der Realität hinaus, nicht nur bei meiner Art der Betrachtung. Denn als „die Realität" wird nur das angesehen, was außerhalb des Denkens existiert. Dabei entsteht eine relativierende Abspaltung des Physischen vom „nur" gedachten Sein.

Wahrnehmungen einer Wirklichkeit gelten im Alltagsverständnis zunächst einmal als nicht der Realität zugehörig. Dennoch werden auch die wirklichen Inhalte wirksam, zum Beispiel als Vorstellungen, Gefühlen oder Wünschen.

So ist ebenso für die Naturwissenschaften Realität nur das, was der wissenschaftlichen Betrachtung und Erforschung zugänglich ist. Nicht Messbares aber dennoch Wirkliches hat somit keine Basis für Naturwissenschaft.

Ich selbst unterscheide in meinen Ausführungen strikt zwischen der Wirklichkeit im Geiste und der Realität im Physischen.

Dabei ist allerdings die Wirklichkeit immer das, was der Realität vorausgeht. Es gibt in meiner Vorstellung keine Realität ohne die im Vorfeld erdachte Wirklichkeit.

Damit folge ich dem Gesetz von Ursache und Wirkung: Es gibt keine Anwendung oder Handlung und damit kein realisiertes Ergebnis, ohne die vorherige, gedankliche Wirklichkeit in der Welt der Vorstellungen.

Auch die Entstehung des Spielfeldes, unseres physisches Universum, wurde erst als Wirklichkeit im Geiste durchdacht, um schließlich in allen Einzelheiten real zu werden.

An dem roh zu nennenden Erstlingswerk und an den darauf folgenden Kreationen wurde dann so lange weiter gebastelt, bis das jetzige Universum bespielbar wurde. So entstand das „Große Spiel".

Wissen

Der Begriff „Wissen" stammt vom althochdeutschen „wizzan" beziehungsweise der indogermanischen Form „woida", was bedeutet: „Ich habe gesehen", oder eben auch „ich weiß".

Von der indogermanischen Wurzel „weid" leiten sich auch ab, das lateinische „videre": „sehen" und im Sanskrit „veda" für „Wissen".

Die Zusammenfassung uralten Wissens heißt bei den Druiden der Neuzeit, den Weisen in Eurasien (Europa+Vorder-Asien), "Wyda" – dieser Begriff klingt dem Wort „Wede" sehr ähnlich.

Wissen jeder Art galt zu Zeiten der kelto-germanischen Großkultur als: Trinken vom Met Wotans, des Gottes der Weisheit.

Im Gotischen war das Wort für Wissen sogar „witan", das wiederum mit Wotan ähnlich ist.

Das Wissen wird traditionell als wahre, gerechtfertigte Meinung bestimmt. Diese Definition ermöglicht die eindeutige Unterscheidung zwischen diesem Begriff Wissen und verwandten Begriffen wie Überzeugung, Glauben und allgemeiner Meinung.

Sie entspricht zudem weitgehend dem alltäglichen Verständnis von Wissen als „Kenntnis von etwas haben".

Aus meiner Erfahrung heraus gilt zwar in der Bevölkerung oftmals das Wort: „Glauben heißt nichts wissen!"

Meiner Überzeugung nach sollte jedoch nicht so krass geurteilt werden. Der Glaube ist sogar ein entscheidender Schritt: Heraus aus dem ignoranten „Nichtwissen", einem verdrängten Wissen, hinführrend zum weitgehenden oder relativ „vollständigen Wissen".

Dazwischen befindet sich der Glaube. Er akzeptiert zum Glück bereits, dass es mehr gibt, als Menschen auch ohne handfesten Beweis hinnehmen können. So öffnet er uns den Weg zu den Höheren Selbst in all ihrer Weisheit.

Die Definition mussten wir aus dem allgemeinen Vergessen erst wieder ausgraben und uns nutzbar machen.

Deshalb hier nochmals ausführlich: Generell wird Wissen als ein für Personen oder Gruppen verfügbarer Bestand von Daten, Fakten, Theorien und Regeln verstanden.

Im Wissensmanagement und der Wissenslogistik ist Wissen eine vorläufig wahre Zustandsgröße und ein selbstbezüglicher Prozess.

Dies zeichnet sich dann durch eine größtmögliche Gewissheit aus, einer Wissensgewissheit. Von ihrer Gültigkeit beziehungsweise Wahrheit wird somit ausgegangen.

Die Beschreibung eines als „Wissen" deklarierten Sachverhalts kann also wahr oder aber falsch sein, je nach dem Grad der Vollständigkeit des zur Verfügung stehenden Datenmaterials. So kann es auch mit den weitgehend unterschiedlichen Graden der Gewissheit gehen.

Wissen kann verschiedene Themenbereiche betreffen. Es kann unterschiedlich erworben sowie gerechtfertigt und präsentiert werden oder auf verschiedene Weise verfügbar sein.

Die grundsätzliche Voraussetzung für die Aufnahme von Wissen sollte ein wacher, sich selbst reflektierender, dualistisch angelegter Bewusstseinszustand sein.

Als Wissen kenne ich eine mit Erfahrungswerten getränkte Information. Wobei Information ein Datensatz ist, welcher bei jedem der verschiedenen Beobachter durch die jeweilige Betrachtungsweise unterschiedlich bewertet wird.

Die Daten werden entweder analytisch bewusst wahrgenommen oder nicht-bewusst aufgenommenen. Die Daten und Informationen als Wissen werden idealerweise zur richtigen Zeit an die richtige Person geliefert, damit diese die am besten geeignete Lösung finden kann. Damit wird Wissen mit seiner Nutzung verknüpft.

Wissen bezeichnet im größeren Rahmen: Die Gesamtheit aller organisiert zur Verfügung stehenden Datensätze und Informationen und ihrer wechselseitigen Zusammenhänge.

Auf dieser Grundlage kann ein System, wie etwa der Mensch mit seinem Verstand, halbwegs vernünftig denken und handeln. Eine relativ vollständige Datenmenge in der Art und Weise von Wissen erlaubt es dem Verstand analytisch sinnvoll und bewusst auf allerlei Reize zu reagieren.

Die vordergründige Zielsetzung dieser Denk- und Handlungsweisen ist hierbei pure Selbsterhaltung beim Überleben.

Hinter den Kulissen sehen wir, die wir TAO sind, der Geist des Spielens, der sich mit dem Erwerb von Wissen spielerisch befasst. Nun geht es um das Leben an sich und um das Erleben im „Spiel des Lebens".

Zombie

Der Begriff leitet sich von dem Wort nzùmbe aus der zentralafrikanischen Sprache Kimbundu ab. Ein Totengeist wurde dort ursprünglich so bezeichnet, eine Bedeutung, die das im Kreolischen gebräuchliche Wort zonbi (gesprochen zombi) in Haiti noch besitzt.

Als Zombie wird ein zum Leben erweckter Toter (Untoter) oder ein seiner Seele beraubter, willenloser Mensch bezeichnet.

Zombie-Phänomene gibt es nach wie vor, besonders in Haiti, im Einflussbereich des Voodoo und ähnlicher Yoruba-Religionen. Obwohl das Christentum dort längst Staatsreligion ist, ist Voodoo in der Bevölkerung noch immer verankert.

Bereits aus der Frühgeschichte der Menschen gibt es Hinweise darauf, dass die Menschen glaubten und fürchteten, die Toten könnten zurückkehren und den Lebenden Leid antun.

Unter anderem wurden in verschiedenen Kulturen Gräber vorgefunden, in denen die Leichen Verstorbener gefesselt waren.

Noch bis ins 18. Jahrhundert herrschte auch in Mitteleuropa große Angst vor der Wiederkehr Verstorbener.

Unter anderem war es die Aufgabe einer Totenwache, einen vermeintlich Verstorbenen zu erschlagen, wenn er sich von dem Totenbett erheben sollte.

Dies kam tatsächlich vor, denn Methoden den Tod festzustellen, waren weitaus unzuverlässiger als heute.

Darüber hinaus gibt es jene Zombie-Menschen die aus eigenem Willen oder aufgrund von Medikation unter Drogen stehen.

Drogen jeder Art verändern das Bewusstsein beziehungsweise schränken es ein. Solche „Drogenzombies" sind nicht mehr Herr ihrer Sinne, ihrer Selbst. Sie unterliegen ihrem Suchtverhalten und werden von der Gier nach der Droge durchs Leben gepeitscht.

Auch Menschen mit geringer emotionaler Beteiligung am Prozess des Lebens und posthypnotisch beziehungsweise suggestiv fremdgesteuerte Leute zählen zu den Zombieartigen.

Zombie gilt dabei als Metapher für ein (hypothetisches oder fiktives) Wesen, das einem Menschen äußerlich zwar physisch, funktional und auch biologisch gleicht, nicht jedoch über das Phänomen eines Bewusstseins verfügt.

Ein solcher Zombie verhält sich einem normalen, allzu normalen Menschen im gesellschaftlichen Alltag entsprechend, verfügt dabei jedoch über keinerlei qualitative Bewusstseinszustände wie Sensibilität und Emotionen. Sein psychisches sowie soziales Verhalten ist allein physisch-funktional bestimmt.

Zwölf plus Ein Konstrukteur

Die Erkenntnisse bezüglich der Zwölf plus Eins Konstrukteure haben sich den Druiden des TAO im Zusammenhang mit Spirituellen Rückführungen offenbart. Dabei handelt es sich um Wesenheiten die vor undenklichen Zeiten, noch ohne Zeitbegriff, vom Göttlichen TAO „beauftragt" wurden ein weiteres Spielfeld zu erschaffen, noch eines mehr zu den vielen anderen Universen.

Die Zahl der Zwölf plus ... mit oder ohne einen Weiteren finden wir weit verbreitet, sogar auf dem gesamten Planeten Erde.

So zählt man zwölf Götter im Olymp der Griechen und später auch bei den Römern. Im Indischen gibt es die zwölf Adityas, Götter, die den zwölf Sternzeichen und den zwölf Monaten zugeordnet werden. In Asgard, der germanischen Götterwelt der Asen, wurden zwölf Paläste für die wichtigsten zwölf Götter errichtet.

Auch die Tafelrunde des König Artus hatte zwölf Plätze für die Recken – und einen Platz für den König. Ebenso standen zwölf Jünger dem Jesus Christus besonders nah.

Die zwölf Konstrukteure starteten das Projekt für das „Große Spiel", indem sie erst einmal einen Raum als Spielfeld schufen und es dann mit Inhalten füllten. Sie bedienten sich dabei ihrer Gedankenkraft, um sodann mit Göttlicher Energetik, was Liebe und Licht entspricht, die Bestandteile: Energie und Materie zu kreieren.

In den sich beständig ausdehnender Raum hinein erdachten sich die Zwölf, in mehr oder weniger Übereinstimmung, unterschiedliche Spielbestandteile.

Was anfangs noch recht chaotisch anmutete, nahm schließlich Dimensionen, Masse und Form an. Die Gedankenkonstrukte wurden physisch-funktional.

Die Zwölf des Ursprungs entwickelten bereits die ersten Gesetzmäßigkeiten. Teilweise kennen wir sie heute noch als Naturgesetze. Doch auch daran musste immer wieder gefeilt werden, bis eine fast vollständige Übereinstimmung entstand.

Was aber war nun mit dem Plus-Eins, dem Dreizehnten Konstrukteur? Bislang hatte er oder sie sich beobachtend im fiktiven oder relativen Hintergrund gehalten.

Als er/sie die Bühne des Geschehens betrat, war das Bühnenbild geradezu perfekt, zumindest vorerst. Nun jedoch wirbelte diese/r Dreizehnte etliches durcheinander, indem er/sie Lebendigkeit ins Spiel brachte. Das „Große Spiel" bekam die Variation „Spiel des Lebens" beigefügt.

Von dem was Leben bedeutete, waren die anderen zwölf Geistwesen erst einmal überrascht.

Wie sollte diese überaus zerbrechlich wirkende Komponente, genannt „Leben", das „Große Spiel" im physischen Universum überhaupt langfristig aushalten? Sie unterschätzten offenbar die kreativen Fähigkeiten des/der Dreizehnten.

Dem Leben war nämlich eine quasi eigenständige Entwicklung eingegeben. Außerdem fügte das großartige Geistwesen an jegliche ursprünglich entstandene Kleinst-Einheit Zelle sein eigenes, geistiges Sein an, um dem Lebenden Stabilität zu verleihen.

Später wurden den daraus entstehenden größeren Einheiten, den Zellstaaten und dergleichen, also bio-energetischen und anderen Körpern, noch die energetischen Speicher- und Analyse-Einheiten eines Verstandes, beigefügt.

Durch den Drang zum Überleben, als Einzelwesen sowie als miteinander erlebende Gruppierung, wurde den anpassungsfähigen Lebewesen ein völlig neues, eigenständiges Betätigungsfeld eröffnet. „Das Spiel des Lebens" hatte begonnen.

Für all die anderen Geistwesen und ihre nachfolgenden Aspekte blieb dessen Anziehungskraft nicht ohne Folgen.

In Zusammenhänge eintauchen

Zum Abschluss vermittle ich euch ein paar Anmerkungen, die mir wirklich sehr wichtig erscheinen:

A) Lasst euch kein X für ein U vormachen, wenn ihr lernen wollt oder etwas gelehrt bekommt. Gebraucht euer Werkzeug, den Verstand, und erarbeitet euch ein eigenes, selbstbestimmtes Weltbild.

B) Vermittelte Daten und aufgenommene Lehrsätze müssen weitgehend korrekt und in jedem Falle funktionsfähig sein. Deshalb legt diesen einfachen Maßstab an: Anwendbare Funktionsfähigkeit ist das Maß für die sinnvolle Aufnahme von Wissen.

C) Optimales Denkvermögen besteht ganz einfach darin: Eine bestimmte Information, ein bestimmtes Datum wird mit den allgemein bekannten Gegebenheiten im physischen Universum, wie sie offensichtlich beobachtbar oder messbar sind, analytisch verglichen und auf Logik überprüft.

D) Nun dies ganz, ganz wichtig: Übergehe um Himmels Willen kein Wort, das Du nicht vollständig verstanden hast.

Und hier die Worte von Gautama Sidharta, dem Buddha:

**„Für Dich ist nur wahr,
was Du selbst als wahr erkannt hast."**

Der Beginn vor dem Anfang

Als ursprüngliche Erschaffer der Universen haben wir, beziehungsweise die vor uns auf den Plan getretenen Geistigen Wesen, dieses Spielfeld für das „Große Spiel" entwickelt. Es waren die zwölf Konstrukteure, die vom Göttlichen TAO gewissermaßen beauftragt wurden.

Eigentlich waren es zwölf plus eins, wobei der dreizehnte Konstrukteur erst aktiv wurde, als es darum ging, das organische Leben zu erschaffen.

Dabei hat er sich in jegliche Lebensform, jeglichen Organismus „aufgespalten" und begleitet diese bis in die Jetzt-Zeit. Somit ist der (vielleicht auch „die") Dreizehnte auch ständiger Begleiter in unserer Körperlichkeit.

Nach (ohne den Zeitbegriff wirklich zu kennen) den Konstrukteuren begaben sich noch Helfer und Retter in den Prozess des Erschaffens. Helfer wurden zur Unterstützung gesandt und Retter fühlten sich berufen einzugreifen, sobald beim allzu chaotischen Erschaffen etwas schief lief.

Als das Spielfeld dieses Universum so gut wie fertig war, begannen die Geistigen Wesen des Ursprung es aufzuteilen. Weil nun die Dimensionen des Raumes immer gewaltiger wurden und es nicht allzu viele von ihnen gab, erschufen sie Aspekte ihrer selbst.

Sie teilten sich auf und ihre Aspekte folgten dem Muster. Auch sie entwickelten Geistwesen aus sich selbst heraus. Schließlich bevölkerten Billiarden von Geistern die Weiten des physischen Universum. Ganze Dynastien von Göttern oder Höheren Selbst oder ... verleihen dem „Großen Spiel" bis heute eine enorme Dynamik.

Nun kam der/die Dreizehnte ins Spiel und ließ lebendige Organismen entstehen. Daraus entwickelten sich, ausgehend von Einzellern, wie wir sie heute nennen, die Mehrzeller und aus diesen wieder ganze Zellstaaten. Wir menschlichen und/oder menschenähnlichen, mit Körpern verbundenen Wesen sind die mittlerweile im Spiel angetretenen, nachgeordneten Aspekte.

Wir sind per Körper Ableger von Urtieren und selbstverständlich auch per Seele von den Höheren Geistern.

Menschliche oder menschenähnliche Körperformen entsprechen übrigens einer im ganzen Universum verbreiteten Matrix. Ein zentraler Rumpf mit Armen, Beinen und dem herausragenden Kopf ist dem nachempfunden, womit die Geister der ursprünglichen Quelle allgemein übereinstimmen.

Die Geister dieser Quelle sind unser Geistiger Ursprung in TAO. Auch unsere immer noch körperlosen TAO-Geister, die Höheren Selbst, kreieren aus sich heraus gerne geistige Eindrucksbilder mit ähnlichen Attributen.

Unser Höheres Selbst und/oder unsere Höheren Selbst sind vergleichbar mit russischen Matruschka-Puppen, von denen eine jeweils größere Puppe die ähnlichen, aber kleineren Puppengestalten „umschließt".

Im Miteinander mit all diesen Überwesen gestalten wir noch immer das Spielgeschehen im universalen „Großen Spiel" sowie dem „Spiel des Lebens". Deshalb sollte sich also niemand einreden lassen, wie winzig wir Menschen doch im Vergleich zu ... seien. Sobald wir uns unserer wahren Größe wieder bewusst sind, bestimmen wir nämlich ursächlich über jeglichen Spielverlauf.

Das erfordert selbstverständlich auch eine ganze Menge Verantwortungsbewusstsein. Deshalb schrecken manche, eigentlich wahrhaft fähige Geister, oftmals davor zurück, sich selbst als das oder die SELBST anzuerkennen.

Verantwortung beinhaltet nämlich auch die Befähigung zur Kontrolle, über sich selbst sowie über andere in der Umgebung. Eben mit diesem Begriff der Kontrolle werden manche nicht fertig. Unter anderem deshalb, weil sie in ihrem langen Dasein erfahren mussten, wie sie selbst oder jemand anders mittels Kontrolle sowohl geistig als auch körperlich geknebelt und klein gemacht werden konnte.

Kraft oder Energie und Schwingungen jeglicher Art und Weise sind Spielmaterial im universalen „Großen Spiel".

Als Manifestation entsteht dann daraus die Materie, die ihr energetisch verfügbares Potenzial über die Zeiten hinweg in sich trägt.

Dabei ist Materie nichts anderes, als die in Masse oder in Form gebrachte Energie im relativen Stillstand.

Ursprünglich verfügten wir Geister der Göttlichen Quelle über die Göttliche Energetik der Liebe und des Göttlichen Lichtes, das heller und strahlender war, als alles, was wir heute unter Licht verstehen.
Durch die Umwandlung zum Physischen hin oder her wurde aus Energetik die vielfach wandelbare Energie.

Das Licht erhielt beim Übergang die wandelbare Qualität von Schwingung oder von Welle, zum Zwecke der Er- oder Beleuchtung der Dunkelheit im Universum.

Selbst die Fähigkeit zur Liebe wurde den materiell werdenden Erfordernissen des Spielfeldes angepasst.
Sie wurde hier, im Ablauf des „Großen Spiels" verschiedenartigen Betrachtungsweisen und Ausprägungen unterworfen.

Die Maßnahmen der Spirituellen Rückführungen führten meine Freundinnen und Freunde und mich selbst, im Verlaufe dieses irdischen Lebensabschnittes unterschiedlich weit in die angeblich vergangenen Ereignisse hinein. Der fiktive Strom der Zeit gab so manches Geheimnis preis.

Zum besseren Verständnis halte ich mich an die Art und Weise der Vorstellungen des Verstandes.
Denn dessen hypothetische Zeitlinie ist gar keine so schlechte Anschauungspraxis, wenn unsereiner sich daran angepasst in den Zeitstrom begeben muss.

Eine Linie in der Zeit hat etwas von einem Ariadne-Faden, mit dessen Hilfe wir recht leicht die Gegenwart wiederfinden können.
So begeben wir uns wieder aus dem Labyrinth der Vergangenheit heraus, mit seinen vielfältigen, reichlich dramatischen Geschehnisse.

Mein Erleben im Spiel

Mit diesen Aufzeichnungen versuche ich euch einen Eindruck zu vermitteln, was alles im „Großen Spiel" erlebbar sein kann. Die unterschiedlichen Möglichkeiten, weswegen noch Anteile von Aufmerksamkeit im Strudel der Zeiten „herumhängen", überraschen auch mich immer wieder, während all der Spirituellen Rückführungen, die ich durchführen durfte und noch darf.

Dabei muss klar sein, Aufmerksamkeit hat etwas mit Energie zu tun oder deutlicher: Aufmerksamkeit ist Energie.

Sobald wir unsere Aufmerksamkeit beispielsweise auf einen Gegenstand oder eine Person lenken, übermitteln wir kommunikativ die Energie, die wir ihm oder ihr widmen. Wir klinken uns praktisch in das Energiefeld ein, von allem und jedem.

Beispielsweise wird ein Mensch sich umwenden, wenn ihm jemand lange oder intensiv genug auf den Nacken starrt.

Wir erhalten durch die Resonanz der Rückmeldungen mehr oder weniger Bewusstheit. Dabei kommt es auf die Schwingungsmuster von Übereinstimmung an. Wahrnehmbares über die Sinne des Körpers sowie über die geistige Wahrnehmung setzt Energie frei.

Diese Art und Weise der wechselseitigen Kommunikation lässt uns im HIER und JETZT präsent sein. Es ist ein Dialog mit allem und jedem um uns herum, physisch sowie psychisch. Ohne eine solche vielgestaltige Kommunikation verlieren wir ganz oder teilweise den Bezug zu unserer Umgebung.

Je mehr Aufmerksamkeit wir in Form von Energie aussenden können, umso intensiver wirkt sich unsere Schaffenskraft in unserem Umfeld aus.

Damit kontrollieren wir uns selbst im Feld und ebenso werden auch wir andauernd kontrolliert.

Wie sich die Verbindung gestaltet, zu allen anderen Wesenheiten und selbstverständlich auch zu den Dingen und zu den Abläufen im Dasein, bestimmen wir über unsere aufmerksame Bewusstheit.

Der britische Biologe Rupert Sheldrake bezeichnet dieses Feld des (Er-)Lebens als morphisches Feld, ursprünglich auch als morphogenetisches Feld. Dies ist ein von ihm angenommenes sowie durch uns beobachtbares Feld, das als formbildende Verursachung für die Entwicklung von Strukturen sowohl in der Biologie, Physik, Chemie als auch in der Gesellschaft verantwortlich sein soll.

Dieses morphische Feld wird auch als Gedächtnis der Natur bezeichnet. Es spannt ein unsichtbares Netz über die Erde und bildet ein starkes Energiefeld.

Geübte, sensitive Menschen sind fähig darin zu lesen. Sie nehmen sogar den Informationsgehalt des Feldes bei Menschen, Pflanzen, Tieren und Mineralien wahr. Ihre Wahrnehmung umfasst genauso den gegenwärtigen und sogar den vergangenen Informationsinhalt von Gegenden, Orten und Bauwerken.

Bereiche des morphischen Feldes entsprechen der bereits erwähnten Akasha-Chronik, in der feinfühlige Menschen ebenfalls lesen können. Das Feld geht allerdings noch darüber hinaus, weil es nicht nur aufzeichnet, sondern auch dazu beiträgt mitzugestalten.

Auf diese Art und Weise sind wir im dauernden Gestaltungsprozess, ob wir es wollen oder nicht, ob es uns bewusst ist oder eben nicht-bewusst. Alles, was wir erleben ist unser eigenes Hervorrufen von lebendigem Sein. Erst, wenn wir einmal nicht mehr am kommunikativen Wirken teilhaben sollten, wären wir auch frei vom Karma, der Gesetzmäßigkeit von Ursache und Wirkung.

Doch davon befreit uns nicht einmal der Tod, wie ich aus vielen hundert Spirituellen Rückführungen weiß.

Als mir vor mittlerweile über dreißig Jahren die Thematik „Rückführung" erstmals begegnete, hatte ich überhaupt keine Ahnung was mich erwarten würde. Ich las ein oder zwei Bücher darüber und startete probeweise die ersten Sitzungen, während meines Aufenthaltes in Frankreich.

Mein Bestreben war einfach der Versuch praktischer Anwendung. Sie sollte mich über die Schwelle des theoretischen Wissens hinaustragen. Zum Glück fand ich Freundinnen und Freunde, die nicht nur der deutschen Sprache mächtig, sondern auch noch begierig waren, einen Blick in ihre eigene Vergangenheit zu werfen.

So begann ich meine kurze Karriere als „Heiler von Morhange". In diesem kleinen Ort, nahe der französisch-deutschen Grenze, bot ich meine ersten Rückführungen an.

Mir offenbarte sich eine Welt voller Wunder und voller Wunderheilungen, die ich selbsttätig miterleben durfte, obwohl ich keinerlei Ausbildung in dieser Richtung genossen hatte.

Mit den Rückführungen und mit einem kommunikativen Energiefeldausgleich verhalf ich zu Wunderbarem.

Einfach mit der Umsetzung, also der Anwendung von Buchwissen, konnte ich etlichen Menschen hilfreich zur Seite stehen.

So wurde ich, „Der Deutsche", ganz schnell populär und anerkannt als "Meister des Wandels" (master of change). Gut gefällt mir auch die dort verbreitete Benennung „Heiler von Morhange".

An dem Ort und in seiner Umgebung hatte ich das klare Gefühl beständig im HIER und JETZT zu sein. Dieser nicht einmal ein Jahr dauernde, also kurze aber umso intensivere Zeitabschnitt, hat dazu beigetragen meine Zukunft zu prägen.

Selbstverständlich nenne ich bei meinen Erzählungen weder Namen noch gebe ich nähere Hinweise auf das örtliche oder soziale Umfeld meiner Freundinnen und Freunde.

Denn die Verpflichtung zu Schweigen steht über all meinem Tun und sollte auch bei anderen Spirituellen Helfern eine unumstößliche Tugend sein.

Übrigens vermeide ich neuerdings alle Begriffe die auf eine gewerbsmäßige Heilabsicht hindeuten könnten. Ich betreue somit weder Klienten noch Kunden oder Mandanten. In meinem spirituellen Miteinander kenne ich nur Freundinnen und Freunde.

Alle Freundinnen und Freunde sind weitgehend Seelenverwandte bei der Durchführung von Spirituellen Maßnahmen. Der Ausgleich für die Hilfe, die ich ihnen angedeihen lassen kann, fließt anderweitig zu mir zurück. Ich lerne beispielsweise bei jeder Maßnahme dazu, was mir wiederum hilft, mich für den oder die nächsten noch besser einsetzen zu können.

Deshalb verlange ich auch keinen festen Betrag für meine seelische Betreuung. Was meine Freundinnen oder Freunde für mich übrig haben, soll mir recht sein. Manchmal verzichte ich ganz auf einen finanziellen Ausgleich.

Den angemessenen Ausgleich erhalte ich sowieso erst aus dem Feld des karmisch zu nennenden Daseins.

So habe ich es seit dem Beginn meiner Arbeit gehalten. In Frankreich war ich sowieso nur Lernender, gewissermaßen ein Praktikant oder ein Adept auf dem spirituellen Weg.

Allerdings habe ich wieder und wieder festgestellt, dass ich irgendwann, irgendwo schon einmal auf ähnliche Art und Weise tätig gewesen sein musste. Die Vorgehensweise ging mir leicht von der Hand beziehungsweise aus dem kommunikativen Zuspruch.

Somit wirkte ich gegenüber meinen Freundinnen und Freunden ausgesprochen professionell. Dies obwohl ich in diesem Leben keinerlei Ausbildung im Bereich des „Spirituellen Heilens" genossen hatte.

Zugegeben, ich beschäftigte mich seit meiner Pubertät mit verschiedenartigen geistigen Praktiken. Ich war sogar einmal der anerkannt jüngste Adept bei den Rosenkreuzern. Die dortigen Meister haben mich als Schüler angenommen, weil ich nach ihrer Ansicht die besten Anlagen hatte, um noch weiter aufzusteigen.

Aufgrund schulischer Notwendigkeiten habe ich mich in dem Orden nicht weiter engagiert. Ich musste mein Studium abbrechen.

Dennoch haben mich die Hintergründe des geheimen Wissens nicht losgelassen. So praktizierte ich eigenständig Yoga und meditierte, wie ich es gelehrt bekommen hatte.

Doch erst im Alter von 38 Jahren schwenkte ich vollständig auf den spirituellen Pfad ein. Von nun an waren alle anderen Aktivitäten nur notwendiges Beiwerk, wie etwa, um den Lebensunterhalt zu bestreiten. Mit den angewandten „Rückführungen", damals noch ohne „Spirituell", half ich so manchem Menschwesen dabei, das Leben besser zu verstehen und zu bewältigen. Mit den wertvollen Erkenntnissen, die ich mir in Frankreich probeweise erarbeiten durfte, verbesserte ich das Leben der Menschen in meinem Umfeld enorm.

Nach ungefähr einem Dreivierteljahr war ich wieder in Deutschland angelangt, im Norden von Bayern.

Ich folgte nun in kleinen aber effektiven Schritten dem, was ich als meine Berufung anerkannt habe. Ich wurde zum aktiv wirkenden Seelsorger.

Im Bewusstsein meiner Berufung stellte ich mich den Herausforderungen, die sowohl mich als auch meine Mitmenschen zu beeinflussen und zu unterdrücken versuchten.

Zuerst dachte ich noch daran speziell über körperliche Erscheinungen Ursachen zu beheben, die sich auf Geist und Seele auswirkten. Doch davon kam ich schon bald ab, vor allem weil ich schmerzlich erfahren musste (per Gerichtsbeschluss), dass das Konkurrenzverhalten im heilkundlichen Umfeld Deutschlands keine Maßnahmen zuließ und noch immer nicht zulässt, die eventuell erfolgversprechender sein könnten, als die Vorgehensweisen von Ärzten, Therapeuten oder auch Heilpraktikern.

Deshalb bin ich jetzt einfach Seelsorger oder Spiritueller Rückführer, ohne den Anspruch auf Heilung bei meinem Tun.
Bei Krankheitserscheinungen verweise ich grundsätzlich darauf, dass Kontakt zu einem Arzt, Therapeuten oder Heilpraktiker des Vertrauens aufgenommen werden muss.
Ich heile nicht! Weder der Körper noch Geist oder Seele dürfen von mir gezielt geheilt werden. Allerdings kann ich beim jeweiligen Heilungsprozess als Begleiter behilflich zur Seite stehen, sobald die Person selbst ihre körperlichen sowie geistigen Selbstheilungskräfte aktiviert, um wieder gesund zu sein.

Spirituelle Rückführungen sind dabei eindeutige Wegweisungen zur Geistigen Heil(ig)ung. Auf dem Weg dorthin geschehen die seltsamsten Wunderdinge. Körper, Geist und Seele und zudem das soziale Umfeld werden auf ein höheres Niveau gehoben und genesen wie von selbst.
Dabei sind es speziell meine Freundinnen und Freunde, die ihre geistigen Kräfte einsetzen. Die Spirituellen Rückführungen oder andere Spirituelle Maßnahmen unterstützen die innewohnenden Kräfte oder rehabilitieren diese.

Was alles während der Spirituellen Rückführungen geschehen kann versuche ich im Folgenden beispielhaft zu erzählen. Hier eine frühe Hilfsaktion:
Noch in Frankreich führte ich einen guten Freund während einer Sitzung in eine Gegend, die er noch nie zuvor gesehen hatte.

Es war in Russlands Steppe. Das karge Land wurden von einer Gruppe Reiter überquert.

Er war einer dieser Reiter und fühlte, dass sein Ende nahe war. Das Alter hielt ihn aber nicht davon ab mit den Kumpanen zu reiten. Schwäche zu zeigen gehörte nicht zum Erscheinungsbild dieses Reitervolkes. Er war immerhin ein Anführer und musste Vorbild für die anderen sein.

An einer vollständig aus Holz gebauten Kirche rasteten sie. Während der Rast, er hatte sich gerade angelehnt sitzend zur Ruhe begeben, verließ er seinen Körper. Als Geistwesen erhob er sich in die Luft, stieg auf und überblickte das weite Land.

Den spitzen Kirchturm aus Holz behielt er deutlich in Erinnerung. Er war heimlich, still und leise verstorben und hatte seinen alt gewordenen Körper im Gras zurückgelassen.

Leider war gerade keine kriegerische Handlung im Gange oder in Aussicht. Im Kampf zu sterben wäre für ihn ruhmreicher gewesen.

Mein Freund war sehr erstaunt über die deutlichen Bilder und über die Gefühle, die er mit in die Gegenwart herübernahm.

Er datierte das Geschehnis im Nachhinein auf eine Zeit um 1200 bis 1300 nach Christus. Den Trupp des Reitervolkes, dessen Anführer er war, bezeichnete er als vermutlich mongolisch, nach seiner neuzeitlichen Einschätzung.

Total überrascht war er, als er, wenige Tage nach der Rückführung, im Fernsehen einen Beitrag sah. Die historische Darstellung führte doch tatsächlich in das Russland der von ihm genannten Zeit.

Er hatte den Eindruck, als wolle man ihm zeigen, wie genau seine Bilder in der Rückführung waren. Sogar eine hölzerne Stabkirche mit dem typischen, spitzen Turm wurde gezeigt.

Mehr brauchte es nicht, um ihn unumstößlich von den Reisen in die Vergangenheit zu überzeugen.

Wir waren nämlich einfach mit dem Ansinnen gestartet, zu erkunden, was mit einer Rückführung möglich sei.

Eine der Rückführungen in Frankreich sollte den Sinn haben, dunkle Wesen oder Monster aus den Träumen eines jungen Mannes zu vertreiben. Ich hatte nicht die geringste Ahnung, was mich hierbei erwarten würde. Der Einstieg in die Gedankenwelt des etwa 28-jährigen Mannes gestaltete sich ziemlich schwierig, zumal er nur gebrochen deutsch sprach.

Dennoch fand er heraus, dass er sich als Geistwesen in eine Mauernische verkrochen hatte. So suchte er Schutz vor dunklen Gestalten, die ihn bedrängten.

Nach einiger Zeit öffneten sich eindrucksvoll schreckliche Bilder, auf die er auch im Wachzustand fixiert war. Mir war klar, dass ich die Fixierung lösen musste.

Vampire und hässliche Monster bewegten sich vor seinen geistigen Augen. Sie stürmten aber nicht auf ihn ein, was mich ein wenig beruhigte. Dennoch hatten sie soviel Einfluss über ihn, um gleichfalls in seine Träume einzudringen.

Jetzt verlangte ich von dem Mann, in Gedanken nach links und nach rechts zu schauen. Mit Mühe gelang ihm dies, doch plötzlich sah er einen Raum, in dem er sich vor Jahren befand.

Es war in seiner Kindheit, in diesem Leben. Er hatte hohes Fieber und lag auf der Couch zwischen seinen Eltern. In dicke Decken eingewickelt sollte er seine Krankheit überstehen.

Bei dieser Gelegenheit schauten seine Eltern einen Spielfilm im nahen Fernseher an. Zwangsläufig beschäftigte er sich auch damit. Es lief ein mehr oder weniger lustiger Horrorfilm mit Vampiren und seltsamen Monstern.

Diese bildhaften Eindrücke fraßen sich geradezu bei ihm ein, in sein durch die recht schwere Erkrankung herabgesetztes Bewusstsein. Für ihn fühlten sich die Monster überaus real an. So real, dass sie ihn fünfzehn Jahre verfolgen konnten.

Endlich kam ich zu ihm, mit meinem Angebot von Rückführungen. Mit nur einer, jedoch ungefähr zweistündigen Sitzung befreite er sich selbst aus den Fängen der Ungeheuer.

Einfach indem er sich, mit meiner Hilfe, das nicht allzu alte Geschehnis erstmals bewusst machen konnte, noch einmal durchlebte, mit allen Bildern und Emotionen. So schüttelte er seine Ängste ab. Von da an konnte er ruhig schlafen.

Diese Aktion zeigte mir zum ersten Mal, dass die belastende Vergangenheit nicht unbedingt in frühere Leben hineinreichen musste.

Es gab und gibt auch in dem derzeitigen Lebensabschnitt genügend Nicht-Bewusstes mit dem aufgeräumt werden muss.

Den Menschen, vermutlich sehr vielen Menschen, hängen im Nicht-Bewussten beispielsweise verrückt machende oder blockierende Glaubenssätze an.

Sich selbst erfüllende Prophezeiungen oder suggestiv gesetzte Einpflanzungen belasten als mentale Schwergewichte das Leben.

So kommt es gar nicht so selten vor, dass sich jemand dadurch selbst im Wege steht. Beim Voranschreiten im Leben, müssen die Menschen laufend ihre eigenen innewohnenden Monster bekämpfen oder sich kräftezehrend gegen Blockaden stemmen, die sie selbst aufrecht erhalten. Auf diese Art und Weise tragen die Menschen Lasten auf ihren Schultern, die keineswegs sein müssten. Eine derartig belastende Vergangenheit hält die Leute klein, kleiner als sie sein müssten.

Warum spreche ich von einer belastenden Vergangenheit? Diese Betrachtungsweise ergibt sich aus der Überlegung, dass mittels Spiritueller Rückführungen aufgeräumt werden muss. Denn in der fiktiv linear angelegten Vergangenheit hängen Dramen fest, deren über lange Zeiten nicht-bewussten Inhalte tatsächlich energetisch zu entlastet sind. Am besten wäre dies, bevor sie sich in der Gegenwart irgendwie negativ auswirken. Doch auch, wenn diese Vorkommnisse im gegenwärtigen Leben bereits Einfluss genommen haben, muss dringend etwas unternommen werden.

Mit Hilfe der Spirituellen Rückführungen holen meine Freundinnen und Freunde, gemeinsam mit meiner Unterstützung, das Geschehnis aus dem Nicht-Bewussten ins Bewusstsein. Wir beginnen miteinander an der Entladung zu arbeiten, indem ich sie auffordere mehrmals durch die Dramatik des Geschehnisses hindurchzugehen.

Bei jedem Durchgang wird der Blick darauf weniger schwierig. Bis schließlich eine völlig entspannte Situation eintritt und keine entsprechenden Bilder oder dergleichen mehr auftauchen.

Das sichtbar und spürbar gewordene Drama hat von nun an keine Macht mehr über die Gegenwart der Person.

Übrigens habe ich im Verlaufe meines spirituellen Wirkens, bei meinen Freundinnen und Freunden Phantasiewelten gefunden, die gelinde gesagt „seltsam" anmuten. Dabei ist Phantasie niemals abzuwerten. Sie ist lediglich eine kreative Fähigkeit der Menschen.

Allzu dramatisch wirkende Gedächtnisinhalte werden per Phantasie, in der Vorstellung zu neuen Wirklichkeiten verknüpft.

Es handelt sich dabei einfach um die ungeheure Vorstellungskraft des Geistigen Wesens, von TAO.

Das Spiel in seinem Verlauf

Im Bewusstsein, dem bewussten Sein, für das Phantastische gelangten einige meiner Freundinnen und Freude wahrhaft bis zum Urgrund vom „Großen Spiel".

Als wir nämlich noch als körperlose, geistige Wesen das weite Spielfeld: Universum, bevölkerten, schlossen sich einige zu Vielen zusammen und entfalteten aus ihrer Phantasie heraus eine oder mehrere Sphären, in denen sie ungestört wandeln konnten.

Diese Bereiche waren in sich autark. Sie bildeten einen eigenständigen, geistig zu nennenden Kosmos im physischen Raum um eine Sonne oder um mehrere Sonnen.

Ich bin überzeugt, es gibt solche Sphären auch heute noch. Allerdings haben wir Menschen oder Menschenähnlichen keinen Zugang dazu. Erst, wenn wir eingeladen werden sollten, können wir das ungebundene Erleben dort wahrnehmen.

Wenn Leute von anderen Dimensionen oder von Anderswelten oder dergleichen sprechen, so meinen sie aller Wahrscheinlichkeit nach solche Komplexe, die sich außerhalb des üblichen physischen Universum oder irgendwie parallel dazu befinden.

Ich durfte, während mehrerer Spiritueller Rückführungen, die von ihren Körpern frei gewordenen Geistigen TAO-Wesen in solche speziellen Zonen begleiten.

Ein sehr aufnahmefähiges geistiges Reich ist der „Himmel". Der Himmel wurde über Äonen hinweg von verschiedenartigen Geistigen Wesen immer wieder gemeinsam erschaffen und tatsächlich auch bevölkert. Im Himmel treffen sich Geister von Verstorbenen. Sie holen sich neue Kraft und Inspiration, bevor sie mit frischem Elan ein neues Körperleben starten.

Die Vorstellung vom Himmel wirkt tröstlich. Jedoch habe ich auch erlebt, dass sich Wesenheiten weigern wollten wieder zu reinkarnieren. Doch vergebens!

Es gehört zum Plan des Himmels, dass man dort eine zeitlose „zeitlang" verweilen kann, um dann unwiderruflich wieder ins körperliche Dasein abzutauchen.

Da der Zeitablauf im Himmel ein anderer ist als auf Erden, kann niemand per Verstand abschätzen wie lang er schon dort weilt.

Manchen erscheint der Aufenthalt geradezu ewig. Doch in Wahrheit wird die Reinkarnation zirka innerhalb von drei irdischen oder anderweitig-planetaren Tagen eingeleitet, gewissermaßen automatisch, von wem oder von was auch immer.

Allerdings ist der Eintritt in den Himmel keineswegs für jeden zwangsläufig. So konnte ich, als Spiritueller Rückführer, einen Gestorbenen in seine eigene kleine Weltraum-Sphäre begleiten, die er sich erschaffen hatte, um ungestört zu bleiben und selbstständig entscheiden zu können, wann er wieder einmal einen Körper übernehmen will.

In dem kleinen, individuell erschaffenen, rein geistigen „Raumschiff", das auch derzeit noch insgeheim den Planeten Erde umkreist, konnte er bleiben so lange er wollte.

Während der Spirituellen Rückführung erklärte er mir, dass er zuletzt über 3.000 irdische Jahre in seinem Refugium geblieben war.

Keine familiäre oder soziale oder etwa karmische Bindungskraft konnte ihn dazu bewegen seinen Schutzraum zu verlassen.

Ein anderes Mal hat eine Frau von jetzt auf nachher den Sprung in ein neues Leben vollzogen. Sie begleitete ihren Körper bis zur Beerdigung und reinkarnierte, noch während ihr Sarg mit Erde beworfen wurde.

Sie beschrieb mir ihre Eindrücke, die sie von ihrer feierlichen Beerdigung hatte. Ganz deutlich konnte sie die Gedanken der Trauernden oder besser der Pseudo-Trauernden wahrnehmen. Das scheinheilige Getue stieß sie noch im Totsein ab.

Sie war zutiefst enttäuscht von ihrer Verwandtschaft, die überwiegend nur an das bevorstehende Erbe dachte. Deshalb wandte sie sich ab und wollte schon nach oben schweben.

Plötzlich nahm sie im Gebüsch zwischen den Grabsteinen eine Bewegung wahr. Eine Katze hatte gerade einen Wurf Junge zur Welt gebracht.

Weil sie schon immer ein Katzenfreund war und weil ihr die unbeholfenen Kleinen leid taten übernahm sie eines der Katzenkinder.

Von diesem Moment an hatte sie sich für das Weiterleben als Katze entschieden. Im Dasein als Tier fühlte sie sich so richtig wohl.

All die Erbschleicher waren ihr in diesem Lebensabschnitt völlig egal. Sie tollte schließlich einfach mit ihren Geschwistern durch den Friedhof, der vorübergehend ihr Zuhause war.

Alles war gut! Bis zu dem Zeitpunkt, als sie die Straße überqueren wollte. Im Alter von sieben Jahren, also im besten Katzenalter, wurde sie von einem Auto angefahren. Von mitleidigen Menschen wurde sie zum Tierarzt gebracht.

Der konnte ihr aber auch nicht mehr helfen. So bekam sie eine Spritze, die ihr Katzenleben beendete.

Dummerweise löste sie sich nicht gleich vom lieb gewonnen Körper. Deshalb erlebte sie noch mit, wie sie die Helferin in eine Kühlkammer legte und einfror. Dort verbrachte sie einige Tage, bevor der Körper endgültig entsorgt wurde.

Wegen des Kühlkammer-Geschehens kam die Frau damals zu mir. Das Erlebnis und der Schauder der furchtbaren Kälte ließ sie nämlich auch in der Gegenwart nicht los, obwohl sie jetzt wieder als Mensch inkarniert war. Sie fröstelte immer wieder, sogar bei ansonsten warmem Wetter oder in warmen Räumen.

Im Laufe von nur einer Spirituellen Rückführung löste sie sich von der Katze und aus der Kühlkammer. Damit normalisierte sich auch ihr Wärme-Kälte-Empfinden.

Nach meinem, oftmals bestätigten Verständnis muss nach dem Tod weder ein Himmel noch ein himmlisches Gefährt oder dergleichen die TAO-Seele aufnehmen.

Besonders unangenehm wären für Verstorbene die Vorstellungen eines Hades oder einer Hölle oder anderer vorgeblich unterirdischer Orte. Leider haben auch damit etliche Geistige Wesen voller Überzeugung übereingestimmt.

Deshalb existieren diese Sphären tatsächlich. Besonders für Wesen die an solchen Konstruktionen mitgewirkt haben, entwickeln sie sich als unangenehme Fallen.

Vor allem die Kirchen, christliche und andere, bemühen sich immer wieder, jene schrecklichen Szenarien mit Leben und Tod zu erfüllen. Und tatsächlich – nicht wenige Seelen-Einheiten fallen darauf herein und finden sich, nach ihrem Tod, eine gewisse Zeit an diesen Orten wieder, die aus der Phantasie von wenig liebevollen Mitwesen entsprungenen sind.

Da hilft nur eines: Die eigene Vorstellungskraft muss sich über solche Welten geistig-kosmischer Vorstellungen erheben.

Wir sind als Geistige TAO-Wesen durchaus in der Lage unseren eigenen Platz im Geistigen Kosmos zu kreieren.

Wie eben der Mensch mit seinem Raumschiff im Orbit des Planeten oder ... : Die junge Frau, die zu mir kam, weil sie öfter an Schwächezuständen litt. Sie konnte sich schon lange Zeit auch im Schlaf nicht mehr so richtig erholen.

Es waren mehrere Sitzungen nötig, um die (Los-)Lösung für ihr Problem zu finden. Nur sehr schwer gelangte sie an Bilder oder an damit verbundene Emotionen.

Immer und immer wieder lag sie in verschiedenen, hauptsächlich mittelalterlich anmutenden Betten und musste schwere Krankheiten ertragen – ohne jedoch gleich zu versterben.

Obwohl sie in all diesen dramatischen Ereignissen noch jung war, war sie jedes Mal dem Tode nahe. Sie kämpfte bis zu ihrem Ende.

Schließlich gelangten wir an ein Geschehnis in dem sie alt und gebrechlich in ihrem Bett lag und tatsächlich starb. Jetzt konnte sie endlich einmal in Ruhe ihren Körper verlassen.

Kurze Zeit schwebte sie über ihrem nutzlos gewordenen Körper. Ich dachte schon, sie könne sich wieder einmal nicht lösen. Doch dann, mit ein wenig Nachhilfe, begab sich die Seelen-Einheit (TAO-Seele und Verstand) auf eine Reise.

Sie erstieg ein hohes Gebirge, gelangte auf ein steiniges Plateau. Dort wurde sie von einem alten Weisen mit langem Bart und schlohweißem Haar begrüßt. Sie fühlte sich plötzlich zuhause.

Der alte Herr begleitete sie, die mittlerweile ein langes weiß-leuchtendes Gewand trug, zu ihrem Ort der Kraft. Dies war, inmitten der Hochebene, eine Säule aus reiner Energie, ihre „Ladestation". Sie trat zögerlich in die Säule. Doch sogleich strömte die belebende Energie durch ihren Geistkörper.

Erfrischt und voller Tatendrang wachte die Frau aus der Sitzung der Spirituellen Rückführung auf.

Die Energie der Säule begleitete sie von nun an. Sie kam nur noch einmal nachträglich zu einer Sitzung, um sich die Bestätigung für das wirkliche Dasein ihres Meisters und für die Wirklichkeit ihres Ortes der Kraft zu holen.

Könnt ihr euch vorstellen wohin sich diese Person nach ihren zukünftigen Todesereignissen wenden wird?

Eine weitere Erkenntnis zum Dasein nach dem Tode lieferte mir ein Indianer. Eigentlich war es eine Frau, die zu mir kam. Jedoch in zumindest einem ihrer früheren Leben war sie ein Mann und eben einmal dieser Indianer:

Die Sonne brannte unerbittlich auf sie/ihn herunter, als er sich durch die von Steinen übersäte, wüste Gegend schleppte.

Sein Pferd war ihm längst in die ewigen Jagdgründe vorausgegangen. Warum er überhaupt durch dieses öde Land ging, wusste er nicht mehr. Es ging nur noch darum voranzukommen, um hoffentlich zu überleben.

Doch die Möglichkeit des Überlebens rückte in immer weitere Ferne. Mehr und mehr verließen ihn seine Kräfte. In diesem Moment hörte er den schrillen Schrei eines Adlers über sich. Der Adler war das Totem-Tier seines Stammes.

Deshalb begrüßte er den herrlichen Vogel, indem er sich einfach auf den Rücken drehte und ruhig in den Himmel blickte.

Der Adler nahm dies tatsächlich als eine Aufforderung, sich von dem fast toten Menschen zu nähren. Er stürzte herunter und begann damit, das noch lebendige, zuckende Fleisch aufzureißen. Der Indianer verstarb bei der Gelegenheit, gönnte dem heiligen Tier jedoch jeden Bissen.

Jetzt geschah etwas Kurioses. Der Mensch verließ als TAO-Seele seinen Körper und ging in das Tier über, das sich gerade an seinem Fleisch gütlich tat.

Als heiliger Adler lebte er von nun an weiter. Mit dem Fleisch des Indianers versorgte er sich selbst und auch die Jungen in seinem Adlerhorst.

Er verteidigte die Beute, seinen alten, nun nicht mehr ganz nutzlosen Körper, gegen Geier und gegen Kojoten.

Erst als er Jahre später von einem weißen Siedler, mit einem Gewehrschuss vom Himmel geholt wurde, verließ er die Gestalt des Adlers wieder.

Bis dahin hatte er jeden Tag genossen, an dem er seine Schwingen im Aufwind über den Bergen ausbreiten konnte.

Ob er danach in die „Ewigen Jagdgründe" einging, entzieht sich sowohl meiner Kenntnis als auch die der Frau.

Die Freundin war jedenfalls von ihrer Angst befreit, das Opfer von unheimlichen Mächten zu werden. Die Alpträume, die sie bis in den Tag herein begleiteten, hörten schlagartig auf.

Hier begegnete mir zum wiederholten Male das Phänomen, dass gegenwärtige Frauen in ihrer Vergangenheit männlich waren.

Umgekehrt erlebte ich dies natürlich genauso, allerdings weniger oft. Das soll aber noch kein statistischer Beweis sein, denn diese körperlichen Eigenschaften wechselten oft mehrmals.

Im Laufe der Zeiten waren wir anscheinend so etwas wie Gestaltwandler. Es gibt für uns Seelen-Einheiten keinerlei körperliche Begrenzungen.

Eine Frau überraschte mich während einer Spirituellen Rückführung beispielsweise mit der Beschreibung eines mächtigen Sprunges von einem Halm zu einem nächsten.

Sie war selbst total verblüfft, als sie feststellen musste, sich nicht nur wie ein Heuschreck zu bewegen, sondern tatsächlich einer zu sein. Irgendwie hatte sie sich offenbar in den Körper dieses Insektes „verirrt".

Wahrscheinlich hatte sie zum Zeitpunkt eines ihrer Tode und beim Verlassen des Körpers gerade mentalen Kontakt zur Thematik der Heuschrecken. Ihre Aufmerksamkeit, die gerichtete Energie der Gedanken, führte sie demnach in diese Richtung.

In dieser Geschichte gelang der Übergang oder der Sprung vom Grashüpfer zum Menschen problemlos, ohne das Tier tot zurücklassen zu müssen.

Bei mythologischen Erzählungen über Götter und andere Sagengestalten kommen immer wieder einmal Geistwesen daher, die sich eines besonderen Tierkörpers bedienen, um zum Ziel ihrer Wünsche zu gelangen.

Man denke nur an den Göttervater Zeus. Als Stier, als Schwan oder als was weiß ich noch alles, gestaltete er seine Eroberungen in der Menschenwelt.

All dies ist mir mittlerweile nicht mehr fremd, nachdem ähnliche Geschehnisse im Verlaufe von Spirituellen Rückführungen immer wieder einmal geschildert wurden.

Allerdings kam bisher niemand dabei auf die glorreiche Idee, aus seiner Gestaltwandlung heraus Nachkommen zeugen zu wollen.

Was nicht bedeuten soll, dass mir diese Art und Weise der Verwandlung und seine Anwendung doch noch einmal begegnen kann.

Mir ist, aus meiner Erfahrung heraus, durch und durch bewusst geworden: All die mehr oder weniger genauen Aufzeichnungen oder mündlich weitergetragenen Mythen tragen den Kern von geistiger Wirklichkeit in sich, die auch physische Realität werden können.

Aber! Großes ABER, sie gelten nicht für alle Menschen und schon gleich gar nicht für alle Geistigen TAO-Seelen.
Und! Ebenso großes UND, jeder von uns kann sich aus den Übereinstimmungen lösen, die er jemals mit anderen oder mit sich selbst getroffen hat.

So wirken Himmel und Hölle, Paradies und Verdammnis, ebenso wie das germanische Wahlhall oder die Ewigen Jagdgründe der Indianer oder all die Totenbücher – ägyptisch oder tibetisch - immer nur so lange, wie jemand fest daran glaubt, allein oder in Übereinstimmung mit vielen anderen.

Denn der Glaube daran, besonders wirksam aus dem Nicht-Bewussten heraus, ist der erste Wegweiser, hinein in eine jener Sphären, die mittels Vorstellungskraft oder Phantasie unseren Ablauf von Leben und Tod sowie den Aufenthalt in einer Zwischenwelt und der daran anschließenden Reinkarnation bestimmen.

Im wirklich und wahrhaftig bewussten Zustand wären wir daran nicht gebunden.
Leider befindet sich speziell die irdische Menschheit derzeit überwiegend in einem dem Tiefschlaf ähnlichen Zustand, der von echtem BewusstSein meilenweit entfernt ist.

"Die meisten Menschen erfahren Gegenwärtigkeit überhaupt nicht oder nur zufällig und kurz, bei seltenen Gelegenheiten, ohne sie zu erkennen. Sie wechseln nicht zwischen Bewusstheit und Unbewusstheit, sondern nur zwischen verschiedenen Ebenen von Unbewusstheit."

Eckhart Tolle (Autor spiritueller Bücher)

Planet der Nicht-Bewussten

Ich sage hier absichtlich nicht unterbewusst. Diesen Begriff finde ich unbrauchbar. Denn wie kann sich unter dem Bewusstsein ein Unterbewusstsein ansiedeln?

Das untere Bewusstsein müsste aus dieser Art der Betrachtung dennoch irgendwie bewusst sein. Aus meiner Vorstellung heraus ist jemand in seinem Dasein entweder bewusst oder eben weniger bewusst - bis hin zu nicht-bewusst, aber sicher nicht unterbewusst.

Denn die Anerkennung des Unterbewussten schreibt ihm eine verschworene Macht zu, die ihm ganz sicher nicht zusteht.

Diese Macht gebührt bestenfalls uns TAO-Seele, unserem Selbst oder noch besser unseren Selbst, die wir als Geistige Wesenheiten in Wahrheit sind.

Wer nämlich die Macht des Unterbewussten mit suggestiv wirken sollenden Formeln ausstattet, gibt seine eigene Macht an etwas ab, das der Fähigkeit zur bewussten Gestaltung entgegen gesetzt ist.

Hierzu bewegen sich diese Menschen in einen Bereich hinein, der als schwarzmagisch zu benennen ist.

Wer wissen will, was in solchen Fällen heraufbeschworen werden kann, sollte sich einmal mit der Ballade vom „Zauberlehrling" von Johann Wolfgang von Goethe beschäftigen. Auch seine Tragödie des „Faust" bearbeitet den Stoff hervorragend.

Die letztlich hinderlichen Krücken von suggestiven Formelsätzen brauchen wahrhaft bewusste Wesen nicht!

Werft sie ab oder lasst sie von vorne herein weg. Als Geistige Wesen steht ihr aufrecht über solchen Machenschaften.

Deshalb ist mein Kredo, das ich aus meiner weit zurückliegenden Vergangenheit mitgebracht habe: „Lasst euch kein X für ein U vormachen. Vertraut auf euch selbst und damit auf eure Selbst. Nur so könnt ihr vor den Mächten der Unterdrückung bestehen."

Es ist euch, die ihr noch nicht ganz eure Bewusstheit verloren habt, sicher schon aufgefallen, dass die meisten eurer Mitmenschen sich wie fremdgesteuerte Schläfer benehmen.

So stellen sich euch vielleicht die Fragen: Woran mag dies wohl liegen? Was ist die hinterlistige Absicht? Wer hegt eine solche abartige Absicht?

Die Antworten! Das liegt daran: Wir befinden uns auf Planet Erde auf einem Gefängnisplaneten. Wir dürfen nicht allzu bewusst sein.
Dazu hat man uns geistige Einpflanzungen verpasst, mit denen wir uns gegenseitig klein halten sollen und dies auch laufend tun.

Die wirksamste dieser eingepflanzten Anweisungen lautet:

„Andere ins Unrecht setzen!"

Damit arbeiten, mit voller Absicht oder aus genau dem mentalen Drang heraus, alle Geheimdienste, alle Szenarien für eine Rechtsprechung, alle Denunzianten und alle Politiker sowie deren Berater.
Und, von deren Natur aus, auch gewisse vermeintlich spirituell oder religiös zu nennende Kirchenorganisationen und klein und unbedeutend machende Glaubenssysteme auf dem Planeten Erde.

Und selbstverständlich tragen alle, alle Menschen diese Einpflanzung in ihrem Verstand – weder im Körper noch bei der TAO-Seele.
Deshalb gibt es Kriege bis in die Familien hinein. Deshalb prügeln und töten sich Brüder und Schwestern aller Nationen.

Mit der Einpflanzung: „Andere ins Unrecht setzen!", arbeiten, wie gesagt, sogar Religionen der Erde. Damit lässt sich nämlich hervorragend jede Art von Schuld eintrichten.
Schuld zu sein und Schulden zu haben, dies im unmittelbaren Zusammenspiel mit den kriminalisierenden Rechtssystemen, befeuert ganz toll unser karmisches Miteinander.
So drücken oder ziehen wir uns mit krankhafter und krankmachender Begeisterung gegenseitig in den sozialen und emotionalen Schlamm des gesellschaftlichen Zusammenlebens.
Kranke Häuser und kranke Kassen sind in Wahrheit krank machende und krank haltende Auswüchse dieser Einpflanzung.
Schaut bitte demnächst einmal genau hin, welche Mechanismen eingerichtet wurden, mit denen Menschen unter Kontrolle gehalten werden sollen.

Achtet besonders auf die ach so tollen Hilfsangebote: Von großen, profitgierigen Firmenkonstrukten, von Staatsgebilden mit ihren bürokratisch diktokratischen und vorgeblich sozial arbeitenden Institutionen.

Beäugt tatsächlich auch ganz genau die angebotene Hilfe von Kirchen, mit ihrem überschwänglichen Mitleid, sowie die von allen möglichen Vereinen und Einrichtungen, die nur euer Bestes wollen.

Nicht zuletzt macht uns das Absicherungsangebot von Versicherungen, staatlichen sowie weniger staatlichen, zu den Sklaven unserer eigenen Hilflosigkeit.

Ihr werdet in all diesen Systemen ganz leicht viele verschiedenartige Kontrollmechanismen finden, die euch als unbedingt erforderlich angepriesen werden.

Was ihr hier im Folgenden lesen werdet, klingt oftmals mehr als nur ein wenig nach Science Fiction. Wenn wir aber genau hinschauen, so ist auch die Zukunftsschau der Schreiber von Romanen oder der Drehbücher von Filmen nichts anderes als ein Blick in die Vergangenheit, nur aus einem etwas anderen, neuzeitlicheren Blickwinkel heraus.

Visionäre und Andersdenker, sogar die Erfinder und Ingenieure, greifen lediglich auf den Stoff zurück, der ihnen aus eigenem Erleben oder aus dem Lebenswerk anderer schon einmal begegnet ist.

Alles, wirklich alles, was wir heute erleben hat es schon einmal gegeben. Unser eigenes Lebenskonstrukt sowie das der Gesellschaften wiederholen sich immerfort in Ähnlichkeiten.

Nicht wenig überrascht war ein Freund, als er in einem früheren Leben ankam, das eindeutig dem alten Rom hätte zugerechnet werden können.

Doch er meinte ebenso eindeutig: „Ich bin nicht auf der Erde!" Er war im Lebensumfeld eines Planeten angekommen, der durch und durch und rundum römisch war.

Also existiert(e) dort draußen ein ganzer Planet mit einer Kultur, die dem römischen Reich, beziehungsweise unserem Altertum zum Verwechseln ähnlich war/ist.

Solche Parallelgesellschaften gibt es zuhauf, in dieser Galaxis und darüber hinaus sowie in der Vergangenheit bis her zur Gegenwart. Unsere Erde ist offenbar ein Sammelbecken für Kulturen.

Deshalb erscheinen solche universalen „Hochkulturen" hier immer wieder einmal, um sich dann, aus unerklärlichen Gründen, im Staub der Geschichte aufzulösen.

Die Gründermütter oder -väter waren machtvolle Geister, deren Bestreben es war, ihr heimatliches Kulturgeschehen nachzubilden.

Damit gelang ihnen so manche Großtat, obwohl weder die Rasse der irdischen Menschen noch die zugereisten Angehörigen fremder Völker mithalten konnten oder wollten, schon gleich gar nicht über längere Zeit.

Die Konkurrenz unter den zugereisten „Göttern" war einfach zu groß. Die oben genannten geistigen Einpflanzungen taten ihr Übriges, um diese Welt öfter als einmal in Chaos und Zerstörung versinken zu lassen.

Wenden wir uns also abermals dem Gefängnisplaneten zu. Wie wurde unser Planet zu dem, was er heute ist? Wer hat denn ein Interesse daran, die Bewohner der Erde gefangen zu halten? Und vor allem: Warum?

Die Antwort darauf liegt weit zurück. Sie beginnt mit der Geschichte des Universum und zieht sich dann in die Geschichte der Milchstraße, unsere Heimatgalaxis, herein:

Während vor der Zeit ohne Zeit noch freie Geistwesen die vielfältigen Verläufe des „Großen Spiels" bestimmten, drangen fremde Wesenheiten in unser noch junges Universum ein.

Durch einen „Riss im Kontinuum" kamen Invasoren herein, die über und über mit Technik beladen waren.

Sie hatten sich von ihren technischen Errungenschaften abhängig gemacht. Damit hatten sie ihr ehemaliges, vermutlich wesentlich kleineres Universum regelrecht ausgelaugt.

Bei uns fanden diese Wesen frische Energien. Besonders dumm war, dass sie auch uns, die Geistigen Wesen dieses Spielfeldes, als brauchbare Energielieferanten ansahen. Aus diesem Grunde schlossen sie uns in Kristallen ein.

Diese Kristallbatterien dienten dann der Versorgung ihrer Technik mit Energie.

Damals wurden wir zwar zu Sklaven der Invasoren, jedoch dürfen wir ihnen aus späterer Sicht zugute halten, dass sie unserem wahren geistigen Sein gegenüber einfach unwissend waren.

Die Peiniger nachfolgender Szenarien, die mit vielen von uns, den wieder frei gewordenen Geistigen Wesen, ähnlich verfuhren, konnten sich nicht mehr herausreden.

Diese Kerle waren einfach bewusst und absichtlich aktiv gewordene Sklavenhalter. Leider hatten sie sich mittlerweile mit ähnlich technischem Kram umgeben und etliches perfektioniert.

Zum Beispiel haben sie den messbaren Zeitablauf übernommen und als brauchbares Maß eingeführt. Seitdem sind so gut wie alle von uns, von diesen Zeitmessern abhängig. Zumal unsere gesamte Umgebung sich dieser nicht mehr wegzudenkenden Betrachtungsweise angeschlossen hat.

Auch der Umgang mit elektrischer Energie wurde zu einem unserer neuen Spielfaktoren.

Das begeisternde Schleudern von Blitzen hat sich bis in die relative Neuzeit erhalten, wie wir es zum Beispiel von den Göttervätern der Antike kennen.

Die Invasoren vermischten sich relativ schnell mit den wieder frei gewordenen Alteingesessenen. Sie lehrten uns (ich spreche hier von uns, weil es so gut wie keine Ausnahmen gab) ihre Art und Weise der Weltanschauungen.

Begierig übernahmen einige Aspekte hiesiger Geistwesen Machtpositionen. Damit begann sich die abwärts gerichtete Spirale von zunehmender Unterdrückung zu drehen.

Andere von uns nahmen doch tatsächlich geradezu freiwillig die Rolle der Opfer ein. Bis heute wurden sie diese Rolle nicht mehr los.

Vor allem geschah dies auch deshalb, weil ein besonders kreativer Aspekt der ursprünglichen zwölf Konstrukteure eine Art Zirkus in Szene setzte. Dafür brauchte er natürlich Darsteller.

Solche Schauspieler-Talente fand er ganz schnell bei den sich gerade wieder Entwickelnden. Die Könige, Kaiser, Götter oder dergleichen verpflichteten ihr Fußvolk aus den Opferwilligen. Die starken Heldenfiguren ließen sich aus den ehemaligen Rettern rekrutierten, vom Beginn der Gestaltung des Universum.

Besonders unberechenbar, geradezu als gefährlich angesehen waren die Maskenträger, wie Vermummte, Getarnte, Harlekins, Narren oder Clowns. Heutige Schamanen nutzen diesen Effekt, um sich selbst zu schützen oder um böse Geister zu vertreiben.

Die unterschwellige Angst von Menschen der Neuzeit vor eigentlich lustigen Clowns oder auch vor Weihnachtsmännern lässt sich dadurch erklären, dass ähnliche Verkleidungen, im Zirkus des alten Geistwesens, die anderen bis ins nicht vorhandene Mark hinein erschrecken sollten.

Bei solchen Aufführungen standen die einen Gruppierungen der Wesenheiten auf den Bühnen oder in den Manegen des Zirkus.

Auf den Zuschauer-Rängen fanden sich die Fans ein oder die einfach angeblich unbeteiligten Zuschauer; was natürlich einer Illusion gleichkam, denn energetisch waren alle beteiligt.

Auch bei heutigen Veranstaltungen tragen die anwesenden Zuschauer zur hitzigen Atmosphäre im Stadion bei. Die Athleten oder Spieler werden durch ihre Fans zu Höchstleistungen gepuscht.

Durch die geistige Schaffenskraft der Wesen zementierten sich etliche dieser Rollen. Sie wurden wie zu in Stein gemeißelte Figuren des gesamten Schauspiels.

Erst im Laufe von Spirituellen Rückführungen klärte sich für einige meiner Freundinnen und Freude, wie sehr sie sich über Jahrmillionen jenem konstruierten Bühnen-Zuschauer-Apparat zuordneten.

Selbst, wenn es einigen ein paar Mal gelang auszubrechen, vielleicht sogar ebenfalls an die Spitze der inszenierten Hierarchien aufzusteigen, benahmen sie sich dennoch nicht besser, als ihre unterdrückerischen Vorbilder.

Im Gegenteil, dann versuchten sie sogar sich selbst und den anderen ihr „schauspielerisches" Talent zu beweisen. Sie begannen noch stärker nach unten zu treten. Die jeweiligen Opferwesen bekamen sie als Machthaber richtig heftig zu spüren.

Ein sehr ungesunder Zustand, der vielfach wirklich zu Krankheiten führte, nicht nur bei den Opfern.

So sind Krankheitserscheinungen so gut wie immer selbst herbeipostulierte oder in Übereinstimmungen zugelassene Eindrücke.

Die im Verstand der Seelen-Einheiten enthaltenen Bilder und Geschehnisse mit entsprechenden Emotionen müssen energetisch entladen werden, um einen Heilungsprozess in Gang zu setzen.

Das kann letztlich nur die Person selbstständig ausführen. Indem sie ihrem Zustand aus einer höheren Bewusstheitswarte „ins Auge blickt", vermag sie etwas zu ändern.

Ich, als Spiritueller Rückführer, kann lediglich hilfreich zur Seite stehen beziehungsweise mental begleiten.

Ich nehme meine Freundinnen und Freunde gewissermaßen an den Händen, bis sie eigenständig und selbstermächtigt aus ihren angenommenen Krankheitsbildern aussteigen können. Was nicht immer einfach ist! Schließlich müssen sie im Verlaufe der Maßnahme so mancher Glaubenssatz über Bord werfen.

Wie mächtig diese Glaubenssätze sind, beweist der tägliche Umgang mit unseren Mitmenschen.

Eine meiner Freundinnen hatte beispielsweise einen fest gefügten Satz in ihrem Repertoire: „Mein Auto ist mein Leben!"

Mit diesem Satz hatte sie sich emotional dermaßen an ihr Fahrzeug gebunden, dass sich bei ihr körperliche Schmerzen einstellten, wenn es beschädigt wurde oder eine Reparatur anstand.

Es ging dabei weniger um die Höhe der Rechnung, als vielmehr um das Geschehnis selbst. Bestürzung bis hin zu Trauer waren körperlich wahrnehmbare Gefühle.

Wir setzten uns gegenüber und sie wiederholte immer wieder: „Mein Auto ist mein Leben!" Ich bestätigte mit: „Gut! Nochmal!" Im Laufe dieser ausschließlich kommunikativen Maßnahme ließ sie das Gefühl zum Auto los.

Anfangs dachte und sagte sie noch: „Ich kann doch ohne das Auto nicht leben." Dann war die Überlegung: „Wieso kann ich diesen Satz nicht loslassen?" und „Wie soll ich ohne ihn weiterleben?"

Die energetische Entladung dauerte an. Ein Auf und Ab in den Emotionen begleitete unseren Prozess.

Nach etwa einer Stunde brach es lachend aus ihr heraus: „So ein Blödsinn! Warum soll ich denn ohne den Karren nicht leben können!?"

Von da an war „Auto" ein Beförderungsmittel, einfach mit dem Zweck von einem Ort zum nächsten zu gelangen.

So gut wie jeder Mensch wurde im Laufe seines Lebens in irgendeiner Art und Weise mit Glaubenssätzen geimpft.

Unser gesellschaftliches Miteinander ist darauf gerichtet ihre Mitglieder so zu programmieren, dass sie möglichst effektiv und vor allem sogenannt „solidarisch" funktionieren.

Dies beginnt bereits bei den Ungeborenen im Mutterleib. Den Müttern bleibt es so gut wie nie erspart, sich der helfenden Gesellschaft anderer hinzugeben. Ganz klar soll deren Hilfsbereitschaft lediglich dem Wohl von Mutter und Kind dienen. Im Selbstverständnis dieser Hilfegedanken wächst das werdende Leben in das Umfeld der Mutter hinein.

Wundert euch also nicht, wenn bestimmte vorgeblich genetische Merkmale, sowohl körperlicher als auch geistiger und sogar sozialer Art, sich über Jahrhunderte fortpflanzen.

Der einmal begonnene Prozess setzt sich im Elternhaus fort, entwickelt sich weiter zu den Kinderkrippen und Kindergärten (oder wie sie auch immer heißen mögen).

Wie selbstverständlich schleifen ausgebildete Pädagogen, Erzieherinnen und Erzieher, die jungen Menschen in den Kasernen der jeweiligen Schulsysteme fortgesetzt glatt.

So oder so ähnlich hat dies auch der Freigeist Johann Wolfgang von Goethe schon beschrieben.

In den, im Laufe des Lebens kaum angestrebten und dennoch erreichten, beruflichen Umfeldern lassen die gesellschaftlichen Strukturen so gut wie niemanden nach seinem Gusto glücklich werden.

Schließlich will oder soll der Mensch nicht großartig auffallen, vorzugsweise um seinen Lebensstandard nicht zu gefährden.

Familienbande halten die Menschen am Boden der Tatsachen. So stehen sie mit beiden Beinen fest verwurzelt auf der Erde und kommen deshalb keinen Meter vorwärts.

Entwickelt doch einmal jemand den Mut, sich aus diesem Netz, dem gefügten System der Fesselungen, zu befreien, ziehen ihn die Gummibänder seiner eigenen Vergangenheit zurück.

So geschehen einem jungen Mann, der seit frühester Jugend Musik machen wollte, doch nie über das Kaufen einer Gitarre hinauskam. So stand das Instrument unbenutzt in seiner Wohnung, während er seinem Traum nachhing.

Weswegen er zu mir kam, war ein ganz anderer Grund. Als Fernfahrer wurde er immer nur ausgenutzt. Er ließ sich ausnutzen!

Er bekam geringes Geld für harte Arbeit. Daran wollte er unbedingt etwas ändern, wagte aber nicht nach einer Gehaltserhöhung zu fragen. Während der Sitzungen erlebte er Seltsames:

Er konnte sich einfach nicht bewegen. Dunkelheit hüllte ihn ein. Er fühlte sich irgendwie gefesselt. Nur mit Mühe gelang es ihm, diesen Zustand real wahrzunehmen.

Was er herausfand entsetzte ihn gewaltig. Auch ich dachte zuerst: Das kann so nicht wahr sein! Doch es war genauso, wie er es erspürte und nach seinem Tod auch von außen sehen konnte.

Der junge Mann saß mir gegenüber in seinem Sessel und zitterte am ganzen Körper. In Schüben bebte er an Armen und Beinen. Auch sein Kopf zuckte hin und her.

Die Situation war folgende: Ende des vergangenen, des 18ten Jahrhunderts hatte man ihn gefangen genommen. Wegen Mordes wurde er angeklagt, zum Tode verurteilt und schon bald exekutiert. Er war einer der ersten, die man auf den elektrischen Stuhl setzte.

Über seinen Kopf hatte man eine lederne Kappe gezogen. Dadurch konnte er anfangs nur Dunkelheit wahrnehmen. Und bewegen konnte er sich natürlich auch nicht, weil er festgeschnallt war.

Der Strom, den die Henker durch seinen Körper jagten, musste seiner Konstitution angepasst werden. Deshalb zuckte er auch im Sessel mehrmals heftig, ehe man ihn töten konnte.

Als er endlich tot war und seinen Körper verlassen konnte, beschrieb er mir die Szene von außerhalb.

Er hatte es nicht leicht, dieses Geschehnis zu akzeptieren. Denn in der Gegenwart war er ein schmächtiger Bursche, der keiner Fliege etwas zuleide tun konnte. Deshalb war er auch nicht fähig, eine Gehaltserhöhung zu fordern.

Dies war kein Wunder, immerhin hing er bis zu unserer Spirituellen Rückführung an seinem brutal, ins bedrängte Bewusstsein suggestiv eingepflanzten Schuldgefühl fest.

Er beteuerte damals und auch mir gegenüber, dass er unschuldig verurteilt worden war. Ich glaubte ihm, jene Richter nicht.

Außerdem wollten die Kerle unbedingt den neuartigen, elektrischen Stuhl an ihm ausprobieren.

Nun denn! Wir hatten die Situation bereinigt. Vierzehn Tage später trafen wir uns wieder.

Er hatte inzwischen den Arbeitgeber gewechselt und fühlte sich dadurch befreit. Aufgrund von mehr Freizeit begann er nun Gitarre zu spielen. Sein Wunsch erfüllte sich zunehmend, weil er jetzt auch die Zeit für einen Unterricht fand.

Wer von euch hat noch nichts von dem Begriff „Schuldenfalle" gehört?

Ich weiß mittlerweile, dass auch dies zu dem ausgeklügelten Fallensystem gehört, das so gut wie jeden erwischen kann.

Zuerst wird damit gemeint, dass Menschen übermäßige Geldschulden bei ihren Mitmenschen und besonders bei Banken haben. Das ist die vordergründige Erscheinungsform der Schuldenfallen.

Sie wird von allen als nicht besonders belastend angesehen, wenn es dennoch gelingt das aufgenommene Geld in den vereinbarten Raten abzutragen. Trotzdem gehört auch ein solches System zu dem kleinmachenden Fallensystem.

Entscheidend ist die auf lange Sicht angelegte Abhängigkeit, die mit dieser Strategie verbunden ist. Abhängig zu sein schränkt eindeutig Freiheiten ein.

Dies gilt für jede Art und Weise von Unselbständigkeit oder Unmündigkeit, in die jemand entweder durch andere Menschen oder durch Gruppierungen manövriert werden kann.

Die Schuldenfalle der Banken ist jedoch nichts gegen die Schuldfalle der Glaubensgemeinschaften und von Kirchen. Das Zuweisen von Schuld wird dort geradezu traditionell betrieben.

Dies beginnt bei christlichen Gläubigen mit dem Sündenfall im Paradies. Damals wurde das Thema Schuld auch noch mit Scham gebündelt. Im Buch Genesis heißt es: „Adam und Eva hatten sich schuldig gemacht, weil sie Äpfel vom Baum der Erkenntnis gegessen haben. Daraufhin versteckten sie sich vor Gott, weil sie nackt waren und sich dessen schämten."

Soll sich also etwa jemand schämen, wenn er Erkenntnis oder sogar Selbsterkenntnis gewinnt?

Ganz schön perfide Zusammenhänge, die uns die Verfasser der Bibel hier aufs Auge drücken möchten. Aber genau so agieren die Kirchen, seitdem Religionsgemeinschaften einengende Moralgerüste um uns Menschen herum konstruierten.

Mittlerweile haben sich die deutlich römisch geprägten Systeme zur Rechtsprechung an solche Vorgaben angehängt. Sie bedienen sich ebenfalls der Thematik Schuld und hoffen, dass die Schuldigen im Verlaufe ihrer Strafzeiten schamhaft genug würden, um anschließend keine weiteren Straftaten zu begehen.

Damit eine Art Gewissen erschaffen zu wollen ist reine Illusion. Der Aufenthalt in Gefängnissen dient oftmals lediglich als Kontaktbörse unter Kriminellen. Auch kann der ein oder andere Verbrecher eine ganze Menge dazulernen, wenn er in der Haftanstalt eine Zeit lang ausgebildet wird.

Eines wird bei all diesem Tun jedoch immer wieder reaktiviert: Die mentale Einpflanzung „Andere ins Unrecht setzen!"

Sowohl die verurteilenden Richter als auch die Wärter der Gefängnisse und nicht zuletzt die Insassen untereinander, nutzen diesen Implant, um sich selbst größer und stärker zu wähnen als ihre Mitgefangenen auf Planet Erde.

Glattgebügelt und vollgefüllt mit suggestiv wirkenden Glaubenssätzen legen sich Menschen zum Sterben, um in dem oder den Folgeleben mit der Bereitschaft weiterzumachen, sich der ach so bequemen Bewusstlosigkeit von ab und zu leise blökenden Schlafschafen hinzugeben. Sie unterwerfen sich fortwährend den vorgeblich mächtigen Positionen von ebenso vorgeblich konstruktiv scheinenden und dann doch wieder destruktiven Machern.

So bedarf es einer ziemlich intensiven Arbeit, wenn jemand sich am eigenen Zopf aus dem Sumpf des Nicht-Bewussten herausziehen soll. Nicht einmal der Lügen-Baron Münchhausen, der dieses Kunststück mit dem Sumpf angeblich geschafft haben will, hatte leichtes Spiel dabei. Und immer wieder dürfen wir nicht vergessen, es kommt noch der entscheidende Umstand dazu, den ich vorbereitend bereits mehrmals angedeutet habe:

Dies ist die Gefangenschaft auf Planet Erde.

Denn der Gefängnisplanet wurde speziell eingerichtet, um uns Atalanter unschädlich zu machen. Dass dabei auch etliche andere Wesenheiten das gleiche Schicksal teilen mussten, ist den Einrichtern der Gefängnisstrukturen völlig gleichgültig.

Der Krieg im All löschte die Zivilisation und die Flotte der erdnahen Anunnaki aus. Dem Mars wurde seine Atmosphäre weggezogen und der Planet Tiamat, ehemals eine Bastion zwischen Mars und Jupiter, wurde atomisiert. Verbliebene kleine Trümmerstücke bilden den Asteroiden-Gürtel und etliche größere Teile wurden zu Monden beim Jupiter und den äußeren Planeten.

Die Restflotte der Anunnaki zog sich auf Nibiru, ihren Heimatplaneten, zurück, um der vollständigen Vernichtung zu entgehen.

Auf der, schon im Vorfeld unwirtlich gemachten, Venus befindet sich noch immer die zentrale Station der Angreifer von der Galaktischen Konföderation. Dies waren auch die Konstrukteure unseres planetaren Gefängnisses.

Ungleichmäßig verteilt errichteten sie auf unserer Erde zuhauf Fangstationen für Seelen-Einheiten. Ebenso schwirren solche Stationen in großer Zahl im gesamten Planetensystem herum, bis über die Pluto-Bahn hinaus.

Außerdem ist die Erde, ungefähr auf der Höhe des Van-Allen-Gürtels, von einem Energieschirm umgeben, der die Seelen-Einheiten daran hindern soll zu entkommen.

Sobald Seelen-Einheit ihren Körper verlassen, werden sie regelrecht angesaugt, möglichst noch auf dem Planeten eingefangen und ruckzuck zur Verwirbelungsstation auf der Venus transportiert.

All die Stationen sind hervorragend getarnt, indem sie technisch etwa fünf Minuten in die Zukunft versetzt wurden. Dadurch sind sie weder sichtbar noch anderweitig aufspürbar.

Diese Stationen bedienen sich reichlich unfairer Tricks, wie der Vorspiegelungen von ansonsten angenehmen Erlebnissen und von unterstützenden Wesenheiten. Hier ein paar solcher Erscheinungen, denen ihr nach Möglichkeit aus dem Weg gehen solltet, wenn ihr einmal euren Körper verlasst. Lasst euch nicht verlocken, vermeidet diesen Lug und Trug der technisch konstruierten Fallen:

1) Das Licht – geht nach eurem Tode nicht ins Licht!!! Diese Art von Licht ist eine der erfolgreichsten Fallen. Es ist einer Geschichte nachempfunden die Jahrmillionen zurückliegt und damals Befreiung brachte. Jetzt führt dieses verlockende Licht auf dem direktesten Weg in die Venus-Station.

2) Sphärische Musik – lockende Klänge sind für viele von uns so anziehend, dass wir einfach nicht widerstehen können. Bingo, das war's! Wieder hat eine Falle gewirkt. Und jetzt, ab ins Licht!

3) Ahnen und Alte Weise oder Meister – bringen uns nicht nur Gutes. Schon gleich dann nicht, wenn sie uns nach einem Ableben erscheinen und so tun, als würden sie uns leiten wollen. Wenn wir ihnen folgen, geraten wir ohne Umwege zur Venus.

4) Engelswesen – haben genau den gleichen Effekt. Sie locken meist mit ihren sanften Stimmen und zusammen mit musikalischen Einlagen. Auch hier ist das Ziel ganz klar!

Es gibt sicherlich noch mehr Möglichkeiten, um Seelen-Einheiten zu verführen.

Im Miteinander mit einigen nicht ganz zufällig wiedererstarkten Wesen, gelang es, einige der bereits beschriebenen Sphären als Fluchtwelten zu kreieren. Über solche Schutzzonen gelingt allerdings noch keine Flucht aus dem Gefängnis. Die Erschaffer konnten dadurch nur eine vorübergehende Erholung gewähren.

Und jetzt wiederum Vorsicht! Die lernfähigen Maschinerien sind, wie ich mittlerweile weiß, tatsächlich in der Lage die Zugangstore zu unseren Fluchtwelten zu imitieren. Wer in so eine Nachbildung hinein gerät hat es besonders schwer die Wahrheit zu erkennen.
Achtet in jedem Fall darauf, nach eurem Ableben den Seelensaugern nicht zu nahe zu kommen. Sonst habt ihr wieder einmal verloren und werdet mit dem fremdgesteuerten Verlust an Identität, erneut auf das „Rad der Wiedergeburt" gebunden.

Nehmt euch stattdessen entweder unmittelbar nach dem Verlassen des alten Körpers einen neuen oder ruht euch für längere Zeit auf einer Bergspitze oder an einer Quelle oder ähnlichem aus.

Durch die Anstrengungen Einzelner erhielt der Schirm Löcher. Jene Meister, die sich per intensiver Meditationen und fortgesetzter Kontemplation auf der geistigen Höhe ihrer Bewusstheit zu halten vermochten, schwächten das System.

Auch jede Spirituelle Rückführung, die zur Erhöhung eines bewussten Zustandes beiträgt, befreit wieder eine karmisch verbundene Gruppe von Wesen von den vorgetäuschten Ketten.

So besteht Hoffnung, dass einige von uns freien, körperlos gewordenen TAO-Seelen, bereits auch von außen den Fallen hart zusetzen. Zudem holen sie sich und damit uns Unterstützung von außerhalb. Die glücklicherweise Auferstandenen kümmern sich um den Planeten mit seinen Bewohnern. Also keine Sorge, wir sind nicht alleine!

Von den jetzt sogenannten Außerirdischen werden wir gefördert. Jene Freunde von anderen Planetensystemen sind ebenfalls dabei die Gefängnisstrukturen zu knacken.

So arbeiten speziell die erneut stark gewordenen Atalanter in Einheit mit den Nichtirdischen zusammen.

Kraft spendet zusätzlich der Freigeist Christos, eine Wesenheit die sich für diesen Sektor der Milchstraße einsetzt, um dem sogenannten Bösen keinen allzu großen Spielraum zuzugestehen.

Denn vergesst bitte niemals: Das „Große Spiel" ist im Spielfeld des Universum in vollem Gange.

Nochmal ein Hinweis: Verwechselt bitte nicht, das von mir dargestellte System mit dem bei Bewusstsein erlebbaren Sein.

Wer im lebendigen Dasein mit entsprechenden Erscheinungen konfrontiert ist, kann sich getrost darauf einlassen. Licht, Musik und Wesenheiten sind durchaus annehmbar, solange der Tod nicht seine Fühler ausstreckt.

Dass dies keine erfundene Geschichte darstellt, haben mir einige Spirituelle Rückführungen mit aller Deutlichkeit gezeigt.

Dementsprechend eindeutig und überzeugend war die Geschichte, in die ein Freund verstrickt worden war. Er entging dem fast schon sicheren Tod, weil er den Lockungen widerstand, die ihm engelsgleiche Wesen zuflüsterten.

Sein Bericht ist aus diesem Leben. Also ist das Fallensystem immer noch aktiv:

Mein Freund hatte einen Unfall, auf der Straße seines Wohnortes. Ein VW-Bus hatte ihn mit voller Wucht angefahren, so dass er ohne Bewusstsein im Graben liegen blieb.

Er wurde sogleich von lieblichen Engelswesen unter ihre Fittiche genommen und in Richtung des Lichtes der Sonne geführt. Doch damit konnte und wollte mein Freund zu jener Zeit überhaupt nicht übereinstimmen.

Aus dem Kraftpotenzial seines TAO-Bewusstsein heraus machte er kehrt, sah den bewusstlosen Körper am Boden liegen und entschloss sich, mit ihm weiterzuleben.

So erhob er sich, war zwar etwas benommen, aber ansonsten unverletzt.

Lediglich der Bus hatte in der Front eine mächtige Delle, die ganz offensichtlich von seinem Kopf herrührte.

Mein Freund durchlebte das ganze Ereignis, inklusive der Engel, noch einmal während einer Spirituellen Rückführung.

Er gewann neuen Lebensmut. Sein Entschluss stand damit fest, er würde sein Leben meistern, egal was da kommen möge.

Eine andere Begegnung mit dem hinterlistigen System des technischen Seelenfangs hatte ein Freund vor Troja.

Tapfer und mit Heldenmut hatte er auf der Seite der Griechen gekämpft. Doch schließlich wurde er tödlich verwundet und erlag seinen Verletzungen.

Noch im Todeskampf wurde er von einer Schar Engel oder dergleichen rekrutiert. Das automatische System der Fallen hatte einen willigen Vasallen gefunden.

Er sollte seine Kameraden einsammeln und ihnen den Weg ins Licht weisen. Selbstverständlich fügte er sich in seine Aufgabe. Mit Freuden zeigte er den Gefallenen einen Pfad der aufwärts führte.

Dort oben erwartete alle Helden eine himmlische Helligkeit. Noch während er den Weg wies überkamen ihn arge Zweifel, ob dies denn richtig sei. Doch leider konnte er sich nicht dagegen wehren. So erfüllte er weiterhin seine Mission.

Ich ahnte was dort geschehen war. Die Auflösung seiner rätselhaften Aufgabe konnte ich ihm aber nicht vermitteln, weil er kein weiteres Mal zu einer Spirituellen Rückführung kam.

Obwohl mir ziemlich klar war, auf was er sich vor den Toren von Troja eingelassen hatte, musste ich den Freund unverrichteter Dinge ziehen lassen. Meine Hoffnung besteht, dass er im Nachhinein den wahren Zusammenhang erkannte.

Ein weiterer Freund war in diesem Zusammenhang besser bei Bewusstsein. Dieser konnte während einer Spirituellen Rückführung eindeutig die Position einer irdischen Falle beschreiben, obwohl er vorher von mir noch keinerlei Informationen über deren mögliche Funktion erhalten hatte.

Aber er hatte sie gesehen, erkannte das halbe Ei in der Landschaft als fremdartig und erklärte mir sein Unbehagen. Glücklicherweise war diese Falle anscheinend gerade nicht in Betrieb, so dass er ihr entgehen konnte oder er war einfach noch nicht tot genug. Als letztendlich Verstorbener begab er sich stattdessen in den Himmel, um eine gefühlt kurze Zeit später wieder in einem neuen Körper geboren zu werden.

Doch eines war ihm bewusst geworden: Das halbe Ei befand sich nicht in dem normalen Zeitkontinuum. Es war einige Minuten in der Zukunft verankert worden.

Deshalb ist es für uns Menschen der Erde auch unmöglich diese Dinger wahrzunehmen. Nicht einmal mit modernen Messgeräten können wir etwas erkennen. Die Zeitverschiebung schützt das ganze System. Erst, wenn wir unsere Körper verlassen haben, gelingt die Wahrnehmung der technischen Gerätschaften.

Nachdem mein Freund aus der Spirituellen Rückführung wieder in der Gegenwart angekommen war, redeten wir offen über sein Erlebnis. Jetzt konnte ich ihm auch mehr über das Gefängnis und das uns umgebende System erzählen.

Neugierig geworden, wollte er in einer der nächsten Sitzungen unbedingt mehr über all dies erfahren.

So führte ich ihn, auf seinen ausdrücklichen Wunsch hin, beim nächsten Mal nicht in die Vergangenheit, sondern einfach nur in die unmittelbar gegenwärtige Umgebung.

Ich hatte so eine Führung bisher noch nie durchführen können. Doch es gelang ohne Probleme. Mein Freund war bewusst genug, um sich körperlos über den Planeten zu erheben und sich entsprechend seinem Wunsch umzusehen.

Er entdeckte nicht alle Stationen. Allerdings war eine davon direkt vor unserer Nase, im nahen Gebirge.

Eine weitere ortete er in Peru. Dort kannte er sich aus, weil es schon einmal seine Urlaubsregion war.

Zu einer dritten Station hatte er keinen entsprechenden Bezug. Sie fand er in der Wüste Gobi, in China, wie er mir verblüfft erklärte.

Nach dieser Sitzung war sowohl ihm als auch mir absolut klar: Das Fallensystem existiert und es arbeitet noch immer, wie vor tausenden von Jahren geplant, nachdem der Inselkontinent Atlantis im Ozean versunken war.

Vom Beginn des Untergangs von Atlantis und vom Chaos, das damals über die Erde hinwegfegte, gibt es vielerlei Mythen.

Während Spiritueller Rückführungen erzählte ein Freund die folgende Geschichte:

Er hatte in der Zeit, als die 7 Feuerköpfe, aus den Überlieferungen, die Überreste eines gelenkten Asteroiden, auf die Erde niederstürzten, versucht das Unglück abzuwenden.

„Ich war ein Wissenschaftler auf dem Inselkontinent Atlantis, was soviel heißt wie Klein-Atalant. Unsere Technik war ähnlich hoch entwickelt wie die der Anunnaki, der Herrenrasse im System der Planeten, um die Sonne Sol. Wir waren noch immer nur Gäste auf der Erde, denn unsere Ankunft lag gerade mal 30.000 Jahre zurück.

Seit dem Austausch unserer Pyramiden-Technologie wurden wir von den Anunnaki als gleichwertige Partner akzeptiert. Auch beschränkten wir unsere territorialen Ansprüche mehr oder minder nur auf unser Atlantis. Lediglich zu Handelsbeziehungen mit den irdischen Menschen waren wir weltweit unterwegs.

Nur Afrika sparten wir strikt aus, denn dort herrschten die strengen Sitten der Anunnaki. Auf dem gesamten Kontinent ließen sie ihre menschlichen Sklaven nach Gold schürfen. Dieses Edelmetall brauchten sie für die Atmosphäre ihres Heimatplaneten.

Mir und einigen meiner Kollegen oblag die Anwendung und die Nutzung der über ganz Atlantis verteilten kleinen und großen Pyramiden. Unter anderem hätten wir einen riesigen Schutzschirm mit deren Energien speisen können.

Atlantis wurde von verschiedenen Gruppierungen regiert, die nicht immer das Wohl der Allgemeinheit oder eben des Planeten im Auge hatten. Ich versuchte relativ neutral zu bleiben und einfach meine Aufgabe zu erfüllen.

Auf meinen seit langem vorbereiteten Einsatz käme es auch an, wenn wir Atalanter von der Galaktischen Föderation entdeckt würden. Vor diesen Burschen waren wir nämlich vor mehr als 30.000 Jahren an den Rand der Galaxis geflohen.

Die Erde sollte damals vorübergehend die letzte Bastion sein. Danach hatten wir die Milchstraße verlassen wollen. Zum Glück oder dummerweise fanden wir in den Anunnaki Verbündete, an deren Seite wir uns sicher fühlten."

Jetzt machte die Erzählung einen Sprung. Er ließ etliche Jahrhunderte der friedlichen Kooperation aus. Auch der brutale Überfall durch die Galaktische Föderation wurde ausgelassen.

Statt dessen erlebte er erst wieder den Schluss des Dramas, bei weiteren Spirituellen Rückführungen. Dort fuhr er fort:

„Eines Tages meldeten Späher, die mit den Anunnaki kooperierten, im Weltraum einen gewaltigen Felsbrocken herannahen.

Erst meinten unsere Wissenschaftler, er würde die Erde knapp verfehlen. Doch, je näher er kam, umso sicherer wurden sie, dass er genau auf Atlantis gezielt war. Er sollte uns offenbar in Grund und Boden stampfen.

Welchen Zweck diese Aktion hatte, war allen fremd. Was machte es für einen Sinn, die Atalanter vollständig zu vernichten? Anscheinend hielt man uns aber für gefährlich genug, um uns dauerhaft ausradieren zu müssen. Und der Radierer schoss unaufhaltsam auf Atlantis zu.

Im Rat von Atlantis waren die Ansichten wieder einmal gespalten. Würde unser seit langem vorbereiteter Schutzschirm ausreichen oder sollten wir versuchen den Brocken abzuschießen?

Für beides konnten wir die Pyramiden-Energie nutzen, jedoch nur entweder für den Schutzschirm oder für einen einzigen gezielten Schuss. Mit den gebündelten Energien von allen Pyramiden, wurde dann aus der Spitze der größten Pyramide ein Energiestrahl ausgesandt. Ich entschied mich für den Schuss.

Mich hielt nichts. Ich stürmte aus der Versammlung der unnütz Diskutierenden, stieg in meinen Antigravitations-Schlitten und flog zur großen Pyramide, im Zentrum von Atlantis. Dort verbarrikadierte ich mich und bereitete alles vor.

Niemand konnte mich mehr aufhalten, denn ich war der Meister der Pyramiden. Ich justierte in Richtung des Felsbrockens und löste den Laser aus. Ein mächtiger Strahl schoss aus der Spitze meiner Pyramide. Ich traf!

Der riesige Fels zerbrach in immer noch große Stücke. Doch unglücklicherweise behielten Einzelteile den Kurs auf die Erde bei.

Im Zentrum lag nun nicht mehr Atlantis. Die sieben größten Bruchstücke gingen an verschiedenen Stellen auf dem Planeten nieder. Der Inselkontinent versank nicht, noch nicht, doch er brach auseinander. Überall wurden vulkanische Energien frei.

Die Vulkane zerstörten die atlantische Kulturlandschaft, mitsamt vielen ihrer Pyramiden."

Mein Freund kam bei dieser Aktion ums Leben. Deshalb hat sich der Ablauf dieses Dramas tief in sein herabgesenktes, nicht-bewusstes, vom Verstand gespeichertes Sein gebrannt.

So konnte er mir in Einzelheiten mitteilen, was sich damals ereignete. Er machte sich das Geschehnis bewusst. Danach fühlte er sich unendlich erleichtert.

Seine unerklärlichen Schuldgefühle, alles falsch zu machen, mit denen er zu mir kam, lösten sich auf und kehrten nicht zurück.

Offenbar waren es genau diese Teile des Asteroiden oder Planetoiden, die auch einer griechischen Göttin ihr Volk nahmen. Denn in den folgenden Jahrtausenden führten die eingesetzten Fallensysteme auch den Untergang der Götterfamilien herbei.

Die Absicht der Vertreter der Galaktischen Föderation, die den Asteroiden gegen Atlantis gesteuert hatten, wurde trotz allem erreicht. Der Gefangenschaft auf Planet Erde konnte niemand und nichts mehr entgehen.

Im Vorfeld hatten sie ihre Seelensauger auf der Erde und in deren Umgebung installiert.

Die Zentralstation befindet sich noch immer gut getarnt auf der Venus, die von ihnen unwirtlich gemacht wurde. Dort werden die nach einem körperlichen Tod frei gewordenen Seelen-Einheiten hingebracht und „durch den Wolf gedreht".

Ihnen wird wiederholt die Erinnerung geraubt und die geistigen Einpflanzungen werden aufgefrischt. Deshalb wirkt: „Andere ins Unrecht setzen!", bei den allermeisten Menschen auch weiterhin.

Auch für den endgültigen Untergang von Atlantis habe ich Freunde gefunden, die mir dazu Näheres mitteilen konnten.

Die atlantische Kultur war zwar schlagartig untergegangen, doch es gab immer wieder Bestrebungen das alte Wissen wieder aufleben zu lassen.

Die verbliebenen Wissenschaftler waren jedoch mit ihrem Halbwissen wenig vertrauenerweckend. Sie arbeiteten an der Bevölkerung vorbei und erschufen großteils nur Werke, von denen kein Atlanter jemals profitieren sollte.

Geheimgesellschaften hatten sich gebildet, die alchemistische Pläne verfolgten. Die Welt der Atlanter war in ständiger Gefahr zu explodieren oder vergiftet zu werden.

Gegen diese Magier der Wissenschaft hatten sich Bünde zusammengeschlossen, die offen und verdeckt aufbegehrten. Einer meiner Freunde war Mitglied in einem solchen Bund:

Sie standen gegen die Machenschaften, die nach ihrer Ansicht den Untergang von Atlantis bedeuten konnten. Wie Recht sollten er und seine Mitverschwörer behalten! Er kam nämlich gerade dazu, als ein Mann in hellem Gewand und seine Frau eine Apparatur in Gang setzten, die gerade eben unkontrolliert zu vibrieren begann.

Das Gerät versetzte das Gebäude und die nähere Umgebung in heftige Schwingung. Alles rundum stürzte ein.

Die Maschinerie hielt jedoch stand und produzierte weiterhin Schockwellen, die sich ausbreiteten.

Der Mann und die Frau waren unter den Trümmern ihres Labors begraben und längst tot, als das Unheil ganz Atlantis erfasste. Auch mein Freund überlebte diesen erneuten Zusammenbruch nicht.

An anderer Stelle ging ein weiterer Freund seiner täglichen Arbeit nach. Auch er erlebte die Erschütterungen der verbliebenen Inseln des restlichen Kontinent.

Doch Erdbeben waren für Atlantis keine Seltenheit. So machte er sich vorerst keine allzu beunruhigenden Gedanken. Doch plötzlich geschah das Unfassbare, er schilderte:

„Mir war, als wäre ich mit meiner gesamten Umgebung in einen gigantischen Aufzug geraten. Es gab aber nur eine Richtung. Abwärts! Auf einmal war rundum nur noch Wasser. Meine Kumpel und das ganze Volk schwebten urplötzlich in der Dunkelheit des tiefen Wassers. Mir wurde der Boden unter den Füßen weggezogen.

Dieser Boden verschwand in den Tiefen des Ozean. Während des Ertrinkens habe ich mich als TAO-Seele mit einem riesigen Satz aus dem Wasser katapultiert. Weit im Westen von Atlantis aus bin ich gelandet. Meine neue Heimat war von nun an auf dem Festland im Westen, bei den Indianern.“

Ihr könnt sicher ahnen, was geschehen war. Der Inselkontinent Atlantis war endgültig untergegangen, mein Freund hatte mit Macht seinen Körper verlassen.

Die Seelen-Einheit konnte dem Fallensystem entkommen, indem er blitzschnell zu einer Reinkarnation bei den Indianern des Festlandes sprang. Dies geschah ohne irgendeine Vorbereitung.

Er agierte einfach aus dem Willen zum Weiterleben heraus. Dabei war es ihm vermutlich sogar völlig egal, wo er landen würde.

Wie schon angedeutet erlag alles dem System der Fallen, auch die Götterfamilien der Mittelmeerländer, jene von Germanien, und die von Indien und alles was damals irdisch war. Die Übernahme von bio-energetischen Körpern mit deren Todesereignissen wurde zu ihrem Verhängnis.

All die Göttinnen und Götter sind in ihrem geistigen Dasein viel, viel näher an der Gegenwart, als in den Sagen und Mythen dargestellt. Ihr Dasein unter den menschlichen Völkern der frühen Antike war durchaus real. Auch sind es keineswegs nur Außerirdische, die von den Menschen als Götter verehrt wurden. Wobei auch dieses nicht abwegig ist und tatsächlich so vorkam.

In mehreren meiner Spirituellen Rückführungen habe ich auch diese gewaltigen Geistwesen als durchaus wirklich erfahren.

Sie mischten mit Begeisterung mit, wenn sich ihre geführten Heldenfiguren in verrückte Abenteuer stürzten.

Auch waren diese Wesen sehr gern die Schützer und Behüter der ihnen zugeordneten Menschen.

So geschehen bei einer Spirituellen Rückführung mit einer ganz normalen Frau, die in diesem Leben keinerlei Anzeichen von Göttlichkeit ausstrahlte. Im Gegenteil, sie war zutiefst unglücklich, weil sie irgendwie den Eindruck hatte „im falschen Film" herausgekommen zu sein.

Niedergedrückt von ihren Mitmenschen durchlebte sie ein Dasein mit Sehnsüchten nach etwas, was sie nicht beschreiben konnte.

Die Spirituellen Rückführungen brachten ihr wahres Sein zum Vorschein: Sie war die Geistige Wesenheit, die sich eines kleinen Volkes angenommen hatte, das am Meer, an der heute türkischen Westküste siedelte. Sie war die reale Schutzgöttin dieser Menschen.

Auf einem Tafelberg wohnte sie an einer Quelle, in einem kleinen Tempelbezirk. Dort verbrachte sie hunderte oder tausende von Jahren ohne zu altern.

Wenn sie gebraucht wurde, beispielsweise um jemanden mit ihrem Kräuterwissen zu heilen oder um bei einem festlichen Ritual dabei zu sein, begab sie sich in Menschengestalt hinab zu den Bewohnern der Dörfer.

Dies war ein Dasein in Liebe und in Wohlstand, für sie selbst und für ihre zu schützenden Menschen.

Bis eines Tages, zirka vor 12.000 Jahren, ein schreckliches Unglück geschah.

Die ganze Region wurde erschüttert und unter einem Steinregen begraben. Sogar sie, als reines Geistwesen, wurde überwältigt von dem Geschehnis.

Das Unglück brach ohne jede Ankündigung über die Menschen der Erde sowie über all ihre Götter und Göttinnen herein.

Als sie sich aus ihrer, für sie völlig ungewohnten, Schockstarre erholte, brach sie in Tränen aus. Am nahen Strand gab es weder die blühenden Dörfer noch die Menschen an denen ihr energetisch Göttliches Herz hing.

Sie schwebte im Zustand einer TAO-Seele oberhalb einer von Steinen übersäten Landschaft. Dort blühte nichts mehr und auch ihr Tempel lag schon seit langem in Trümmern.

Völlig niedergeschlagen suchte sie nach Trost. Den fand sie bei ihrer göttlichen Familie. Ihre „griechische" Götterfamilie war ebenso erschüttert worden, doch sie waren letztlich guter Dinge, weil sie schon so manche Katastrophe auf der Erde überstanden hatten.

Unsere Spirituellen Rückführungen halfen der Frau. Die Erkenntnis ihrer wahren Größe bereitete große Freude, egal ob sie hier und heute vorübergehend nur ein Mensch war.

Was allerdings die Götter nicht ahnen konnten war, mit diesem Einschlag von sieben Asteroiden wurde auch das Ende aller irdischer Götterschaften eingeläutet.

Von diesem Zeitpunkt an wurden all die freien TAO-Seelen, ob nun menschlich oder göttlich, mit technischer Perfektion eingefangen, regelrecht eingesaugt, und ihrer Geistigen Größe beraubt. Es half vorerst nur die Macht der Gegenwehr und ihr Listenreichtum.

Deshalb sollte es noch ein paar Jahrhunderte dauern, bis alle alten Götter nur noch Mythos und Legende waren.

Speziell mit ihrer Annäherung an das menschliche Dasein und dessen Lebensgefühl sowie der damit zusammenhängenden emotionalen und der körperlichen Verletzlichkeit wurden sie zur vorbestimmten Beute für das bestehende System der technischen Fallen.

Sobald sie per Körper starben und wieder frei sein wollten, erlagen sie dennoch unweigerlich den Verlockungen der Fallen. Bei jeder darauf folgenden, nächsten und übernächsten Inkarnation wussten sie nichts mehr, weder von früheren Leben noch von ihrer Göttlichkeit.

Von jetzt an wurden sie als ganz normale Menschen wiedergeboren. Es begann auch für die ehemals gigantischen Götter, das Zeitalter des Gefängnisplaneten Erde.

„Siehe! Da weinen die Götter, es weinen die Göttinnen alle, dass das Schöne vergeht, dass das Vollkommene stirbt."

Friedrich Schiller

Offenbar hat der Dichter bei der Entstehung seines Werkes wahrgenommen, was damals dem Planeten und seinen Bewohnern widerfahren ist.

Ist die folgende Weisheit tatsächlich ein Weg, um dem uns umgebenden Fallensystem ein Schnippchen zu schlagen? Haben auf diese Art und Weise einige TAO-Seelen den Weg hinaus gefunden?

„Die feinste aller Listen besteht darin, sich geschickt so zu stellen, als ob man in die Falle ginge, die einem gelegt wird: Denn niemand wird so leicht getäuscht, als wer einen anderen zu täuschen glaubt."

François de La Rochefoucauld, 1613-1680

Seelen-Einheiten

Die hinterhältigen Seelen-Sauger der genannten Fallen können uns nur überlisten, weil Seele und Verstand, im Verbund mit dem Körper, eine Einheit bilden.

Uns allein, der TAO-Seele, könnte das System weitaus weniger anhaben. Wir wären in der Lage, all diese Verlockungen zu hinterfragen und sie damit zu durchschauen.

Lediglich die Verbindungen mit dem Verstand und zudem mit dem Körper macht uns vorübergehend verletzlich. Was aber schon ausreicht, um uns insgesamt dem kleinmachenden Mühlenwerk in der Venus-Station auszusetzen. Wir erinnern uns: So wurden auch die Mitglieder der Götterfamilien angreifbar.

Wir selbst, die Seele die wir sind, nicht haben, sind, im Gegensatz zu so manchen anderen Anschauungen, weder verletzbar noch kann man uns zerteilen oder gar umbringen.

Sicher erscheint es Priestern, Psychologen, Schamanen, Medizinmännern oder heilkundigen Frauen oftmals so, als müssten sie der Seele etwas Gutes tun, um einer Person zu helfen.

In Wahrheit würdigen sie auf diese Art und Weise das Geistige Wesen herab. Sie lenken die Aufmerksamkeit auf eine völlig falsche Fährte, in eine Richtung dessen Weg von Irrlichtern gesäumt ist.

Dummerweise folgen wir tatsächlich diesen Wegweisungen, weil speziell unser Verstand sich übertölpeln lässt.

Würden wir wieder bei vollem Bewusstsein, wir Selbst sein, hätten wir kein Problem mit solchen Irrungen und Wirrungen. Doch unser Manko ist unsere Gutgläubigkeit. Daraus haben sich schon vor Millionen von Jahren unsere Probleme abgeleitet. Nur dadurch konnte man uns versklaven, uns zur Energieerzeugung nutzen.

Aus Gutgläubigkeit überlassen wir auch so manche Aufgabe unserem Verstand, dem energetischen Konstrukt. Wir haben ihn als Begleiter des Lebens vor langer, langer Zeit erschaffen.

Damals wollten wir zwar die Entwicklung des Lebens nicht aus den „Augen" verlieren, uns aber nicht ständig damit beschäftigen.

Diesen Verstand, haben wir uns also als befreiendes Hilfsmittel geschaffen, um uns, als reine TAO-Wesen, nicht andauernd mit den anfangs allzu faszinierenden und später oftmals lästig gewordenen Lebensformen beschäftigten zu müssen.

Auf diese Art und Weise hat dieses hervorragende Instrument ziemlich schnell die Führung über die Lebenseinheiten übernommen und sich entsprechend verantwortlich gezeigt.

Die analytische Begabung des Verstandes zeigte sich als sehr überlebensfreundlich. Dem Verstand gelang es, dadurch so manches Leben zu retten. So erhebt er sich, als selbstständig denkende und handelnde Einheit, über seine gerade nicht anwesende TAO-Seele hinaus.

Sein Selbstwert äußert sich vor allem darin, dass wir dieses Instrument mit ähnlichen Fähigkeiten ausgestattet haben, wie jene, über die wir selbst verfügen.

Wir haben den Lebenseinheiten diesen ihnen eigenen Begleiter wiederum gutgläubig beigefügt und mussten mit der Zeit feststellen, je weiter sich das Leben zu Zellstaaten entwickelte, umso individualisierter, ego-betonter wurde dabei auch der Verstand.

Heute, auf Planet Erde und anderswo, werden die meisten Menschen und Menschenähnlichen von diesem Konstrukt majorisiert. TAO, die Person Selbst, ordnet sich bereitwillig dazu, überlässt aber dem tollen, analytisch ausgezeichnet funktionierenden Verstand die Kontrolle über das Leben.

Dies vor allem auch, weil um das Denken per Verstand, fälschlich als Denken per Gehirn angesehen, ein ziemlich übertriebener Kult betrieben wird.

„Ich denke also bin ich!", hat der Philosoph René Descartes im Jahr 1637 angenommen.

Aus dieser Überlegung heraus hat sich im Laufe der Zeiten das gesamte Weltbild der menschlichen Denkstrukturen verfestigt.

Dadurch ist vorrangig die anscheinend hochwertige Denkfähigkeit ein Kriterium für das überlegene Menschsein, hauptsächlich im modernen Umgang miteinander.

Solche reichlich schrägen Wahrnehmungen untereinander sowie im Gegeneinander führen zu Be- und Abwertungen der jeweiligen Mitmenschen.

Aus diesen Be- und Abwertungen heraus und wegen der bereits erwähnten suggestiven Einpflanzungen, können bürokratische und diktatorische Regierungen ihre hierarchische, oft willkürliche Macht dominant ausüben.

Gegen die Einpflanzungen kann der Verstand nichts ausrichten, er ist ihnen gegenüber hilflos, weil sie nämlich aus dem Nicht-Bewussten heraus auf ihn einwirken. So weiß er oft und oft nicht einmal von deren Wirkungsweise. Sein analytisches, der Logik verschworenes Denkvermögen läuft ins Leere.

Erst, wenn er Wissen dazu bekommt sowie Bewusstsein darüber zu entwickeln vermag, beginnt er auch entsprechend nachzusinnen. Dann kann er immerhin sein eigenes Verhalten analysieren, vorausgesetzt ihm liegt etwas daran, wie er mit seinen Mitmenschen vernünftig leben kann.

Beim Thema „Vernunft" schaltet sich dann die TAO-Seele dazu. Gemeinsam wirken sie den hinterhältigen Einpflanzungen entgegen.

Lasst uns hier noch ein paar mehr Worte verlieren, zum Verstand und seinem „Helferchen", dem Gehirn.

So wird von wissenschaftlicher Seite ebenso wie von der Seite der Esoteriker immer wieder gesagt: Ohne diese offenkundige Einheit von Körper+Geist+Seele kann ein menschliches Wesen nicht existieren. Aus meinem Umgang mit Spirituellen Rückführungen habe ich eindeutig auch andere Funktionsweisen festgestellt.

Speziell nach den jeweiligen Todesereignissen bleibt der Mensch dennoch er selbst; obwohl er sich vom Körper gelöst hat.

In diesem Zusammenhang stelle ich heraus, dass ich mich nicht auf die Erkenntnisse anderer Menschen berufe, sondern nach Möglichkeit aufzeige, was sich bei mir, im eigenen Erfahrungsschatz, angesammelt habe.

Somit nehme ich kaum Bezug auf meine Freunde aus den Wissenschaften. Im Gegenteil, ich muss mich mehr als einmal über deren Wissenspool hinwegsetzen.

Dies beginnt bereits bei meinen Ansichten zum Gehirn. Während vielfach noch immer das menschliche Gehirn als die Krönung aller Hirne angesehen wird, haben einige Wissenschaftler trotz allem schon erkennen müssen, dass auch verschiedene Tierarten unseren Gehirnleistungen nahe kommen.

Dabei denke ich noch nicht einmal an die verschiedenartigen Affenwesen. Schaut euch einfach einmal Vögel wie Rabenkrähen und Papageien an. Auch Delphine und Wale vollbringen Unglaubliches. Geschichten darüber findet ihr zuhauf. Sogar Oktopusse sind intelligenter als man bislang annahm.

Über die kognitive oder geistige Intelligenz hinaus, die althergebracht dem menschlichen Gehirn zugeschrieben wird, finden wir noch etliche Formen der Intelligenz mehr, die wir nicht nur unseren Mitmenschen zuschreiben sollten.

Beispielsweise verfügen Haustiere zweifelsfrei über ein besonders hohes Maß an sozialer und emotionaler Intelligenz. Bei unseren Hunden rührt dies möglicherweise von ihrer wilden Herkunft her, als sie noch in Rudeln unterwegs waren.

Deren Lebensweise erforderte eine verbindende Zusammengehörigkeit, die schon allein zum Überleben notwendig war.

Auch von der sprachlichen oder kommunikativen Intelligenz im Bereich der Tierwelt wissen wir derzeit nur sehr wenig. Es scheint hier weitaus mehr möglich zu sein, als verschiedene Wissenschaftler wahrhaben wollen.

Experimente mit der Lernfähigkeit bei verschieden Tierarten haben Erstaunliches zu Tage gebracht.

Und was wissen wir schon über die künstlerische oder musische Intelligenz bei Schimpansen, Elefanten oder Delphinen oder ...?

Lasst euch nicht ins Boxhorn jagen, wenn Intelligenz-Quotienten bei Nichtmenschen aufgezeigt werden. Es gibt weitaus mehr Betrachtungsweisen, als gemeinhin angenommen wird. Außerdem wissen wir nie genau, wann und wo eine TAO-Seele am Werk ist.

So hat sich mir beispielsweise unser Hund, ein Husky-Weibchen, mehr als einmal als ehemaliges menschliches Wesen offenbart.

Sie hat sogar versucht mit uns zu sprechen, indem sie die menschliche Sprechweise imitierte, um an unseren Gesprächen teilzunehmen. Wäre ihr Kehlkopf anders strukturiert gewesen, wäre es ihr vermutlich tatsächlich gelungen.

Einmal kam sie gemächlich die Treppe herunter. Sie bewegte sich in der Art und in der geistig wahrnehmbaren Gestalt einer älteren Dame. Dies fiel sogar unserem Besuch auf, der sonst nicht viel mit ihr zu tun hatte.

Er beschrieb die Erscheinung so: Sie trug ein langes, schwarzes Kleid, bewegte sich vorsichtig und schien neugierig darauf zu sein, wer denn anwesend war.

Dieser „Spuk" war sogleich vorüber, nachdem ich, meine Frau und mein Freund die Erscheinung realisiert hatten.

Wie schon dargelegt, zeigte sich bei Spirituellen Rückführungen die Übernahme von Tieren durch menschliche TAO-Seelen, als ein ziemlich normaler Vorgang.

Das jeweilige Gehirn der Tiere, selbst das eines Grashüpfers, konnte den Seelen-Einheiten ganz unproblematisch folgen.

Auch die Aufzeichnungen durch den mitgeführten Verstand waren klar und deutlich, so dass meine Freundinnen und Freunde während der Spirituellen Rückführungen das Geschehene in allen Einzelheiten wiedergeben konnten.

Meine Beobachtungen, in Bezug auf das Gehirn, bestätigten sich jedes Mal, bei den Sitzungen mit Spirituellen Rückführungen.

Das Gehirn, diese graue Masse im Kopf, ist lediglich und ausschließlich ein Bestandteil der Hardware, ein Bestandteil des materiellen Körpers. Seine Art und Weise zu „Denken" und dies in Handlungen umzusetzen, beschränkt sich auf Automatismen, die vorwiegend auf das Überleben der Körpereinheit gerichtet sind.

Dazu gehören so einfache Maßnahmen wie Essen, Trinken und Sex. Auch das Bedürfnis nach Schlaf sowie den Drang nach Bewegung regelt im Normalfall das Gehirn ganz automatisch.

Dem Überleben dient zudem das vorprogrammierte Verhalten bei Gefahr. Dafür sind drei Verhaltensweisen vorgegeben: Angriff, Flucht oder Sichtotstellen.

Dieses Verhalten ist besonders in einem Reiz-Reflexions-Reaktions-Mechanismus angelegt, der schon seit ewigen Zeiten allen Lebewesen zum Überleben dient. Der Mechanismus springt manchmal völlig unkontrolliert an.

Auf einen äußeren Reiz springt reflexartig die Reaktion an. Dies geschieht sehr plötzlich und so schnell, dass der analytisch nachdenkende Verstand völlig überfordert ist.

Im Nachhinein fragt man sich dann: „Wieso habe ich nicht überlegter gehandelt?"

Speziell unter dem Einfluss von Alkohol oder von noch stärkeren Drogen werden Emotionen und Handlungsweisen restimuliert, die in der Gegenwart nichts verloren haben.

Urängste mit Fluchtverhalten kommen ebenso wie Abwehrreaktionen schlagartig an die Oberfläche. Ein längst vergangenes, der Gegenwart unangemessenes Geschehnis wird erneut durchlebt. Die vorgegaukelte Gefahrensituation aus weiter Vergangenheit, lässt den Adrenalinspiegel des Körpers hochschnellen.

Der Mensch wird in seiner Gegenwart zu einem unberechenbaren, urtümlichen Wesen.

Unsere Justiz, mit ihren Moral- und Rechtssystemen, ist überall auf diesem Planeten mit rabiater Begeisterung dabei, diese Mechanismen zu verfolgen. Es wird versucht sie auszurotten.

Das gelingt natürlich nicht, solange die niederschwelligen Ursache-Wirkungs-Prinzipien nicht ebenfalls behoben werden.

Dieser Reiz-Reflex-Reaktions-Mechanismus erhält seine Erinnerung aus den Speichermedien des Körpers. Die Erinnerungsfetzen sich hauptsächlich in der DNA sowie in verschiedenen Bestandteilen des Zellstaates und im energetischen Feld angelegt.

Auch körperlich spürbare Gefühlsregungen sowie Emotionen sind Leistungen von Gehirn und Nerven. Deshalb sind das Bauchgefühl ebenso wie Empfindungen in anderen Organen und Körperregionen nicht unbedingt gute Ratgeber.

Wenn es darum geht rationale Entscheidungen zu treffen, sollten wir den Automatismen des Körpers, inklusive dem Gehirn, erst einmal misstrauen. Dafür sind diese Werkzeuge nicht geeignet.

Was Gehirn und Körper allerdings sehr gut können, ist die Aktivierung von Selbstheilungskräften. Darin sind sie ein seit Urzeiten eingespieltes Team. Auch beim Herausfinden von wirksamen Heilmitteln aus der Natur könnten wir dem Körpersystem eigentlich voll und ganz vertrauen - vorausgesetzt die moderne Medizin mit ihrer verfälschenden Chemie pfuscht dabei nicht hinein.

Die Wahrnehmungsfähigkeit für wirklich überlebensfreundliche Mittel und Maßnahmen wurde uns leider abtrainiert. Wir müssen uns dies erst wieder erarbeiten, indem wir unser Wissen darüber stärken. Die Anwendung von Wissen ist dem Körpersystem allerdings fremd. Auch das Gehirn hat dafür keinerlei „Verständnis".

Ab und an ist es sogar sinnvoll den allzu analytischen Verstand außer Gefecht zu setzen, zu paralysieren, um die körperliche Selbstheilung in Gang zu setzen.

Deshalb nutzen die Schamanen und beispielsweise Heilkundige in der TCM (traditionellen chinesischen Medizin) entsprechende Drogen zur Ausschaltung des Denkvermögens, was wiederum der Heilung dienlich ist. Die Prozesse blocken das analytische Denkvermögen und rufen über Trance und Drogen eine andersartige Wirkungsweise hervor.

Zur Verwunderung etlicher, analytisch geprägter Wissenschaftler der „westlichen Welt" kommen tatsächlich Heilungsprozesse voran. In ihren Augen oder sinnvollerweise hinter deren Rücken geschehen regelrechte „Wunder".

Es ist nämlich nicht von der Hand zu weisen, dass allzu bekrittelndes Denken und abwertende Denkweisen, auch von außerhalb, der Heilung zuwider laufen können.

Denn das energetisch wirksame Feld, um die kranke Person herum, wird mit Zweifeln oder übermäßigen Sorgen vergiften. Solche emotional geladenen Denkvorgänge von eigentlich Außenstehenden können sogar tödlich wirken.

Aus solchen Betrachtungen heraus begeben wir uns auf ein Gebiet, wofür das Gehirn nicht zuletzt zusätzlich noch ausgezeichnet brauchbar ist. Es dient nämlich als sehr spezieller Empfänger für die Einflussnahme durch den Verstand.

Aus den Erfahrungen mit Spirituellen Rückführungen kann ich davon berichten, wie ein Konstrukt, genannt Verstand, auf das Gesamtsystem Gehirn-Nerven plus Muskulatur und Organe einwirkt.

Immer dann, wenn meine Freundinnen und Freunde wegen körperlich einwirkender Problemstellungen zu mir kommen und betreut werden wollen, weise ich erst einmal deutlich darauf hin, dass meine Maßnahme nicht darauf zielt diese Erscheinungen zu beseitigen.

Für Diagnosen und für diesbezügliche Behandlungen sind Ärzte zuständig. Auch Heilpraktiker oder Therapeuten sollten mit einbezogen werden.

Mit Spirituellen Rückführungen gebe ich dem Menschwesen, die Chance zur selbstermächtigten Selbstheilung.

Dass dabei im Nachgang auch so manche, als körperlich angesehene Beschwerden verschwinden, ist nicht vorrangig geplant. Spirituelle Rückführungen dienen in der Hauptsache dem geistig-seelische Wohl meiner Freundinnen und Freunde.

Die TAO-Seele, der Verstand und der Körper entwickeln im Laufe der Sitzungen mentale Selbstheilungskräfte.

Denn obwohl die TAO-Seele, die jeder ist - nicht hat, weder verletzt noch getötet und ebenfalls nicht geteilt werden kann, auch nicht krank ist, stelle ich immer wieder fest, dass sie tatsächlich mit solchen Attributen übereinstimmt.

Und unser Verstand, das energetische Konstrukt, das uns eigentlich unterstützen soll, spielt oftmals sein eigenes Spiel. Denn er ist unter anderem auch dafür geschaffen worden Probleme zu erfinden, um sie anschließend selbstständig wieder zu lösen.

Er manifestiert diese eher spielerisch gedachten aber dennoch real inszenierten Aufgaben in unserem Lebensumfeld. Dadurch erleben wir Abläufe, die uns manchmal nicht gefallen.

Leider bleibt der Verstand ziemlich oft in den Problematiken stecken. Dann braucht er Unterstützung.

Diese Hilfestellung erhält er beispielsweise im Rahmen von Spirituellen Rückführungen. Verrückterweise ergreift das Konstrukt ein mögliches Hilfsangebot erst nach längerer Zeit. In der Zwischenzeit verstrickt sich das Lebewesen, das vom Verstand begleitet wird, immer mehr und immer öfter in Kreisläufe, die ihm ganz und gar nicht gut tun. Alles nur, weil der Verstand permanent egoistisch versucht, sich aus den von ihm selbst initiierten Fangstricken zu befreien.

Ein weiteres Erschwernis wirft sich auf, wenn der analytische Verstand sein Vertrauen verliert.

Die helfenden Hände seiner Retter sieht er dann als bedrohlich an. Denn es gibt Mitspieler im „Großen Spiel" sowie im „Spiel des Lebens", deren Hilfsaktionen keineswegs wohlgesonnen sind.

Dadurch entpuppt sich so manches Hilfsangebot als eine weitere Falle mit ungewissem Ausgang.

Dem Verstand erscheinen jegliche Helfer als feindlich, wenn sich entsprechende Ereignisse zu oft wiederholen. Um Menschen auch noch aus diesem Zustand befreien zu können, müssen von den wahren Helfern andere Kaliber aufgefahren werden.

Was unternehmen Rettungsschwimmern, wenn sie von den Ertrinkenden nach unten gezogen werden?

Entweder sie lösen sich von der Person und überlassen sie ihrem Schicksal oder sie werden mitgezogen und ertrinken auch oder aber sie schlagen den zu Rettenden bewusstlos, damit die Rettungsaktion störungsfrei gelingen kann.

Nun, ich habe beim Angebot von Spirituellen Rückführungen weder die Absicht mit meinen Freundinnen und Freunden gemeinsam abzusaufen noch jemanden bewusstlos zu schlagen.

Also bleibt mir nur die Wahl, diese Menschen ihrem Schicksal zu überlassen!?

Selbstverständlich: Nein! Zum Glück muss ich nicht so plötzliche Entscheidungen treffen wie ein Rettungsschwimmer.

Mir gelingt ziemlich oft die Überzeugungsarbeit per Kommunikation. Schließlich weiß ich, mit wem oder was ich es bei solchen Dialogen zu tun habe.

Der angebotenen Hilfe stellt sich nämlich ausschließlich der Verstand eines Menschen quer.

In seinen dunklen Verliesen sind die Informationen gespeichert, die mich als Helfer ablehnen. So muss ich in erster Linie den logisch denkenden Verstand mit schlüssigen Argumenten überzeugen.

Hört mir der Mensch erst einmal zu und blockt nicht mit aller Gewalt, so habe ich bereits den Zugang zur Person Selbst, zur TAO-Seele, gefunden.

Von nun an spreche ich mit meiner Freundin oder mit meinem Freund im freundschaftlichen Verhältnis Geistiger Wesen. Den Wesenheiten lasse ich gerne auch Zeit zum Nachdenken.

Das Überlegen ihres energetischen Konstruktes, des Verstandes, braucht etwa drei Tage Zeit, um meinen Argumenten zu folgen.

Nach dieser Zeit, so habe ich mehrmals beobachtet, versuchen sie doch tatsächlich im Gegenzug mich zu überzeugen, dass eine Spirituelle Rückführung das einzig Wahre für eine gegenwärtige Hilfe sein könnte.

Der Verstand zeigt sich hier als Instrument, das sich leicht selbst manipuliert, mit enorm viel Ich-Bezogenheit. Er will einfach von sich aus entscheiden, was geschehen soll.

Mir soll es recht sein, denn mein Bestreben geht sowieso dahin, dem Verstand mehr eigenen Spielraum zu verschaffen.

Denn ich stelle immer wieder fest, mit wieviel geistig mentalem „Schrott" so ein Verstand beladen ist. Er merkt es auch selbst, denn sonst käme der Mensch nicht, um endlich geholfen zu bekommen.

Das im Eigentlichen analytisch denkende und planvoll vorgehende Konstrukt ist sowohl mit Glaubenssätzen als auch mit geistigen Einpflanzungen derart belastet, dass ihm nur wenig Freiraum bleibt. Diese mentalen Kräfte wirken suggestiv auf das Denkvermögen ein. Dadurch spielt unser Helfer ab und zu regelrecht verrückt.

Über die hinterrücks wirkenden Restimulationen des Reiz-Reflex-Reaktions-Mechanismus hinaus, haben wir nun auch einen Verstand vor uns, der aus dem logisch arbeitenden Ruder läuft.

Dennoch, zumindest er versucht wieder ins Lot zu kommen. So geschieht es, dass er allerlei untaugliche Versuche unternimmt, über Rechtfertigungen dem „Spiel des Lebens" wieder einen Sinn zu verleihen.

Das ist der Hauptgrund, weswegen Freundinnen und Freunde mit ganz anderen Beschreibungen ihrer Problematik zu mir kommen, als sich schließlich im Verlaufe der Spirituellen Rückführungen emotional spürbar und bildhaft zeigt.

Dazu kommt mir das Beispiel einer Frau in den Sinn, die den Eindruck hatte auf ihrem spirituellen Weg festzustecken.

Es war wirklich sehr schwierig von ihr brauchbare Eindrücke zu bekommen. Sie steckte tatsächlich in völliger Dunkelheit fest.

Erst in der dritten Sitzung Spiritueller Rückführungen konnte ich sie über emotionale Wahrnehmungen ein Stück weit dazu bringen, mir ansatzweise eine sichtbare Umgebung zu erklären. Sie blickte durch ein Steintor nach Osten. Etwas später konnte sie mir eine große Ebene beschreiben, mit hohen Bergen im Hintergrund.

Die ganze Geschichte öffnete sich nach mehreren Sitzungen: Sie sah zu ihren Füßen Menschen des Ostens, die ihr opferten und sie darum baten ihre Wünsche zu erfüllen.

Völlig irritiert stellte sie fest, dass ihr Körper der einer riesigen Buddha-Statue war. Darin steckte sie als Geistiges Wesen fest. Nun wusste sie schon einmal, warum sie sich in der Gegenwart so unbeweglich fühlte.

Doch wie war sie da hinein gekommen? Was hatte diesen Zustand verursacht? Wie konnte sie sich daraus befreien?

Dazu mussten wir an den Anfang dieses Geschehens vordringen: Als Mönch führte sie/er ein Kloster. In dieser Zeit war er der am weitesten entwickelte Meister. Seine Fähigkeiten überstiegen bei weitem die der anderen.

Deshalb beschlossen seine Mitmönche, ihn über die Zeiten hinweg nutzbringend zu erhalten. So brachten sie ihn, gegen seinen Willen, mit einem Gift in einen dem Tode ähnlichen Zustand. Dann trugen sie seinen Körper in eine besondere Grotte. Dort legten sie ihn auf einen steinernen Altar.

Zwölf Mönche stellten sich rundum auf. Sie begannen eine tagelang andauernde Beschwörung.

Als er/sie sich vom Körper lösen wollte, um zu versterben, hielten sie einen klaren Kristall bereit. Da hinein flüchtete er sich und war nun darin gefangen. Noch ein paar Beschwörungen von der Gruppe und das Gefängnis war perfekt. Diesen Kristall, nunmehr mit ihm als Bewohner, fügten die Mönche in den Kopf der besagten Statue.

Bald sprach sich die Wundertätigkeit dieser Skulptur weit herum. Die Pilgerströme der gläubigen Hilfe-Suchenden rissen nicht mehr ab. Der hinterlistige Plan der Mönche war aufgegangen.

Doch was sollte meine Freundin in der Gegenwart unternehmen, um sich von diesen Machenschaften zu befreien?

Gemeinsam entwickelten wir einen Plan. Ich führte sie, ausgestattet mit dem neuen Wissen, abermals zu dem Buddha. Jetzt gelangte sie an alle Bildeindrücke die nötig wurden, um ihre wahre geistige Größe wieder herzustellen.

Sie löste sich bewusst aus der Statue. Als sie alles von außen sah schwang sie sich auf und flog regelrecht über die Landschaft der fernöstlichen Umgebung. Sie genoss die Freiheit und ließ alles hinter sich, was nicht zur Gegenwart gehörte. All die vergangenen Eindrücke sortierte sie so, dass diese in der Vergangenheit blieben und dadurch keinen Einfluss auf die Gegenwart mehr hatten.

Die Problematik besteht darin, dass wir Selbst, die TAO-Seele, entweder nichts gegen die Arbeitsweise des Verstandes tun wollen oder es nicht können, weil wir zusehr in Übereinstimmung mit der Denk- und Handlungsweise des Verstandes gehen.

Zudem berücksichtigen wir auch nicht den Einfluss des Reiz-Reflex-Reaktions-Mechanismus. Dieser körperlich wirksame Automatismus ist so uralt, dass er uns als völlig normal erscheint.

Wir gehen auch mit ihm in eine ähnliche Übereinstimmung und lassen ihn gewähren, weil er schon gute Dienste geleistet hat.

Manchmal sind wir TAO-Seelen einfach immer wieder viel zu vertrauensselig. Und dies, obwohl wir doch genau wissen müssten was richtig und was falsch ist.

Mir drängt sich dazu gerade unvermittelt eine ganz andere Art der Betrachtung, ein total neuer Blickwinkel auf:
Wir, die TAO-Seelen und die Höheren Selbst, denken einfach in sehr viel größeren Zusammenhängen, als der allzu schmalspurig denkende Verstand!

Als große Geistige Wesen stehen wir TAO-Seelen der menschlichen sowie der menschenähnlichen Lebewesen mit unseren eigenen Höheren Selbst in ständiger Verbindung.

Es sind in aufsteigender Folge viele, viele Aspekte der Höheren Selbst die im „obersten Bereich" direkt mit dem Göttlichen TAO in Verbindung stehen.

In diesem spirituellen Dasein, man könnte auch Bezeichnungen wie Anderswelt oder andere Dimension oder Parallelwelt dazu gebrauchen, überblicken wir die Lebensabschnitte von Lebewesen mit ganz anderer Wahrnehmung.

Deshalb lassen wir geschehen, was als brutal und unmenschlich angesehen werden kann, aus der Sicht der menschlich zu nennenden Begriffsdefinitionen.

Woher wollen wir Menschwesen mit unseren zu kurzen Maßstäben wissen, wozu so manches Ungemach nicht doch gut sein kann.

Ich merke gerade, meine menschliche Anschauung geht in den erweiterten Rahmen geistig-seelischer Wahrnehmung über. TAO erlaubt mir Einblick in ein größeres Ganzes. Hierzu kann ich euch sogleich ein Beispiel aus einer Spirituellen Rückführung geben:

Zu mir kam ein junger Mann, der das Gefühl hatte, sein Vorgesetzter würde ihn nicht für voll nehmen und ihn nur die unangenehmen Dienste verrichten lassen. Er wollte dringend wissen, was wohl der Grund für soviel Missachtung seiner Fähigkeiten sein könnte.

110

Beim Einstieg in die Maßnahme schüttelte ihn Angst und Panik heftig durch. Er verkroch sich regelrecht in seinen Sessel.

Er bat mich sogar, die gerade begonnene Sitzung vorerst abzubrechen. Doch ich wusste, in diesem Zustand konnte ich niemanden allein lassen. So unterbrach ich kurz, besprach mit ihm die Situation und holte mir seine Übereinstimmung zur Fortsetzung.

Ihm war nun eher bewusst, warum ihn die Panikzustände beutelten und, dass er durch diese schreckliche Erfahrung hindurch musste, um zur Ursache seiner Problematik zu gelangen.

Erst berichtete er mir seine Verhältnisse aus der unmittelbaren Gegenwart. Er schilderte mir seine Emotionen, als ihm wieder ein Arbeitsauftrag erteilt wurde, wie er sie langsam zu hassen begann.

Doch nach gut einer Stunde wurde es dunkel um ihn. Hatte er mir jetzt nichts mehr zu sagen? Aber nein! Als körperloses Geistiges Wesen schwebte er einfach im dunklen Weltall.

In ihm kam die Angst wieder hoch, er könne nicht mehr zurück kommen. Plötzlich hatte er Kontakt zu seinem Höheren Selbst. Von diesem Überwesen wurde er beruhigt. Nun öffnete sich eine Sicht, wie weder er noch ich sie jemals zuvor wahrnehmen konnten.

Er reiste körperlos in der Zeit. Sein Raumempfinden vergrößerte sich enorm. Jetzt war er sowohl sein Höheres Selbst als auch seine irdische TAO-Seele.

Über ihm schwebte ein weiteres Höheres Selbst und darüber noch eines und so weiter. Die Worte die ich hier gebrauche, können dem großartigen Moment überhaupt nicht gerecht werden.

Plötzlich wechselte die Bildfolge phantastisch. Nun war er selbst ein Puppenspieler mit einer Marionette, die eine weitere Marionette führte, die eine weitere Marionette führte – und so fort.

Ihm wurde seine eigene Rolle in diesem Puppentheater immer klarer. Mit diesem Bewusstsein endete die Spirituelle Rückführung.

Auch seine Haltung zu seinem Arbeitgeber änderte sich abrupt. Mit dieser Erkenntnis im Hintergrund fühlte sich seine gesamte Arbeitssituation ganz anders an. Er wusste, er war nie allein.

Ebenso war sein Chef nur eine Marionette von vielen. Irgendwie konnte er all seinen Mitwesen jetzt mit völlig neuartiger Betrachtung begegnen. Die großartige Welt der vielen Höheren Selbst ließ ihn nicht mehr los. Von nun an war er ein ganz anderer Mensch, wenn man überhaupt noch von einem Menschsein ausgehen konnte.

Zu meinem großen Glück, durfte auch ich an dieser gigantischen Erkenntnisfindung teilhaben. Von jenem Zeitpunkt an suchte ich nach weiteren Hinweisen, die daran anknüpfen konnten. Ich suchte und fand, in eigenen Erlebnissen meiner Vergangenheit.

Spirituelles Erleben brachte mich in Verbindung mit Wesenheiten anderer Art, die eindeutig ich selbst waren: So beobachtete ich den Kampf der Germanischen Götter mit den titanischen Kräften der Erde. Von außerhalb des Planeten bündelten sie ihre geistigen Kräfte und machten den aufmüpfigen, irdischen Titanen den Garaus.

Ähnlich wie die Götter der Griechen unterwarfen sie, sichtbar in meiner Wahrnehmung, urtümliche Wesenheiten, die von „Mutter Erde" gezeugt worden waren. Ich weiß nicht, weshalb dieses Kampfgeschehen für das Göttergeschlecht der Asen von Bedeutung war.

Vielleicht ging es einfach um die Übernahme der Macht über die Erde. Mir gelang es lediglich dabei zuzusehen, als nur bedingt Beteiligter. Ich beobachtete wie ein irdischer Lindwurm mit weiblichem Oberkörper in Grund und Boden gestampft wurde.

Dabei handelte es sich um eine Art riesige, weibliche Schlange, mit dem Namen Tara, die es gewagt hatte gegen meinen Vater Odin oder Wotan und seine Gefährten aufzubegehren.

Mein Name war zu jener Zeit Baldur. Ich verabscheute die brutale Gewalt, mit der dieses Schlangenwesen tief in den Schoß ihrer Mutter Erde gestoßen wurde.

Doch mir blieb nichts anderes übrig, als zu akzeptieren, was die männlichen Vertreter meiner Götterfamilie anrichteten.

Heute weiß ich, solche Tara-Schlangen gibt es noch immer im Untergrund, mehr oder weniger in der Tiefe. Sie schlafen meistens tief und fest. Doch ab und zu bewegen sie sich ziemlich heftig. Dann wird die Erde rundum erschüttert.

Natürlich weiß ich auch, dass nicht alle Erdbeben auf solche Tara zurückzuführen sind.

Doch Mythen und Sagen beziehen sich recht oft und weltumspannend auf Drachenartige, die in Höhlen leben und von Helden aufgestöbert werden.

Natürlich klingt auch diese Geschichte, wie so manche andere, reichlich fantastisch. Mir muss auch niemand glauben oder meinen allzu verrückt erscheinenden Vorstellungen folgen.

Erst eigene Spirituelle Rückführungen ermöglichen den Zugang zu solchen oder ähnlichen Vorstellungswelten.

Mir ist jedenfalls klar geworden, dieser Baldur ist einer von vielen Höheren Selbst, die mich sowohl begleiten als auch über mich wachen und mir zusätzliche Kraft verleihen, sobald ich sie benötige.

Die Erscheinungen von Schutzengeln entsprechen den helfenden Schutzgöttern.

Solche Engelswesen gibt es nicht nur wirklich, sondern sie bestimmen auch einen nicht unwesentlichen Teil des Ablaufes in unseren vielen Leben.

Den überwiegenden Teil des gegenwärtigen Lebens gestalten wir vereinzelten, individualisierten Menschwesen anscheinend selbstständig. Das hoffen wir zumindest glauben zu dürfen.

Sobald wir uns auf diese Denkweise einlassen, gelangen wir, ohne viel Anstrengung, mit diesen Geistigen Wesen in Kontakt.

Dabei müssen die großen Geistwesen nicht unbedingt unseren Höheren Selbst angehören. Auch andere hilfreiche Geister warten nur darauf, dass wir sie bequem konfrontieren, ihnen in Ruhe gegenüberstehen.

Wieder andere sind uns allerdings weniger wohlgesonnen. So gilt es, herauszufinden: Wer oder was wirkt durch uns oder mit uns auf das Geschehen ein?

Die entscheidende Fragestellung sollte lauten, noch bevor wir etwas bewirken wollen:
Dient das, was ich plane in Gang zu setzen, der größten Zahl der Geistigen Ebenen oder kann daraus auch Schaden entstehen?

Um dies korrekt beantwortet zu bekommen, muss jemand natürlich wissen, was mit den „Geistigen Ebenen" gemeint ist. Deshalb will ich im Folgenden diesen Komplex umreißen.

Geistige Ebenen

Acht Ebenen

Ihr meine Freundin, mein Freund, werdet noch einmal davon lesen, wie wir uns in das „Große Spiel" eingebunden haben. Vieles wird euch bekannt vorkommen. Doch so manches kann man nicht oft genug, von immer neuen Gesichtspunkten aus und mit anderen Sichtweisen betrachten. Lasst euch also auf jegliche unterschiedliche Blickrichtung ein.

Diese Acht Ebenen im „Großen Spiel" haben sich meinen Freundinnen und Freunden und mir, schon zu Zeiten vor und schließlich auch im Planeten-System von Atalant immer wieder erschlossen, bei sehr vielen Spirituellen Rückführungen. Diese Ebenen entsprechen uns allen miteinander, durch und durch, in tiefgreifender Dynamik.

Wir, die übergeordneten TAO-Selbst, fühlen uns besonders in den „oberen" beiden Bereichen vollständig und damit heil oder heilig, nämlich als:

Göttliches TAO sowie Geistiges TAO

Wir sind jedoch, im Verlaufe der Spielentwicklung, dem selbst gestalteten Vergessen anheim gefallen. Wir haben uns das Vergessen auferlegt, dass wir die Schöpfer von Allem und von jeglichem Sein in diesem Universum sind.

Wir müssen uns unbedingt wieder klar darüber sein: Ohne ständig die volle Verantwortung für all die Spielebenen des Sein zu übernehmen, bleiben wir unvollständig.

Die im Folgenden beschriebenen Ebenen haben wir im Laufe von Äonen geschaffen, zuerst als kosmische geistige und dann als physisch universale Spielfelder. Wobei die Ebenen des Göttlichen TAO und die des Geistigen TAO selbstverständlich außen vor bleiben.

Wir haben von Grund auf, ein wahrhaft universales Spielgeschehen entwickelt und dieses immer interessanter gestaltet.

Bei der Erkenntnishöhe in Bezug auf diese Ebenen, geht es keineswegs darum, uns von den unteren Ebenen zu lösen.

Vielmehr sollen wir dieses einmal geschaffene „Große Spiel" in seiner Wahrheit und Ganzheit erneut begreifen, lernen es als solches zu akzeptieren.

Wir müssen für alle Spielelemente und Spielsituationen uneingeschränkt Verantwortung übernehmen, ohne das Spiel insgesamt allzu ernst zu nehmen. Also ohne die Freude und den Spaß daran zu verlieren. Denn je mehr übertriebene, geradezu schwerwiegende Ernsthaftigkeit wir dem spielerischen oder verspielten Geschehen in vielfältig gestalteten Spielfeldern beimessen, umso unbeweglicher, erstarrter, irgendwie versteinert werden wir letztlich sein.

Diese Versteinerung entspricht uns, TAO, den Geistigen Wesen, absolut nicht. Vielmehr sind wir alle, von unserem Göttlichen Ursprung her, leuchtende, lichte, bewegliche Wesen mit ausgeprägt spielfreudiger Leichtigkeit.

Wir uralten Geistwesen, die wir über unser einfaches Menschsein hinaus sind, definieren uns über acht Ebenen hinweg.

Diese „Ebenen der Geister" erstrecken sich in der Wahrnehmung von jedem Individuum aus, sowohl als menschliches oder auch als nichtmenschliches Ego, sowie über alle Verbindungen, die Ebenen umspannend, bis hin zum Göttlichen TAO.

Das „Große Spiel", vorrangig das kosmische und im Nachzug das universale sowie später das „Spiel des Lebens", stützt sich seit Anbeginn auf TAO-Wesenheiten, die bereit und in der Lage sind Verantwortungsbewusstsein zu entwickeln, über alle acht bedeutenden Spielebenen hinweg.

Die wahre Größe von Geistigen Wesen beweist sich im ethischen Spielverhalten und zugleich an der Spielfreude auf möglichst allen acht Ebenen.

Spiel-Ebene 8:
Göttliches TAO

Unser aller Ursprung ist beim oder im Göttlichen Sein. TAO das Göttliche ist kein Bestandteil des von uns geschaffenen Spielfeldes, des physischen Universum.

Das **Göttliche TAO** durchdringt dennoch bis ins kleinste alles das von Ihm/Ihr/Es in Szene gesetzt ist. In Liebe, Licht und Energetik durchdringt das Göttliche alle nur möglichen Universen im All (das auch die vielen anderen Universen umfasst). Diese Durchdringung überträgt sich auch auf jegliche kosmische Geistigkeit.

Deshalb können selbst wir, tief im Ego verhafteten Wesenheiten, von uns mit Fug und Recht behaupten mit dem Göttlichen TAO allzeit untrennbar verbunden zu sein. So sind wir TAO-Seele, in der menschlichen Betrachtung der Göttliche Funke im MenschSein, die vom Göttlichen Sein ausgesandten Wesen.
In enger Verbundenheit mit dem als „vereinigt" wahrnehmbaren Göttlichen TAO, mit der Quelle oder dem Ursprung, erleben wir kein dramatisches „Spiel", so wie wir es zur Zeit kennen.
Im Göttlichen Sein sind wir völlig losgelöst von jeglicher materiellen oder auch immateriellen Befangenheit. Wir sind an keinerlei Dimension gebunden.

Unser Sein-Zustand auf dieser Ebene, die man nicht einmal als solche bezeichnen sollte, ist "die höchste Liebe" in absoluter Reinheit der lichten Energetik und übermächtiger Kraft.
Wir erstrahlen in der wundervollen „Gemeinschaft der Vielen", als ebenso Göttliches TAO-Wesen im energetisch hochwertigen Lichte der klarsten Energetik.
Mehr kann und will ich dazu nicht mehr aufschreiben, denn bei dem Göttlichen TAO versagen sämtliche Begriffe.
Alle Worte, wie wir sie gegenwärtig verwenden, haben keinen bedeutsamen Wert, weder dort noch hier oder überhaupt.
Die verwendeten Worthülsen aus dem Sprachgebrauch unseres physischen Universum sind einfach viel, viel zu unvollkommen, wesentlich zu schwach, um der Wirklichkeit gerecht zu werden.

Spiel-Ebene 7:
Geistige Wesenheiten

TAO das Geistige tritt im „Auftrag" von TAO dem Göttlichen dazu an, ganz am ursprünglichen, undefinierbaren Anfang, das „Große Spiel" zu starten. Vorerst beginnt nur das kosmisch geistige.

Geistige Wesen, die 13 (12 + 1) Konstrukteure, erdenken sich zuerst einfach mal, völlig verschiedene Spielmöglichkeiten.

Wie Kinder im Sandkasten bauen die Konstrukteure auf, machen alles wieder platt und errichten die Dinge neu, aus immer anderen Blickwinkeln, mit veränderten Anschauungen.

Einige mithelfende Wesen, die ebenfalls in den begonnenen Prozess beordert wurden, kümmern sich, weil es ihnen besonders liegt, um die fortgesetzte Erschaffung von Raum. Andere Wesenheiten kreieren Formen und Farben, in diesen noch jungfräulichen Raum hinein, und ... . Ab der Erschaffung von Raum entwickeln die Konstrukteure die sogenannten Realitäten.

Ihre Gedankenkonstrukte werden erst nach und nach zum Physischen. Zur Schaffung von vielgestaltigen, energetischen Grundlagen, bilden sich die ersten Schwingungsqualitäten aus. Es entsteht ein Gefüge von immer realer werdenden Schwingungsmustern, von Energiegittern und Gebilden. Damit und daraus wird irgendwann einmal, in dem Lauf von Äonen, gestaltbare Materie.

Über Versuch und Irrtum, einem Aufbau und seiner Zerstörung sodann dem erneuten Aufbau, entstehen mit Göttlicher Absicht verschiedene Prototypen von Universen in der Weite des Welten-All.

Der anfängliche Spielverlauf ist nur „Chaos", mit ständiger Erneuerung und Veränderung darin. Aus dieser chaotischen Basis heraus gestalten die Konstrukteure das „Große Spiel". Sie starten es, als noch immer reine Geistige Wesen. Aus diesem Zustand heraus sind sie fähig zu allem und jedem, ob gut oder böse. Wobei weder „Gut" noch „Böse" hier eine Rolle spielen.

Noch sind wir Geistigen Wesen einfach nur wir Selbst, ob als Konstrukteur oder als Helfender.

Auch wenn wir aus heutiger Sicht zerstörerisch gewirkt haben sollten, ist dies einfach nur überdeutlich der Ausdruck der Vielfalt unserer gestalterischen Befähigungen.

Ebenso wenig wie ein Hurrikan oder ein Vulkan aus bösem Willen heraus aktiv werden, können auch wir, auf dieser Ebene, nicht mit menschlichen Maßstäben der Neuzeit gemessen werden.

Es werden allerlei Gesetzmäßigkeiten für die immerfort wechselnden Abläufe angedacht, wieder verworfen und neu konzipiert.

Nach den anfänglichen, für Entscheidungen wichtigen „Querelen" stimmen wir letztendlich miteinander mehr und mehr überein. Das mittlerweile gigantisch gewordene Spielfeld, heute Universum genannt, wird immer „handfester".

Die ursprünglichen, machtvollen Geistigen Wesen sind im HIER und JETZT, der unmittelbaren Gegenwart, noch immer aktiv. Zumal die Zeit im geistigen Umfeld dieser Wesen, noch nie eine Rolle gespielt hat. Als übergeordnete Spielgeister sorgen die Wesen des Ursprungs für den geistig-kosmischen sowie für den physisch-universalen, konstanten Erhalt des Spielverlaufes, im Großen wie im Kleinen. Auch wir, als das Geistige TAO, der Göttliche Funke im Menschsein sowie die Höheren Selbst, sind hierzu an diesem Erhalt beteiligt, sowohl als anscheinend Einzelne als auch im Miteinander.

Wir fleischlich gewordenen Menschlein bekommen von dieser fortgesetzten Erschaffung allerdings so gut wie nichts mit.

Vor langer, langer „Zeit":

Während wir noch sehr fleißig dabei sind, dieses Universum als unsere künftige „Heimat" zu gestalten, werden wir, Aspekte* der frühen Geistigen Wesenheiten, das erste Mal zu Opfern gemacht.

Wir werden mit brutalen Invasoren konfrontiert, die aus einem anderen, einem damals bereits verbrauchten Universum zu uns herüberkommen. Deren Existenz ist weitgehend technisch geprägt.

Diese fremden Eindringlinge erkennen uns daher nicht als mit ihnen verwandte Geistige Wesen. Sie betrachten uns vielmehr nur als willkommene Kraftquellen für ihre Technik.

Wir sind diesen Burschen total hilflos ausgeliefert. Wir sind deshalb unterlegen, weil wir ihnen nicht als geschlossene Gruppe entgegentreten. Die „neuartige" Vorstellung, eines organisierten Zusammenschlusses ist uns noch fremd. Wir sind nämlich, trotz unserer geistigen Verbundenheit, bereits viel zu individuell in den Gestaltungsprozessen. Damit ist jeder für sich vereinzelt greifbar.

*Aspekt: Vom Lateinischen aspetus = „Anblick". Auch die Blickrichtung oder die Ansicht, der Gesichtspunkt; ein möglicher Bewusstseinspunkt von dem aus man wahrnehmen kann.

Hier verstehe ich darunter die vielfältigen „Abspaltungen", also die Nachfolger der ursprünglichen Geistwesen.

Eine lange Zeit (deren Begriffsdefinition und seine Messbarkeit sowie dessen Bedeutung stammt von den Fremden) dienen wir den Invasoren lediglich als Mittel zum Zweck.

Einmal gefangen und eingesperrt in Kristallbatterien versorgen wir ihre Technik mit Energie. Raumschiffe, Stationen, Roboter und vieles mehr werden durch uns aktiviert.

Aus dieser heftigen, von intensiver Unterdrückung geprägten Begegnung, gehen einige wenige von uns glücklicherweise gestärkt hervor, während andere Wesen klein und unfähig gemacht bleiben.

Nach der Befreiung verändert sich sogar unser Spielgeschehen entscheidend. Vorgeblich ist es wieder selbstbestimmt gestaltet. Fremdbestimmtheit ergibt sich aus all den veränderten Situationen. Es wird, aus heutiger Sicht betrachtet, immer brutaler und von Macht besessen.

Etliche der nun wieder mächtiger gewordenen, neu in Szene gesetzten Aspekte der alten, ursprünglichen Wesenheiten, versuchen für sich selbst jetzt mehr und immer mehr vom bisher halbwegs gerecht aufgeteilten „Kuchen" des Universum abzuschneiden.

Die erstarkten Geistwesen der neuen Bühne, schaffen sich nun absichtlich verschiedene weitere Aspekt-Bewusstsein-Punkte, weitere Geistwesen, um das „Große Spiel" weiter ausdehnen zu können.

All diese Aspekte sind geistige Identitäten, „Abspaltungen" von den ursprünglichen Wesenheiten. Jedes dieser Aspekt-Wesen nimmt völlig eigenständig am Spielverlauf teil.

„Anfangs" wurden von uns, den ehemaligen Geistigen Wesen des Ursprungs, mit Bedacht, Aspekte als eigenständige Geistwesen entwickelt, um das Spielgeschehen in das Universum hinaus zu erweitern. Jegliche von uns einmal zusätzlich geschaffene Bewusstseinseinheit ist solch ein Aspekt.

So schaffen die relativ wenigen Wesen des Ursprungs, gewissermaßen aus sich selbst heraus, andere Wesen geistiger Art.

Von deren Blickwinkel aus, können sie die Spielbasis, das Universum und die darin enthaltenen Spielsituationen völlig neu betrachten. Nachdem der Begriff der messbaren Zeit sich verbreitet hatte, wurde auch dessen Ablauf mit einbezogen.

Die neuen, machtvollen „Götter", ausgedehnt bis hin zu ganzen „Götterfamilien", als die sie später gerne auftreten, haben auf diese Art und Weise immer jeweils auch ein übergeordnetes Geistiges Wesen, als schöpferische Ursachekraft.

Aus den ersten sowie aus den nächsten machtvollen Wesenheiten einer nachgeordneter Art, werden wieder und wieder neue Aspekt-Wesen „geboren". Dadurch entstehen und wachsen regelrechte Stammbäume von Wesenheiten.

Die „Familien der Götter", wie wir sie aus den irdischen Mythen kennen, sind allerdings bereits Aspekte der Neuzeit, gleichfalls hervorgebracht von wiederum wesentlich älteren Geistwesen.

Der große Bereich der Lebewesen, dem auch wir, als menschenartige Rasse, entsprungen sind, ist ebenso nur eine nachgeordnete Aspektfolge. Alle von uns sind, in der „Nähe" des Ursprungs, immer noch ein jeweiliges Geistiges Selbst, ebenfalls TAO, das wir im eigentlichen Sinne sind.

Wir können dies heute als Höheres oder mehrere Höhere Selbst wahrnehmen. Sie gestalten sich wie russische Matruschka-Puppen, ein Aspekt im anderen. Das Höhere Selbst oder auch die Höheren Selbst sind wir, die TAO-Geister pur. Aus diesem Grund können wir mit fleischlichen Menschwesen, die wie wir ebenfalls zum Aufbau gehören, unmittelbar in Kontakt kommen, uns verbinden.

Auf dieser Spiel-Ebene 7 entwickeln sich die ersten gegeneinander antretenden Positionen von sehr mächtigen oder weniger mächtigen Geistwesen. Die schwächeren Aspekt-Wesen sind im Wettstreit oft unterlegen.

Diese Wesenheiten treten in den Tiefen des Spielfeldes Universum in einen noch immer spielerischen, allerdings durchaus kriegsähnlichen Geschwisterzwist mit ihren anderen Selbst ein.

So etwas wie „Kriege" sind hier ganz einfach interessant gemachte Situationen, um Kräfte zu messen und um das Spiel-Material des Universum zu testen.

Auf den gegnerischen Seiten müssen einfach nur Machtpositionen geschaffen, aufgebaut und ausgebaut werden, entsprechend der Vorstellungen und den Gesetzmäßigkeiten des Spielverlaufs.

Es fehlt jedoch, in diesem gegnerischen Miteinander, die im Chaos eines Untergangs endende Brutalität Es fehlt die Verbindung mit der von Verrücktheit getragenen, tödlichen Ernsthaftigkeit neuzeitlicher Auseinandersetzungen.

Das ganze Spielgeschehen hat im Endeffekt nur eine Ähnlichkeit mit Spielen wie Schach oder anderen Strategiespielen.

Die Wesenheiten des Ursprungs, die 12 + 1 (13) Konstrukteure erschaffen sich meist lediglich zwischen 7 oder 12 Nachfolger.

Ihre neuerlichen Wesensaspekte, sind ebenfalls noch ungeheuer machtvoll. Sie erzeugen weitere Aspekte, diesmal sehr viel mehr und ihre Nachfolger noch wesentlich mehr. Bald gibt es eine schier unbegrenzte Ausweitung. Das Universum erhält geistigen Zuwachs.

Nachfolgewesen, mit ernsthafteren Machtgelüsten ausgestattet, erschaffen sich in späteren, dann bereits messbaren Zeiten ganze Armeen von unterschiedlich starken Geistwesen.

Noch später tritt die Sonderform der Lebewesen auf den Plan. Sie entstehen als besondere Aspekte des 13ten Konstrukteur. Es sind Wesen der verschiedensten Arten und Befähigungen doch mit weitaus geringeren Geisteskräften.

Spiel-Ebene 6:
Physisches Universum

Dies ist das vielfältige, universale Spielfeld, gewissermaßen unsere Bühne, mit: Materie, Energie, Raum und Zeitablauf.

Die ursprüngliche Energetik ist noch immer rein geistig, erhalten geblieben in den uralten Denkstrukturen von Geistigen Wesen. Daraus gestalten die Konstrukteure und andere Geistige TAO-Wesen physische Energie sowie die Materie, als Potenzial für weitere Arten von Energie.

Zeit ist in diesem Zusammenhang keine eigene Dimension, sondern lediglich: Die Bewegung von Materie oder Energie im Raum.

Nur der Raum ist in Dimensionen darstellbar, speziell in den drei Dimensionen: Linear, flächig und räumlich. Alles was sonst noch als zusätzliche Dimension eine Bezeichnung findet, entspricht ebenso dem Raum in seiner dreidimensionalen Ausprägung.

Lediglich die Spirituelle oder Geistige Welt fällt aus diesem Bild. Sie hat mit den Dimensionen des universalen Raumes so gut wie nichts gemeinsam.

Übrigens: Unser Universum ist, wie bereits erwähnt, weder das einzige in den Weiten des All, noch ist es, in der heutigen Gestaltung, das erste seiner Art.

Es gibt nämlich noch andere Geistige Wesenheiten die ähnliche oder aber gänzlich andere kosmisch sowie universal zu nennende Spiele gestaltet haben und noch immer gestalten. Deren Universum kann tatsächlich total anders gestrickt sein und es hat vielleicht mehr oder weniger Dimensionen.

Im Bereich dieser Spiel-Ebene 6 üben wir Geistwesen uns im Umgang mit der nachgeordneten Energie, dem Raum, darin der Materie und „später" auch mit dem Thema Zeit, also bewegter Energie sowie Materie. Wir geben den von uns geschaffenen Bestandteilen, diesem universalen Wirrwarr, einen Sinn. Durch unsere Gesetzgebung wird alles zum irgendwie nutzbringenden Spielmaterial.

Das weitgehend bipolare, dreidimensional gestaltete, physische Universum ist aus unserer gemeinsamen Übereinstimmung erwachsen und wächst tatsächlich noch weiter.

Durch die Anwendung von Versuch und Irrtum gestalten wir im Bereich der Höheren Wesen immer noch Galaxien, Sonnen und Planeten und vernichten sie ebenso wieder, um aus dem Zerstörten Neues zu schaffen. Wir sind im Großen die Erschaffer, die Geistigen Wesen denen es obliegt das Universum entweder expandieren oder schrumpfen zu lassen oder hier anders als dort zu gestalten.

So ist auch der sogenannte „Urknall" nur einer von mehreren Neuanfängen unserer fortwährenden Gestaltungsprozesse.

In dem von uns allen gemeinsam geschaffenen Universum, mit seinen bipolaren Yin-Yang-Gegensätzen, sind immer zwei Seiten einer Medaille „geschmiedet".

Beispielsweise entstehen die mächtigen Anziehungs- und Haltekräfte im Gegensatz zu den Abstoßungs- und Fliehkräften.

Bei den Gravitationskräften ebenso wie beim Magnetismus sehe ich hierbei die physische Entsprechung zu den geistigen Qualitäten von Liebe (als Anziehung) und Hass (als Abstoßung).

Wobei, genau wie beim Magnetismus, beide Pole durchaus umkehrbar sind. Dies drückt sich dann in den Worten aus: „Soviel Hass kann nur Liebe sein!"

Das Universum, mit all seinen Spielbestandteilen, wird im Wett-Kampf der geistigen Kräfte genutzt, ohne Rücksicht auf Verluste.

Der Raum wird schon bald in Territorien aufgeteilt. Elektrische Energien stehen, nach der Befreiung von den Invasoren, den Wesenheiten als Machtmittel zur Verfügung. Die Materie genießt besonders den Zweck zur Darstellung von Besitztum.

Nur sehr unbestimmte Zeitspannen grenzen die jeweiligen Spielverläufe ab. Die Zeitmessung hat nämlich für Geistige Wesen noch immer keine besonders große Bedeutung.

Hier will ich euch das Bild vermitteln, das jemandem in einer Spirituellen Rückführung zur Kenntnis gebracht wurde. Nicht jedem offenbart sich diese Vorstellung. Ich konnte allerdings sofort damit übereinstimmen: TAO, die Seele, hat niemals eine zeitliche Bindung. Das Zeitgeschehen strukturiert sich vielmehr um die Seele herum.

Das Bild sieht aus wie eine weitgehend kugelförmige, flexible Blase oder eine Amöbe mit vielen Auswüchsen. In der Mitte befindet sich die Person selbst, eben die TAO-Seele. Alle Lebensabläufe oder Lebensabschnitte gruppieren sich um diesen Mittelpunkt herum.

So gibt es keinerlei Zeitlinie und keine Zeitspur, sondern eher ein gleichzeitiges Erleben.

Lediglich der analytische Verstand, das energetische Konstrukt, hält die lineare Zeitvorstellung aufrecht. Er konstruiert sie entsprechend dem Zeitverständnis, das unserer Akasha, der alles umfassenden Kontrollinstanz für das universale Spielgeschehen, geradezu eingeimpft wurde. Die allzu technisch angehauchten Invasoren, die aus jenem anderen Universum kamen, brachten sich hier ein.

Die TAO-Wesenheit, ziemlich im Mittelpunkt jener vorstellbaren kugelförmigen Blase, empfängt alle Eindrücke und nimmt alles wahr, was rundum in den verschiedenen Leben geschieht.

Hier befindet sich somit ein Pool allen Wissens, der wiederum in direkter Verbindung mit dem Göttlichen steht. Auf diese Art und Weise empfängt das Göttliche TAO die kleinste Kleinigkeit aus allen nur erdenklichen Geschichten.

Dies reicht selbstverständlich noch bis weit „vor" die Entstehung von Leben „zurück" (eine Ausdrucksweise aus dem linearen Denken des Verstandes).

Die wesentlich später geschaffenen Lebensformen, in allen ihren mannigfaltigen Erscheinungsformen, werden von uns erst nur deshalb kreiert, damit wir im Spielgeschehen wieder einmal Abwechslung haben und ein wenig herumexperimentieren können.

Dies geschieht im nunmehr messbar gewordenen Zeitgeschehen einer fiktiven Wirklichkeit, die das „Rad des Lebens" genannt wird.

Spiel-Ebene 5:

Lebewesen

Die Erschaffung von Leben, sogenannten Lebewesen, „verdanken" (?) wir dem 13ten Konstrukteur, der sich lange Zeit noch zurückgehalten hat.

Die Bindung an solche Lebensformen hat die Geistigen Wesen leider letztlich abstürzen lassen.

Wobei ich derzeit der Ansicht bin, dass auch dies nur eine weitere Variante im „Großen Spiel" darstellt. Der 13te Konstrukteur (vielleicht auch Konstrukteur-in) ist also bereits von Anbeginn als Erschaffer von Leben eingeplant gewesen.

Immerhin hat er oder sie auf diese Art und Weise die Spielart vom „Spiel des Lebens" hervorgebracht.

Seine (oder eher weiblich: Ihre!) offenbar vom Göttlichen Sein vorgegebene Rolle ist erst einmal die eines Beobachters.

Die von diesem (oder dieser) oder schließlich von uns geschaffenen Aspekte des Lebendigen, sind uns, den Geistigen Wesen, sehr ähnlich. Auf dieser Spiel-Ebene setzt der/die 13te Konstrukteur eine Vielzahl von Lebendigem in der Form von Lebewesen in Bewegung. Dies reicht von Einzellern bis zu den höher entwickelten Zellstaaten der verschiedensten Arten.

Durch die ach so ausgeprägte Lebendigkeit dieser neuen Wesensformen entsteht das Fühlen. Emotionen oder echtes Gefühl und starkes Empfinden sind uns Geistigen Wesen bis dahin fremd.

Auch heftige Schmerzen und schmerzhafte Verluste sind für die Geistwesen erst ab dieser Ebene erfahrbar.

Lebewesen empfinden allerdings sowohl Schmerz, Angst und Verlust als auch Vergnügen und Begeisterung sehr viel intensiver als wir, die wir auch jetzt noch abgehobene Geistige Wesen sind.

Aus der Sicht des Geistigen sowie aus heutiger Sicht, sind uns besonders die niederen Emotionen, von Gram über Angst bis Wut, bisher völlig unbekannt.

Solche intensiv erlebbaren Emotionen verführen Geistige Wesen dazu, sich immer stärker mit dem Leben, also mit den Lebewesen zu verbinden. Was erst als toller Spaß begann, wird schließlich zu bitterem Ernst. Wir sind regelrecht scharf darauf, fast schon zunehmend süchtig danach, diese absolut neuartigen, ganz anderen Erlebnisqualitäten auszukosten. Von dieser Basis der „Lebewesen" aus begeben wir uns selbst immer öfter noch tiefer in den Kreislauf von Werden und Vergehen hinein.

Ab der Ebene der Lebewesen bekommt nämlich das „Überleben" Vorrang. Dieser Kampf von „Leben über Leben" befasst sich unter anderem mit der Nahrungskette, die bedeutet: Fressen und/oder gefressen werden!?!

Daraus entwickeln wir im Fortgang der Entwicklung jeglichen Machtanspruch bis hin zu tödlich wirkenden Machtgelüsten.

Vielerlei tieftonig ernsthafte, hierarchisch wirkende Strukturen bilden sich ab dieser Schaffung von Leben verstärkt heraus.

Das „Große Spiel", das universale der Geistigen Wesenheiten, reduziert sich von hier aus immer mehr auf: „Das Spiel des Lebens".

Auf diese Spiel-Ebene schaffen wir TAO-Wesen ein energetisches Konstrukt. Zu unserer vorübergehenden Entlastung verbinden wir es mit den Lebensformen, während wir uns anderen Aufgaben zuwenden. Es ist der analytisch denkende Verstand. Mit dem können wir Lebewesen gewissermaßen fernsteuern.

Der jeweilige Verstand sammelt vielerlei Daten und verarbeitet sie, ähnlich wie die universale Akasha-Chronik, dessen Abart er ist.

Wie in der Akasha so ist auch in jedem Verstand haarklein alles aufgezeichnet, was seit der ersten Erschaffung im Universum geschehen ist. Der Verstand soll aber speziell das zugeordnete Leben überwachen.

Doch ausgerechnet über seine Funktionsweisen werden wir in den Spielsituationen zunehmend „verwundbar". Der Verstand geht nämlich zu sehr in Übereinstimmung mit dem Überlebenswillen aller Biokörpern, egal welcher Art von lebendigen Wesen (Einzeller, Pflanzen, Insekten, Echsen oder ...).

Dadurch wird auch das spürbare Verlieren von Leben jetzt immer verlustreicher und damit schmerzhafter.

Bis zum heutigen Tag hat unser einst einfach nur sinnvolles Werkzeug außerdem mehr, mehr und mehr Macht an sich gerissen. Leider ist damit auch ein emotionaler Tiefgang erfahrbar geworden, der nicht nur unser Konstrukt in Verwirrung versetzt.

Anfangs ist das Sterben einer übernommenen Lebensform einfach noch ein reizvolles, stark empfindbares Spielelement.

Wir gehen selbst mit den schon menschlich geformten Körpern noch recht unbekümmert um. Diese überaus zerbrechlichen Dinger sind aber auch sehr anfällig, wenn wir sie zum Beispiel von Bäumen oder von Klippen springen lassen oder sie durch andere Ereignisse oder durch Tiere umkommen.

Gegen allerlei Mikroorganismen mit Krankheitserscheinungen oder gegen Gifte aus der Natur sind die Lebensformen auch nicht gerade gut gerüstet.

Na ja, was soll's! Im Falle des jeweiligen Todes nehmen wir uns eben ein neues Vehikel, ein neues Werkzeug oder Spielzeug.

Wir vergessen dabei gerne: Auch das Lebendige ist über die eigene, geistige Komponente existent. Damit hat das Leben, sogar ohne unser Dazutun, eine eigenständige, hochwertige Existenzberechtigung.

Die Art und Weise, mit welchen Absichten wir mit Körpereinheiten herumspielen, macht uns bei den Gattungen der „Lebewesen" nicht gerade beliebt.

Deshalb stehen wir Geistwesen, inklusive dem Begriff der Seele, im Ansehen bei unseren derzeitigen Körpern, auch nicht besonders hoch im Kurs. Die Körperlichen ergreifen sogar per Verstand gerne direkt Besitz von uns, den TAO-Seelen. Also haben sie eben eine Seele, anstatt die Seele selbst zu sein. Der jeweilige Verstand unterstützt diese Betrachtungsweise auch noch.

Durch so manche Praktik, nicht immer lobenswerte Verfahren, werfen zum Beispiel die Menschen, uns gerne auch einmal hinaus. Bei tiefer Bewusstlosigkeit, unter Narkose oder mittels Drogen oder Trance befreien sich Körpereinheit von unserem Einfluss.

Auch die Selbstheilungskräfte von Fleischkörpern entfalten sich erst dann so richtig, wenn ihre eigenen Fähigkeiten zum Tragen kommen. Es kann tatsächlich sein, dass sowohl TAO als auch der Verstand als Störfaktoren beim Heilungsprozess angesehen werden.

Nochmals! Wir dürfen niemals vergessen: Das Lebendige ist ebenso TAO wie wir Selbst, die Seele.

Leben ist einfach ein Folgeaspekt seines Konstrukteurs, des oder der 13ten. Es ist somit ein Anteil dieser Geistigen Wesenheit, in allen Ausprägungen von Lebewesen. Der/die 13te hat gewissermaßen sein/ihr „Herzblut" für das Leben gegeben.

Körper-Geist-Seele sind in ihrer Funktion untrennbar. Auch das Leben kann ohne TAO nicht sein. Auch das Leben steht immer mit dem Geistigen TAO und zugleich mit dem Göttlichen TAO in dauerhafter Verbindung.

Allein schon aus diesem Grunde sollten wir niemals geringschätzig mit den für uns bestimmten oder von uns gewählten Körpereinheiten umgehen.

Über die Ernährung, die Pflege und die Gesunderhaltung können wir dem Lebewesen beweisen, dass wir es lieben und schätzen.

Unser Verantwortungsbewusstsein äußert sich in der liebevollen Hinwendung, beim lebendigen Miteinander.

Achtsamkeit und erhöhte Aufmerksamkeit kann wiedergutmachen, was wir vor Äonen so gut wie absichtlich vermasselt haben.

Doch Achtung: Wir, die TAO-Seele, dürfen uns niemals den zwanghaften Körperverehrern anschließen. Dieser Anschluss bringt uns nur noch tiefer in die Abhängigkeit von Notwendigkeiten für das Überleben der Lebensformen zu sorgen.

Unser Spielverhalten muss auch dem Leben selbst hinreichend Freiräume zugestehen, dass es sich selbstbestimmt in „Das Spiel des Lebens" einbringen kann, mit all seinen eigenen Erfordernissen beim Erlebbaren.

So unterliegt der Zyklus beim „Rad des Lebens" eigenen Gesetzmäßigkeiten und nicht ausschließlich unserer Verantwortlichkeit.

Dieser Zyklus ist vom Ablauf her keineswegs uns Geistigen Wesen zuzurechnen. Er ist eindeutig eine Erscheinung zum Fortbestehen des Lebens:

Geburt > Wachstum > Sterben > Tod
Reinkarnation

Spiel-Ebene 4:

Menschheit

Jeder Mensch vom Planeten Erde ist ein Teil der hier vorherrschenden Spezies, der menschlichen Rasse, Menschheit genannt.

Wie ich über Spirituelle Rückführungen erfahren durfte, gibt es allerdings auch außerhalb dieses Planeten Menschwesen sowie den Menschen ähnliche Wesen.

Die Menschheit der Erde ist im Grunde darauf bedacht, ihre Rasse über alle Schwierigkeiten hinweg zu erhalten. So ist feststellbar, dass sich sogar nach besonders heftigen Kriegsereignissen oder nach Naturkatastrophen die Bevölkerung der beteiligten Länder bald wieder regeneriert. Die Bevölkerungszahlen nehmen zu!

Manchmal erhebt sich sogar eine bessere Zivilisation als jemals zuvor aus den Trümmern, wie der berühmte Vogel Phoenix aus der Asche.

Der Begriff „Menschlichkeit" kann sowohl als „humanitär" betrachtet werden als auch „idiotisch" bedeuten. „Das ist doch nur menschlich", wird in der Art von verrückt machend gesehen. Denn kein anderes Lebewesen auf Erden erzeugt so viele fürchterliche Probleme, lädt Schuld und Leid auf die Menschheit.

Ohne den Einfluss von Menschen gäbe es hier keine einzige Problemstellung der unnatürlichen Art und Weise.

Auf der Spielebene der Menschheit übernehmen wir TAO-Seelen gezielt und immer wieder, die für uns besonders gut brauchbaren Fleischkörper. Diese spezielle Lebensform hat eine den Geistigen Wesenheiten sehr ähnliche Körper-Matrix. Diese urtümlich zu nennende Matrix ist in der gesamten Weite des Universum verbreitet.

Die Körperform von Menschen entspricht der fiktiven oder virtuellen Vorstellung von uns sonst körperlosen Geistwesen, wenn wir uns Aufgaben zuwenden sowie uns Funktionen zurechnen.

Sie eignet sich hervorragend als zumindest relativ überlebensfreundliche und nützliche Form des Lebens. Als ein Mensch lassen sich verschiedenartige Spielsituationen so richtig intensiv erleben, voll ausleben und durchleben.

Diese Menschen (ebenso wie die Menschenähnlichen) sind für ihre Verhältnisse überaus entwicklungs- und anpassungsfähig, mit ihren Kohlenstoffkörpern und den bio-elektrischen Einheiten, den durchaus nützlichen Gehirnteilen zusammen mit dem Nervenstrang in der Wirbelsäule sowie mit dem Nervensystem, das durch den gesamten Körper hindurchführt.

Nicht vergessen sein sollen ihre Gliedmaßen, die beweglichen Beine und Arme mit den funktionellen Füßen und Händen.

Kaum einer anderen Einheit des Lebens nehmen wir uns so intensiv an. Wir geben der menschlichen Rasse außerdem eine gut ausgeprägte, individuelle sowie kollektive Fähigkeit zum Denken mit. Diese Denkweise ist besonders eng angebunden an ein strukturiertes, intensiv arterhaltendes Sozialverhalten.

Körperliches Denken erfolgt per unterschiedlichen Gehirnanteilen sowie vom Herzen her oder aus dem Bauch heraus.

Darüber hinaus denken Menschen hauptsächlich mit dem beigeordneten energetischen Konstrukt, dem Verstand.

Das menschliche Denken mittels Verstand ist unserer eigenen, geistigen Denkart nachempfunden, wie ein ähnlich gestalteter Ableger. Leider ist dieser Verstand heutzutage häufig verseucht, mit schwerwiegenden, in der Zeit festgefahrenen Dramatisationen, mit Glaubenssätzen und mit Einpflanzungen die wie Viren wirken.

Die Menschheit ist jedoch tatsächlich nur eine von vielen Rassen im All. Darüber hinaus gibt es noch jede Menge andere Lebenseinheiten. Sie sind amöbenhaft, pflanzlich, insektoid, reptiloid, ... und sogar mineralisch.

All diesen Formen des Lebens können wir Geistigen Wesen uns gleichfalls als TAO-Seele beiordnen.

Wir TAO-Seelen können selbstverständlich auch sehr lange Zeitspannen ohne jeden Körper auskommen oder uns individualisiert oder kollektiv um sogenannte Tiere aller Arten kümmern.

Allein, die menschliche oder menschenähnliche Lebensform zieht uns immer wieder verstärkt an, fast schon wie magisch.

Auch wenn wir jetzt unsere Körper verlassen (sogenannt sterben) fügen wir uns über kurz oder lang wieder in die Rassenstruktur der Menschen ein.

Übrigens: Das nicht nur auf dem Planeten Erde bereits vorhandene Primaten-Material, wurde vor langer Zeit genutzt, um daraus eben auch auf diesem Planeten, speziell die irdisch menschlichen Körper zu gestalten. Das heißt allerdings nicht, dass Menschen mit den Affen immer noch verwandt sind.

Deren Bewusstseinszustand entspricht in Wahrheit der von Tieren. Somit ist er nur selten so individualisiert wie der von menschlichen Lebensformen.

Dennoch sollten alle Menschen den lieben Tieren dankbar sein, für ihr freundliches Entgegenkommen beim Gestaltungsprozess.

Spiel-Ebene 3:
Gruppen

Gruppenbindungen, die über Familienstrukturen weit hinausgehen, erstrecken sich intensiv in das soziale Gefüge von Menschen hinein. Diese Gruppenbildungen begünstigen leider auch das Konkurrenzdenken.

Etliche Gruppen haben häufig die Tendenz auch in Konkurrenz zu Familienverbänden zu treten, besonders stark können wir dies bei Staats(un)wesen feststellen.

Die übergeordneten Gruppenaktivitäten sind der Grund, weswegen die moderne Arbeitswelt dem Familienleben nicht mehr zuträglich ist. Familien werden regelrecht zerrissen, weil das Verdienen von Geld den Fokus einnimmt. Vorgeblich geht es darum den Lebensunterhalt zu verdienen, um sich einen ach so wichtigen Lebensstandard leisten zu können. In Wahrheit fordern jedoch die beteiligten Gruppen einfach die Aufmerksamkeit, die Lebensenergie, der jeweiligen Mitglieder von Familien.

Auch Egos, die überwiegend vom Verstand bestimmten Individuen, werden von Gruppierungen regelrecht aufgefressen.

Deren Energieanteile, hierbei ebenfalls in der Art und Weise von Aufmerksamkeit, werden von den Gruppen vereinnahmt.

Gruppierungen können sich demnach auch sehr belastend auswirken: Indem sie jede Menge Aufmerksamkeit auf sich ziehen.

Je mehr wir uns persönlich von den vielen anderen abhängig machen oder wir uns in der Gemeinschaft mit ihnen verwirklichen wollen, umso mehr Energie fehlt letztlich für unser eigenständiges, selbstständiges Erleben.

Vernünftige Gruppenaktivitäten helfen zwar beim dynamischen Erleben und unseren Lebenseinheiten enorm beim Überleben, doch andererseits saugen auch sie mit ziemlicher Macht an der Lebenskraft. Insbesondere den fast ausschließlich menschlichen Lebewesen, ohne helfend beteiligte TAO-Seelen, zu denen sich sehr viele von uns reduziert fühlen, setzen die unterschiedlichen Gruppierungen im Dasein des Lebens damit einem ziemlichen Stress aus.

Selbst als Geistige TAO-Wesen sind wir durch Gruppierungen intensiv in dieser unteren Spiel-Ebene eingebunden. So können wir, Eigen- und Selbstständigkeit gewohnte Geistwesen, uns durch Gruppenaktivitäten tatsächlich geradezu angekettet vorkommen.

Aus dieser Betrachtungsweise heraus entstehen mehr oder weniger schwerwiegende Gegnerschaften zwischen freiheitsliebenden Individuen und diese Freiheit einengenden Gruppen. Als Gegenspieler werden beispielsweise Vereine oder Firmen gesehen; dies reicht bis hin zu Staatsformen und zu den Staatengemeinschaften.

Die Größenordnungen von Gruppen erstrecken sich nämlich von den kleineren Verbindungen, wie Unternehmen, Firmen oder Vereinen, über die noch größeren Zusammenschlüsse, wie Wirtschaftsverbände sowie Religionsgemeinschaften, bis hin zu Staaten und Vereinigungen von Staaten.

Diese interessant gemachte Spiel-Ebene, mit vielen verschiedenen Gruppen, verleiht uns die Fähigkeit zur Entscheidung, zur Möglichkeit sowohl Mitspieler als auch Gegner in agierenden Gruppen zu sein. Wir werden geradezu in unserer Befähigung herausgefordert, sowohl die Mitspieler als auch die Gegner haben zu können.

Selbst als eher passiv beigeordnete Zuschauer oder als Fans von Personen oder Gruppierungen nehmen wir immer Partei für jeweils eine Seite der aktiveren Mitglieder in den Gruppen.

Auch die Idee beziehungsweise die Notwendigkeit eines Dasein in oder als Gruppen übernehmen wir offenbar ursprünglich von den technisch geprägten Invasoren. Eine solche, eher krasse Denkweise entwickelt sich bei uns nämlich erst allmählich.

Ihr gedanklicher Anfang ist vermutlich unmittelbar nach dem Eindringen der Fremden zu finden. Besonders nach unserer Befreiung aus der Knechtschaft beginnen wir uns mit der Vorstellung anzufreunden, uns ebenfalls verbünden zu müssen.

Später im Lauf der Zeit auf Spiel-Ebene 6, im Zusammenhang mit und während der Gestaltung des weiter ausdehnbaren, universalen Spielfeldes, kommt sogar das vorgebliche Erfordernis auf, sich selbst zu „spalten", um so die Aspekte zu kreieren.

Damit wachsen sich ständig weiterentwickelnde Gruppen heran, geradezu wie von selbst.

Es dauert allerdings noch ziemlich lange, bis die energetisch sowie materiell getragene Betrachtungsweise so weit durchdringt, dass organisierte Gruppen als stärker angesehen werden, als vereinzelte, individuelle Geistwesen.

Die allein agierenden Geistigen Wesen verlieren im Zuge der Entwicklung ihre Macht. „Gemeinsam sind wir stark!", heißt jetzt der Wahlspruch. Nur noch viele Wesen miteinander, in einer mehr oder weniger gut organisierten Vereinigung, gelten jetzt als stark.

Durch den koordinierten Einsatz von Gemeinschaften und Gruppen, gebildet aus Geistwesen sowie aus Lebewesen, werden sogar außerordentlich mächtige Einzelwesen des Geistigen Dasein, sogenannte Götter, gestürzt und gefangengenommen.

Deshalb bedienen wir, die noch ursprünglichen Geistigen Wesen, uns im Gegenzug auch zunehmend der Gruppierungen.

Wir nutzen die lenkbaren Gruppen der Lebewesen, speziell um unsere Existenz überhaupt noch sichern zu können. Die von uns geförderten Mitstreiter treten sodann, mit mehr oder weniger hoher Begeisterung in einem Wettstreit oder im Kampf gegeneinander an, in Gruppenbildungen unterschiedlicher Größenordnung.

Zum Beispiel kämpfen die leicht beeinflussbaren Menschen, entweder um ihre jeweils eigenen Interessen zu wahren oder um sie zu verteidigen oder um ihren Göttern oder ihren Führern gerecht zu werden. Wobei die vorangestellten Führerpersönlichkeiten natürlich selbst nur Marionetten von Geistwesen sind.

Die bipolaren Begriffe von Liebe oder Hass, Gut oder Böse werden speziell aus den Gruppen heraus als wichtig betrachtet. Diese Attribute spielen ab hier besonders tragende Rollen. Sie trennen oder verbinden die Einzelnen im Gruppengefühl.

Die Mitglieder der verschieden gearteten Gruppierungen finden sich in ihrem Rollendasein von "Gut" beziehungsweise „Schlecht" bis "Böse" zusammen.

Als „Gut" wird dann zumeist die eigene Gruppierung wahrgenommen, während die anderen Gruppen und ihre Mitglieder dann zwangsläufig „Böse" oder zumindest weniger „Gut" sein müssen.

Spiel-Ebene 2:

Familien

Die kleinsten Einheiten im Thema der Familien sind Paargemeinschaften, Ehen und dergleichen, die von Natur aus vorwiegend auf Zuwachs (Kinder) angelegt sind. Als größere Familieneinheiten gelten darüber hinaus Clans, Sippen und ähnliche, kulturell unterschiedlich benannte Lebensgemeinschaften.

Als echte Familien gelten außerdem die, je nach Kulturgeschichte unterschiedlich benannten, Gemeinschaften mit all ihren Ahnen und den verwandtschaftlich ausgerichteten Beziehungen. Diese sind dokumentierbar und können eindeutig durch Generationen-Stammbäume dargestellt werden.

„Falsche" Familien sind streng hierarchische Strukturen wie beispielsweise der aus Italien stammende Geheimbund der Mafia oder die Cosa Nostra oder die Yakuza, eine japanische Mafia.

Diese Bünde operieren mittlerweile weltweit. Sie verbünden sich sogar untereinander, um an Macht zu gewinnen. Allerdings bekämpfen sie sich auch gegenseitig, was schließlich ihr eigener Untergang sein kann.

Familienstrukturen, welcher Art und Weise auch immer, dienen vor allem dem Schutz und der Unterstützung ihrer Mitglieder.

Deren vorrangiges Spielbestreben ist demzufolge die:

A) Schutzfunktion innerhalb der Gemeinschaft und nach außen

B) Sicherung des Überlebens, der Einzelwesen sowie der gesamten Gruppe

C) Expansion und Ausdehnung (räumlich und zahlenmäßig)

D) Fortpflanzung, insbesondere durch zweckgebundene Verbindungen der Geschlechter

E) Erhaltung der Gruppierung und darüber hinaus der gesamten Art (in unserem Falle der menschlichen Art oder der menschlichen Rasse).

Im Schutze ihrer Familien entwickeln sich die Menschen von der Geburt bis zum Tod. Zumindest war es in früherer Zeit so.

Starke Familienbande können Individuen den Rücken stärken. Als soziale Bindungen agieren deren Mitglieder in diesem Spielrahmen.
Die Verbindungen in Familien können allerdings auch die Energie von Individualisten rauben. Besonders den Frei-, Quer- und Andersdenkern werden oft viel zu enge Fesseln angelegt.
Dies richtet sich einerseits nach den erzieherischen Vorgaben die innerhalb von Familienverbänden herrschen und andererseits nach den von außerhalb an die Familien herangetragen Einflüsse und Erwartungen.

Leute die von sich selbst behaupten „Familienmenschen" zu sein, sich selbst auf die Erlebniswelt im Bereich dieser Ebene besonders intensiv konzentrieren oder zentrieren, haben vermutlich einiges wiedergutzumachen. Ihr Wirken in diesem karmischen Netzwerk von Familienverbänden benötigt speziell ihren Einsatzwillen. Sie haben sich deshalb zur Aufarbeitung der Vergangenheit, gewissermaßen „mit Haut und Haar", ihrem starken Familiensinn verschrieben.

Unter all diesen Gesichtspunkten wird der Liebe eine ganz besondere Wichtigkeit beigemessen. Körperlich wirkt sie in der Form von Sex; sozial in der Art und Weise der Zusammengehörigkeit.

Zudem finden sich in solchen familiären Gemeinschaften häufig die Wesenheiten zusammen, die sich auch schon zu früheren Zeiten, in früheren Leben, begegnet sind.

Hier wirken die starken Bindekräfte Liebe (Anziehung) und Hass (Abstoßung) als Wiedererkennungswerte.

Die beschriebenen Formen, Blasen oder Amöben, der sogenannt früheren Leben, um die jeweiligen TAO-Seelen herum, überschneiden sich demzufolge immer wieder und bilden karmische Knoten.

Dies kann dann im Miteinander sowohl zu neuerlichen, liebevollen Verbindungen führen als auch zu problemgeladenen, emotionalen Spannungsverhältnissen, bis hin zu Mord und Totschlag.

Aus den Verbindungen vieler solcher Familien bilden sich größere Gemeinschaften heran. Dies reicht von Dorfgemeinschaften bis hin zu Gebilden die uns als Staat das Leben leichter gestalten sollen, es viel zu oft aber schwerer machen. Seitdem Staats(un)wesen vorgeben, sich intensiv um ihre Bürger zu kümmern, verkommt die familiäre Struktur immer mehr. Die Menschen werden zu Singles degradiert, somit auf ihr Ego-Sein reduziert. Den zerstückelten Familien werden derzeit sogar die Kinder entrissen, um sie bereits in jungen Jahren in Aufbewahrungsanstalten zu kasernieren.

Dennoch ist ein Mensch mit einem starken, gesund zu nennenden Ego immer noch in der Lage, sowohl mit der Familie aus der er herausstammt vernünftig umzugehen als auch selbst eine eigene funktionsfähige Familie zu gründen und dadurch den staatlichen Zugriff möglichst unschädlich zu machen.

Spiel-Ebene 1:

Ego

Als menschliches Wesen sind wir sehr stark von unserem Verstand und somit vom Ego bestimmt. Unser angebliches und daher nur sogenanntes „bewusstes Sein" hängt maßgeblich vom jeweiligen Ich-Bewusstsein ab.

Manchmal wird das menschliche Ego auch als „Niederes Selbst" bezeichnet, im Gegensatz zu den geistigen Höheren Selbst.

Als das, in diesem niederen Zustand nur dargestellte, nicht wirklich präsente „Ich Bin", glauben viele tatsächlich, ausschließlich ein „Mensch" zu sein.

Ein wahrhaft starkes Ego vermag allerdings dennoch, zum Glück, jederzeit auch Präsenz auf anderen Spiel-Ebenen einzunehmen. So nimmt das Ego des Menschen in der Transzendenz mehr und mehr die Position von TAO ein – es wird annähernd zu TAO und ist dann wahrhaftig ein Aspekt des TAO.

Dadurch gelingt manchmal tatsächlich der geistig/seelische Aufstieg, hin zu all den höheren Spiel-Ebenen und Entwicklungsstufen, mit selbstbestimmter, erhöhter Verantwortung.

Lediglich Wesenheiten die besonders ausgeprägt zu Egoismus neigen oder sogar in noch tiefer liegende, geradezu narzistische Egozentrik versinken, bleiben auf der Spiel-Ebene 1 stecken.

Ihr intellektuelles, emotionales und soziales Verhältnis zu weiteren Ebenen ist somit extrem gestört.

Eine krankhafte Ich-Sucht wird als Egomanie bezeichnet. Für das Ego, den Einzelnen bis hin zum Vereinzelten, schwinden die Spielmöglichkeiten enorm.

Es kann davon ausgegangen werden, dass das Spielgeschehen eines sehr stark individualisierten Ego mit der TAO-Seele, dem ursprünglich geistigen Selbst, nur insofern etwas zu tun hat, als dessen zeitweiliger Einfluss als „schicksalhaft" empfunden wird.

Dabei ist dennoch klar, dass TAO, als das Höhere Selbst oder als die Höheren Selbst, tatsächlich keinesfalls das vorgeblich Fremde im Spielgeschehen ist.

TAO greift besonders dann erneut ein, wenn seine Schutzengel-Funktion gefragt ist. So hilft TAO immer dann machtvoll, geradezu Göttlich weiter, wenn dem Menschen ein Schaden droht.

Dem Ego rechne ich besonders den Verstand eines Menschen zu. Dieses energetische Konstrukt versucht das Leben analytisch zu werten. Durch ihn gerät so manches in eine niedere Schwingung sowohl im Bereich der Wahrnehmung als auch bei den Handlungen.

TAO und das Verstandes-Ego können sogar gegensätzlich auf das Lebendige einwirken. Was aber keine größeren Probleme darstellt, denn die niederen Ego-Spiele lassen sich nämlich sehr leicht, unmerklich auch von außen steuern, wobei TAO über den Dingen zu stehen vermag.

Allerdings können auch fremde Lenker von ganz unterschiedlicher Art und Natur sein und verschiedentlich mindere Absichten hegen. Manche der möglichen „Anderen" reduzieren das Leben von Ego-Single-Typen regelrecht mit Absicht auf verschiedene Formen der "Selbstbefriedigung". Dies geschieht zum Beispiel mit den das Leben fressenden Süchten verschiedener Arten oder mit angeblich unabdingbaren Notwendigkeiten zum Überleben.

Notwendigkeit definiert sich im Lebensablauf der Ego-Single-Typen fast ausschließlich, als eine in den <u>Not</u>situationen erforderliche, von Reizen getriebene, reaktive <u>Wendig</u>keit.

So lässt ein erzeugter Mangelzustand, zum Beispiel vom Gruppenspieler Staat, Egos reflexartig agieren, ohne dass diese großartig darüber nachdenken können.

Aus der Vernunft heraus würden weitaus weniger Drogen genommen werden. Es würde auch weniger Alkohol fließen und die dadurch einsetzende Gewalt würde sich in Grenzen halten.

Die Spiele der auf ein kleines Ego reduzierten Menschen verlieren sich in angeblich für das Überleben so notwendigen Spielsituationen wie: Arbeiten müssen und einen Beruf haben müssen, allerlei Freizeitaktivitäten, möglichst erlebnisreiche Reisen, relativ anstrengende Sportarten, „himmlische" Sexpraktiken und dergleichen.

Mit solchen oder ähnlich einfachen „Brot und Spiele"-Aktivitäten lassen sich niedere Egos leicht zufriedenstellen.

Dies alles kann zwar sehr vergnüglich erscheinen, birgt aber die Gefahr in sich, wenig zielführend und schließlich ohne höheren Lebenssinn zu bleiben. Das schwierige Leben wirkt auf dieser Spiel-Ebene (ge-)wichtig anstrengend und wiegt besonders dann schwer, wenn die ablenkenden Vergnügungen ausbleiben.

Bloße Ego-Menschen brennen sehr schnell aus. Sie können als weitgehend auf Körper reduzierte Persönlichkeitstypen angesehen werden, auf ihre eigenen Körper und auf die von anderen fixiert.

Solche Burnout-Erscheinungen sind heutzutage schon an der Tagesordnung. Mittlerweile sind sie als Krankheit anerkannt und damit gesellschaftsfähig.

Wir können sogar noch weitergehende Abstürze von Ego-Wesen erkennen. Der Rutsch führt in die Tiefe, er vollzieht sich jedoch häufig eher schleichend.

Dort weiter unten warten zunehmender Egoismus und schließlich Egozentrik auf ihre „Opfer".

Die Leute nehmen die Verarmung ihrer bislang tollen Spielbasis oftmals kaum mehr als Abwärtsbewegungen wahr. Im Strudel der Emotionen verlieren sie ihr feinsinniges Gefühl dafür.

In den Zuständen von Egoismus bis Egozentrik spielen Drogenkicks und billige Fun-Erlebnisse eine immer größere Rolle.

Liebe degeneriert besonderes hier zu pervers anmutenden Sexspielen. Das Erleben von Liebe ist im Schlepptau mit allerlei niederen Emotionen gepaart.

Abwärts gerichtete Gefühle: Wut, Schmerz, Verlustangst (Eifersucht), Trauer, bis zum gramerfüllten Tod, lassen dem Ego kaum einen Spielraum für einen sinnvollen Aus- oder Aufstieg.

Allerdings: Speziell vom Ego aus, einem noch starken Ego oder dem Niederen Selbst, bleibt die hohe Chance offen, Selbstbewusstsein, Selbsterkenntnis, Selbstverwirklichung, Selbstständigkeit und Selbstermächtigung mit einer geradezu übermenschlichen Schwungkraft erneut zu schaffen.

Das höchste Höhere Selbst der hohen Spiel-Ebene 7, wartet nur darauf den Bogen wieder schließen zu können, um völlige Beseelung in das Spielgeschehen einfließen zu lassen.

Denn nur in unserer Gesamtheit, unter Einbeziehung aller acht Ebenen, sind wir wahrhaft heil(ig).

Auf den immer höheren Ebenen, die wir mit Eifer, Furor und Mut erklimmen können, spielen wir die Spiele aufgrund zunehmendem BewusstSein für verantwortungsvoll entwickelte Fähigkeiten mit mehr und immer mehr Leichtigkeit.

Pure Freuden und die Begeisterung am Spiel sind ausschlaggebend für Wohlbefinden, Wohlstand, Zufriedenheit und Harmonie.

Auf den immer tiefer liegenden Spiel-Ebenen, speziell von Ebene 6 abwärts gerichtet, kommt zunehmend eine übertriebene und damit überschwere Ernsthaftigkeit ins Spiel.

Je ernster ein Spielgeschehen wird, desto weniger leicht ist es. Zu schwierig gemachte Spiele bereiten mehr und mehr Anstrengung. (Ge-)Wichtige Schwere bei Spielen raubt den Teilnehmern ihren Spielgeist. Wir verlieren in solchen Spielsituationen die Energie und damit zunehmend die Lust. Die verloren gegangene, mittlerweile fehlende Energie lässt uns trotz oder gerade wegen aller Anstrengung abermals und immer wieder abwärts stürzen.

Nicht verschweigen will ich jene verwirrten Leute, die bestrebt sind uns, aus der eingetrichterten, eingepflanzten Dummheit heraus oder mit hinterhältiger Berechnung, voller Neid und Missgunst, laufend abwärts zu ziehen.

So sind wir allzu eng an die tiefen Spiel-Ebenen gebunden, solange uns die nötige Energie zum Absprung beziehungsweise zum Aufschwung fehlt, hin zu den höheren Ebenen.

Übrigens: Der „Konservatismus", eigentlich eine Emotion der höheren Art, ist dennoch eine wirklich ernste Angelegenheit. Diese relativ recht hohe Stufe der Emotionen ist bereits deutlich abwärts gerichtet. „Konservatismus" ist schon der erste Schritt zur Ernsthaftigkeit, in die Richtung den Spielgeist zu verlieren.

Der Sinn des Lebens:

Wenn wir das „Große Spiel" immer mit der Absicht spielen, etwas möglichst **Wertvolles für uns selbst und zudem für andere zu schaffen**, gelangen wir an den tieferen Sinn unseres Dasein, an den „Sinn des Lebens".

Dies ist gewissermaßen unser ursprünglich vom Göttlichen TAO erteilter Auftrag. Das Schaffen von Wertvollem ist weitaus mehr als die kleinliche Sicherung des Überlebens.

Dadurch entsteht die Verwirklichung des Selbst, auf möglichst vielen Spiel-Ebenen.

Dabei spielt es keine so überragende Rolle, immer nur gegen andere gewinnen zu wollen.

Denn das Wollen beim Spielgedanken, programmiert im voraus schon einen möglichen Verlust, bis hin zu den klein machenden Verlust-Ängsten.

Doch wer gar nicht am Gewinn teilhaben will, wer nie einer von den Gewinnern sein will, betrügt sich selbst.

Dieses Wesen gibt sich verloren, weil es sich selbst unterschwellig als „geborener Verlierer" prägt.

Die Balance zwischen den Extremen lässt uns die Freude finden, die wir beim Spielen haben dürfen.

Denn das ursprüngliche Motto war ganz einfach:

„Spiele Dein Spiel!"

Ohne wenn und aber wurde spielerisch und voller Freude das Spielfeld des Universum erschaffen. Nach irgendwie unvermeidbaren Fehlschlägen gab es dennoch keine niederschmetternden Verluste, nur immer wieder einmal einen Neubeginn mit einer neuen Chance.

Auch heute sollten wir uns diesen übergeordneten, bedingungslos leichten Spielgedanken wieder zu eigen machen:

Das Spielen, um des Spielens willen.

Den Ausgleich erlittener Schmerzen und Verluste, nach einem Absturz oder auch nach mehreren, lindert lediglich das erneute Aufstehen und das Weitermachen.

Nur die Leichtigkeit in den Anschauungen und Betrachtungsweisen für fortwährende Neustarts eröffnet jedem von uns die Welt der 1000 Möglichkeiten.

„Ein neues Spiel, ein neues Glück!" oder aber „The show must go on!" (Die Show oder die Aufführung muss einfach weitergehen!) - diese Worte bekräftigen den neuerlichen Antrieb.

Durch einmal oder auch mehrmals verlorene Spiele darf sich eine Person in ihrer Aufmerksamkeit niemals so binden lassen, dass sie in Zukunft, aus Angst vor einem weiteren, drohenden Verlust, den Kopf in den Sand steckt oder die Zügel für den weiteren Spielverlauf aus der Hand gibt.

Nur wer keck bleibt und unbeschwert weiterspielt, kann mit den Verlusten umgehen und kann letztlich auch lernen mit dem Gewinnen umzugehen. Die Keckheit hilft uns zudem, über alle, wirklich alle Arten von Spielverlusten hinwegzukommen.

Ständig verinnerlichen wir damit bei uns selbst, als Mensch sowie als TAO-Seele, den locker leichten Humor, notfalls sogar den schwarzen Humor oder den Galgenhumor.

Pure Keckheit lässt uns auf den Ebenen des „Großen Spiels" aufsteigen.

Sobald eine Person ihren Spielgeist verliert, hat sie verloren!

Wer wissen und möglicherweise selbst erfahren will, was es mit den legendären „aufgestiegenen" Meistern auf sich hat, sollte das „Große Spiel" im Universum sowie das „Spiel des Lebens", mit all seinen Bedingungen und Facetten erfassen lernen und sich sehr intensiv mit den Spiel-Ebenen auseinandersetzen.

Die sich gegenseitig durchdringenden, miteinander verwobenen Ebenen bilden die Spielbasen.
Die fortwährend wirksamen, dynamischen Yin-Yang-Kräftebeziehungen, von jeder dieser Spiel-Ebenen aus, bestimmen nicht nur unser eigenes Leben sondern unser aller mitmenschliches Überleben sowie das (Er-)Leben in ständiger Wechselwirkung.

Denn wie Lao Tse bereits so richtig bemerkte:

„Das einzig Beständige ist der Wandel!"

Karmische Bindungen

Die Wörterbücher lassen uns nicht im Unklaren über den Begriff und dessen Funktion. So steht beispielsweise in Wikipedia zu lesen: **Karma** (Sanskrit: karman, Pali: kamma „Wirken, Tat") Das Karma bezeichnet ein spirituelles Konzept, nach dem jede Handlung oder Unterlassung – sowohl physisch als auch psychisch – unweigerlich eine Folge hat.

Die Fiktionen unterschiedlicher Religionen verwässern diese eindeutige Aussage, der Prinzipien von Ursache und Wirkung.

Dadurch drängten sich mir etliche Fragen auf: Entsteht Karma durch eine übergeordnete, geistige Gesetzmäßigkeit? Erzeugt nicht nur „schlechtes" Karma den Kreislauf der Wiedergeburten, sondern gleichermaßen das „Gute"? Müssen die Folgen von Karma sofort wirksam werden, schon im gegenwärtigen Leben? Können sich die Folgen von Karma ebenso nicht auch erst in zukünftigen Leben manifestieren? Besteht das letzte Ziel tatsächlich darin: Überhaupt kein Karma mehr zu erzeugen?

In den indischen Religionen ist die Lehre des Karma eng mit dem Glauben an Samsara, den Kreislauf der Wiedergeburten, verbunden. Damit wirkt diese Bindung, die Gültigkeit des Ursache-Wirkungs-Prinzips, auf geistiger Ebene sicherlich auch über mehrere Lebensspannen hinweg.

In Hinduismus, Buddhismus und Jainismus bezeichnet der Begriff zumeist die Folge jeder Tat (sowie auch jeder Unterlassung) und ihre Rückwirkungen auf den Akteur selbst. Handlungen, Unterlassungen und sogar entsprechende Denkweisen wirken.

Karma entsteht demnach tatsächlich durch eine übergeordnete Gesetzmäßigkeit, nicht etwa wegen einer Beurteilung durch einen Göttlichen Weltenrichter oder einen Gott: Es geht hier nicht um Göttliche „Gnade" oder um eine „Strafe".

In den mitteleuropäischen, spirituellen Lehren kommt der Begriff „Karma" in der Theosophie und auch in der Anthroposophie von Rudolf Steiner vor. Dort finden wir ihn ebenfalls folgerichtig in Verbindung mit der Reinkarnation.

Steiners Reinkarnationslehre weist Übereinstimmungen mit entsprechenden theosophischen und platonischen Vorstellungen auf. Sie zeichnet sich jedoch durch ein besonders hohes Maß an Systematisierung und durch den Versuch aus, Reinkarnation und Karma in einen halbwegs christlichen Kontext zu integrieren.

Der Inhalt des Karma-Gesetzes besagt nach Steiner: „Alles, was ich in meinem gegenwärtigen Leben kann und tue, steht nicht abgesondert für sich da, als eine Art Wunder, sondern hängt als Wirkung mit den früheren Daseinsformen meiner Seele zusammen und als Ursache für die späteren."

Steiner meint an anderer Stelle: "Wir wissen, dass Karma zunächst bedeutet: Die geistige Verursachung eines späteren Ereignisses, einer späteren Eigenschaft oder Fähigkeit des Menschen durch ein Vorhergehendes.
Gleichgültig, ob diese geistige Verursachung auftritt in einem Leben zwischen Geburt und Tod, oder ob sie sich als das große Schicksalsgesetz der Menschheit durch die verschiedenen Erdenleben hindurchzieht, so dass die Ursachen für etwas in einem Leben Geschehendes in einem vorhergehenden oder einem in weiter Vergangenheit befindlichen Leben liegen - dieses Gesetz, dieses umfassende Schicksalsgesetz, ist das, was wir Karma nennen … ."

Meine Anmerkung dazu: Jeder einzelne Lebensabschnitt zeigt die Wirkungen des Karma, in den verschiedensten Arten.
Allerdings geht die menschliche Lebensbetrachtung gewöhnlich nicht sehr weit. Viele Menschen überblicken im Allgemeinen sich selber oder ihre Mitmenschen nur eine kurze Zeit des Lebens und mit der gerade Mal nötigen (Un-)Aufmerksamkeit. Ihre Wahrnehmung ist nicht durch das geistige Auge geschärft.

Lasst euch durch die unterschiedlichen Konzepte nicht in Verwirrung bringen.

Eine von mir modifizierte Definition, entsprechend der Erkenntnisse, die sich mir aus hunderten von Spirituellen Rückführungen erschlossen haben, lässt uns recht gut wahrnehmen, worauf Karma wirklich beruht:

Das sogenannte Karma ist dazu geeignet uns miteinander, für-einander oder gegeneinander zu verflechten. Wie man so sagt, gibt es ein gutes und ein schlechtes Karma. Was aber ist gut, was schlecht? Kann das eine Gute nicht für den anderen zum Schlechten gedeihen? Hat das Schlechte immer auch etwas mit dem Bösen zu tun? Wer öffnet das Tor zum Geheimnis? Wie können wir den Sinn des Karma selbst kennenlernen, ihn wahrnehmen?

Spirituelle Rückführungen ermöglichen jedermann den Blick hinter die Kulissen und lassen sogar karmische Veränderungen zu.

Karmisches Erleben hat in jedem Falle mit Gemeinsamkeit zu tun. Damit ist nicht nur das Miteinander bei Lebewesen gemeint.

Auch Einzelgänger oder Eremiten müssen sich nämlich trotz ihrer Vereinsamung mit den Verhältnissen ihrer Umgebung auseinandersetzen, mit der Natur und mit den Gesetzen des Universum. So ist immer die Konfrontation, gemeint als das bequeme Gegenüberstehen, beim Karma entscheidend.

Im weiten Sinne äußert sich karmisches Dasein in der Art und Weise von kommunikativem Sein, sowohl mit den Mitwesen als auch mit dem eigenen Erkennen und schließlich mit der ganzen Welt, den geistig-kosmischen und den physisch-universalen Gegebenheiten.

Meine Ansicht: „In der Richtung zu spiritueller Erleuchtung oder zu persönlichem Glück voran zu gelangen, ist es äußerst schwierig, ohne dabei Karma zu sammeln. Wenn jemand dieses Ziel hat, so muss er sein Wissen über Karma zu hohen Ebenen voranbringen. Anderenfalls wird seine Lebensbetrachtung ihn ständig einholen und das Ziel vereiteln wollen."

Lasst uns einen Blick auf den karmischen Tenor im Weltbild des Taoismus werfen. Damit kann ich mich weitaus besser identifizieren, als mit den aus meiner Sicht religiös überzeichneten Doktrin buddhistischer, hinduistischer und jainistischer Art.

Taoismus

Um den taoistischen Karma-Begriff zu erfassen, muss man zuerst realisieren: Hierzu studiert jemand weder Buddhismus noch Hinduismus noch Jainismus. Denn deren Konzepte gelten hier nicht.

Die wahre Natur des Karma ist für menschliche Begriffsstrukturen offenbar schwer zu begreifen.

Denn Menschen sehnen sich nach klaren Unterscheidungen bei Recht und Unrecht und nach Gerechtigkeit.

Dieses Verlangen führt zu dem Wunsch nach einem geistigen Kosmos und einem physischen Universum, denen jeweilige Göttliche Gesetze zur Verfügung stehen. All dies soll vom Göttlichen geradezu beauftragt sein.

Das Karma-Prinzip in Buddhismus, Hinduismus und Jainismus ist ein Ausdruck dieses Wunsches.

Für Menschen in ihren Gesellschaftsformen ist es sicher vorteilhaft so etwas wie Recht und Gerechtigkeit zu haben und sich in den vorgegebenen Normen richtig zu verhalten. Menschen funktionieren dem entsprechend besser in einer guten Welt und in der Gegenwart von Gutem, als in der Gegenwart des Bösen oder des Schlechten.

Das Tao (auch Dao) des Taoismus gibt dies nicht vor, verbreitet keine dieser entsprechenden Regeln. Denn Tao beinhaltet alles.

Tao unterscheidet nur in den Ausprägungen zwischen Gut und Böse, Schöpfung und Zerstörung, Geburt und Tod, Schönheit und Hässlichkeit. Aus diesem Grund beschäftigt Tao sich nicht damit, besonders gut oder schlecht zu sein. Es liegt an den Menschen, als Teil der sozialen und/oder kriegerischen Sphären, ihren freien Willen zu nutzen und eine wünschenswerte Welt zu schaffen.

Tao, das übergeordnete, rein geistige Prinzip, wird dies nicht für Dich tun. Er/Sie/Es würde den freien Willen verletzen.

Um das Karma, im Sinne des Taoismus, zu verstehen, muss man verstehen, dass das Universum, aus dessen Sicht, auf der Basis von Wahl und freiem Willen geschaffen wurde. Dieser freie Wille ist in der eigentlichen Konstruktion des physischen Universum angelegt.

Das anscheinend grundlegende Göttliche Gesetz der Wahl und des freien Willens ist das, was vom Tao beauftragt wird und aus dem Tao kommt.

Karma ist dabei die Energie der Wahl. Diese Energie ist also der wirkungsvolle Treibstoff, der dieses in Polarität befindliche, durch nichts ausschließlich einseitig festgeschriebene, physische Universum, in Bewegung hält. Wir Wesenheiten (Menschen oder Nichtmenschen) entscheiden, wofür sie sich einsetzen lässt.

Wenn die Karma-Waage weder nach Gut noch nach Böse ausschlägt, nach ihr belohnt wird, welche Regeln regelt sie dann?

Um diese Frage sinnvoll zu beantworten, müssen wir das karmische Drei-Pole-Modell des Taoismus verstehen.

Demzufolge gibt es **drei Pole des Karma**, darstellbar durch drei Pfosten:

1) ein positiver Pol

2) ein neutraler Pol

3) ein negativer Pol.

Anfangs wollen die Menschen gewöhnlich positiv als gut bezeichnen; neutral als neutral; und negativ als böse.

Diese Betrachtung ist grundlegend falsch, weil sie dadurch die Sphären des Sein jongliert. Dies führt zu Problematiken.

Karma wird angesammelt, indem jemand freiwillige Entscheidungen trifft, die in einen der vorgestellten Pfosten passen:

Wenn jemand ein positives Karma ansammeln will, dann denkt er und macht er positive Dinge. Diese positiven Dinge addieren sich zusammen, um ein positives Karma zu bilden.

Er klettert allmählich den positiven Pol hinauf. Je höher er steigt, desto mehr Kraft wird er haben.

Dies ist die mathematische Karma-Akkumulation.

Wenn jemand versucht, positives Karma zu akkumulieren, um dennoch daraus eine negative Wahl zu treffen, subtrahiert er dieses Negativ von seinem sonst positiven Karma und verliert so Macht.

Wenn seine Wahl genügend negativ ist, könnte er am Ende all sein Karma verlieren oder es sogar auf den Minuspol, den Negativ-Pfosten, verlagern.

Es ist gleichermaßen möglich, negatives Karma zu akkumulieren und dadurch ebenfalls eine ungeheure Macht zu erwerben. Wenn aber nun eine negativ böse Person etwas positives macht, verliert diese Person ebenfalls Karma.

Über die meisten seiner Sekten begünstigt der Taoismus entweder die Akkumulation von positivem oder von neutralem Karma.

Historisch gesehen sind Meister und Adepten*, die zu sehr ein großes böses Karma verfolgt haben, von den Meistern und Adepten positiver Schulen getötet worden.

Es sollte mit dieser, wiederum positiv wirkenden Tat einfach vermieden werden, dass sie eine Welt schaffen, die letztlich für das menschliche Überleben schädlich wäre.

Die Energie des Karma ist im Taoismus überaus wichtig, denn sie gibt der Fähigkeit Raum, bei der Wahl der Möglichkeiten erfolgreich zu sein. Zum größten Teil, wenn wir ohnmächtig sind und unfähig zu wählen, werden wir nicht in der Lage sein, unseren Zustand zu verbessern und uns selbst, als Mensch, im lebendigen Dasein zu bewältigen. Dieser Wahl-Mangel garantiert Unglück.

Das Karma macht Aufklärung sehr viel wahrscheinlicher, ist aber keine Voraussetzung, um Erleuchtung zu erreichen.

Wie gesagt ist Karma, im Sinne des Taoismus, nicht Teil eines Belohnungssystems, das letztlich zur Erleuchtung führen soll.

* Ein Adept ist jemand, der von einem Meister in eine Kunst oder Wissenschaft tiefer eingeführt worden ist, dessen Lehren studiert hat und sich als Kenner von dessen Philosophie und Erkenntnissen ausweisen kann.

Eigene Erfahrungen

Ich kann bestenfalls zu einem geringen Prozentsatz mit all den Darstellungen und Überlegungen zum Thema „Karma" übereinstimmen. Die speziell in Indien aufgestellten Dogmen entsprechen überhaupt nicht meinen eigenen Beobachtungen.

Sogar das Gesetz von „Ursache und Wirkung" erfährt vielfach zu starke, dogmatische Festlegungen und wird zudem ganz schlimm verdreht. Dadurch wirkt es wie ein Irrlicht, das Suchende in allerlei Abgründe stürzen lässt.

Lediglich im chinesischen Taoismus kann ich etliche Ansätze entdecken, die mit meinen Erfahrungen übereinstimmen.

So kann ich immerhin teilweise die Ansichten der Christen und der Islamisten verstehen, wenn sie gegen die Überlegungen zum „Karma" angehen. Allerdings finde ich deren Argumente manchmal ziemlich haarsträubend.

Vor allem, wenn sie im gleichen Atemzug mit Karma die Reinkarnation und die Wiedergeburt ablehnen, alles in einen Topf werfen und dann kräftig umrühren. Aus meinen eigenen spirituellen Erfahrungen heraus, muss ich deren Erklärungen widersprechen.

Besonders die vehementen Leugner von karmischen Zusammenhängen sind mir suspekt. Schließlich erkennen wir im Karma tatsächlich eine nachvollziehbare, ausführende Naturkraft, die eindeutig auf dem Gesetz von Ursache und Wirkung beruht.

Lediglich dessen, als unumstößlich und als absolut dargestellte Wirkungsweise finde ich überzogen.

Denn zuerst einmal kann Karma auch im ablaufenden Leben geklärt werden. Sodann beinhalten die unmittelbar weiteren Folgeleben keine zwangsläufige Karmawirkung.

Denn auf das menschliche Konstrukt aus dem Körper mit dem Verstand und der sich dazu gesellenden TAO-Seele bezogen, darf niemals eine dogmatische Anschauung als unveränderlicher, unverrückbarer Maßstab angelegt werden.

Immerhin handelt der beseelte Mensch, zumindest ansatzweise, aus seinem freien Willen heraus. So kann er, in seiner kreativ schöpferischen Art und Weise, aus jedem karmischen System aussteigen, sich gewissermaßen darüber erheben.

Meine Erfahrungen aus vielen Spirituellen Rückführungen lassen mich etliche, teils sehr unterschiedliche Varianten bei den Ursache-Wirkungs-Prinzipien wahrnehmen. Hierbei öffnet sich jedes Mal die Welt der tausend Möglichkeiten.

Es ist beispielsweise keineswegs erforderlich, dass Menschen in Pflanzen- oder Tierkörpern wiedergeboren werden müssen, obwohl bestimmte karmische Konstellationen dies so vorgeben.

Auch muss ein mit voller Absicht ausgeführter Mord an einem Mitmenschen nicht zur eigenen Ermordung führen. Wobei keineswegs ausgeschlossen ist, dass sich, bei entsprechenden Gelegenheiten, der einmal oder mehrmals Ermordete revanchiert.

Dies kann schon bald oder erst viele, viele Leben später sein. Es muss auch nicht unbedingt wieder ein offensichtliches Tötungsdelikt folgen. Frauen sowie Männer können ihren karmischen Partnern das Leben auch anderweitig zum „Himmel" oder zur „Hölle" machen.

Oft und oft gelingt es den Wesenheiten nicht, sich aus einer einmal zugewiesenen Opferrolle zu befreien. Ständig werden sie der Unterdrückung durch andere ausgesetzt. Sie wehren sich einfach nicht, aus welchen vorgeschobenen Gründen auch immer.

Dadurch stimmen sie gegenüber anderen darin überein, ein kleiner Mensch ohne Macht zu sein. Sie negieren ihre wahre Größe, als Geistige Wesenheit, und ducken sich in ihr „Schicksal", beziehungsweise lassen sich ducken.

Vielfach werden sogar, bei vollem Relativ-Bewusstsein, religiös anmutende Betrachtungsweisen geäußert und an die Mitmenschen suggestiv weitervermittelt, weswegen Leute es unbedingt zulassen müssen, dass ihnen der Garaus gemacht wird.

Jedenfalls ist eindeutig wahr: Auch diese Art von „sich klein machen" ist etwas, das ein Mensch selbst, ganz ursächlich, genau so gestaltet, indem er es tut oder zulässt.

Somit ist „Ursache und Wirkung" keineswegs nur ein karmisch vorgegebenes Gesetz, sondern eher das schöpferische Setzen einer Tat oder eben einer Unterlassung. Dadurch wird schließlich eine Wirkung hervorgebracht die dem Menschen selbst und/oder seinem Umfeld schadet.

Die Gesetzmäßigkeit von „Ursache und Wirkung" gilt auch dann noch, wenn sich der Mensch aus dem Wirrwar von Zufall, Schicksal oder Kismet befreien konnte. Sonst bleibt er ein Gefangener dieser Gesetzmäßigkeit, in die er sich über halbe Ewigkeiten verstrickt hat.

Per Spiritueller Rückführungen gelingt es tatsächlich karmisch festgefahrene Situationen zu knacken.

Dessen energetische Entladung gelingt, indem ich die rat- und hilfesuchenden Freundinnen und Freunde mehrmals an das Ereignis in der Vergangenheit heranführe, das sich als ursächlich oder ursprünglich zeigt.

Meine Freundin oder der Freund bereinigt die Situation darin selbst, löst eine ganze Kette auf.

Vor den Spirituellen Rückführungen haben, ohne deren Zutun, die automatisch einwirkenden, karmischen Verknüpfungen die Gegenwart mitbestimmt.

Das Gesetz von Ursache und Wirkung, das ein Karma hervorruft, erhält durch diese spirituelle Maßnahmen ganz besondere, in keinem irdischen Konzept vorgesehene Auswege. Wir finden gemeinsam, durch Spirituelle Rückführungen, diejenigen Zusammenhänge, die sich tatsächlich als praktisch anwendbar herausstellen.

Damit entdecken wir gewissermaßen erleichternde Auslegungen und Durchführungsverordnungen zu verschiedenen, als vorgeblich unumstößlich geltenden Gesetzestexten für den physisch universalen Spielverlauf.

Eines habe ich im Laufe der Zeit gelernt: Egal welches karmische Konzept wir auch vorfinden, nichts davon sollte als unabänderlich oder als dogmatisch festgeschrieben betrachtet werden.

Selbstverständlich stimmen viele Leute mit jeweils einem speziellen Konzept überein. Für diesen Personenkreis kann ich mir sogar vorstellen, dass sich Teile davon über die Leben hinweg realisieren.

Die Vorstellungskraft von Wesenheiten, mit ihren geistig-kosmischen Wirklichkeiten, ist nämlich enorm und kann durchaus physische Realitäten erschaffen, wenn erst einmal auch viele andere in Übereinstimmung mit einem Konzept gegangen sind.

Diese Folgen von Übereinstimmungen haben uns Menschwesen schon ziemlich lang das Leben schwer gemacht. Schwerer als es eigentlich sein müsste.

Wie bereits beschrieben sind Himmel und Hölle, mit dem vorgeschalteten Fegefeuer, solche Arten und Weisen von Betrachtungen. Wir können selbstverständlich auch den Hades oder Walhall oder die Ewigen Jagdgründe hier mit einbeziehen.

Wer sich ganz intensiv mit diesen Vorstellungswelten verbindet, wird sie sicherlich nach seinem Ableben vorfinden.

Ich habe wahrhaftig Leute durch das Himmelstor in eine andere Welt begleitet, damit diese sich in aller Ruhe auf ihre Wiedergeburt einschwingen konnten. Jedoch haben sich nach etlichen Spirituellen Rückführungen die Anschauungen relativiert. Die Vorstellung einer himmlischen Welt wird dann als phantastischer Wunsch erkannt. Der Vorteil der Erkenntnis ist eine sehr viel leichtere Reinkarnation.

Das Bewusstsein wird erhöht und Erinnerungen an andere Leben bleiben lebendig.

Es soll natürlich nicht heißen, dass die Wirklichkeit eines Himmels nur ausgedacht wurde. Nein! Im individuellen, geistigen Kosmos der Wesenheit hat sie dennoch ihren festen Platz und wird ihn so lange behalten, bis der Mensch sich bewusst davon verabschiedet und damit ein Stück weit trennt.

Auch der Begriff „Phantasie" darf unter keinen Umständen abgewertet werden. Hiermit bezeichnen wir lediglich eine bestimmte Art des kreativen Denkens.

Ohne die Phantasie gäbe es keinen noch so kleinen Teil des sogenannt realen Universum. Sie ist gewissermaßen das ausgezeichnete Bindemittel jeglicher physischer Realität, untereinander sowie hin zur geistigen Wirklichkeit bei den Denkvorgängen.

Übrigens stehen Karma und Reinkarnation, aus meiner Sicht, keineswegs in so engem Verhältnis zueinander, wie es in den vorgenannten Konzepten immer wieder hervorgehoben oder von anderen verneint wird. Außerdem sind Reinkarnation und Wiedergeburt nicht einmal in allen Varianten identisch.

Wiedergeburt kann die Wiedergeburt eines neuen Körpers sein, mit der immer wieder sich verbindenden Seele als „Beifahrer". Oder sie ist ein Neubeginn im Hier und Jetzt.

So kann jemand durchaus als neuwertiges Wesen Wiedergeburt erfahren, wenn er beispielsweise seine Ansichten ändert oder wenn er durch Spirituelle Rückführungen neue Erkenntnisse bekommt.

In diesem Zusammenhang habe ich sogar erlebt, wie sich eine TAO-Seele dem Körper-Geist-Verbund erneut zuwandte. Ein Freund kam zu mir, einfach um Bestätigung für seine eigene Weltsicht zu erfahren. Er glaubte weder an die Reinkarnation noch an die Wirkkraft von Spirituellen Rückführungen.

Dieser Freund erlebte sich wie frisch beseelt. Ihm wurde plötzlich klar, dass es ein Göttliches Miteinander um ihn herum gab. Seine Religiosität erfuhr ein völlig neues Erleben.

Während er bisher als Atheist durchs Leben ging, an nichts glauben wollte, was halbwegs nach Religion roch, offenbarte sich ihm, durch sein TAO-Sein, das wahrhaft Göttliche im Dasein.

In Verbindung mit der Reinkarnation werden speziell in den indischen Betrachtungsweisen zwangsläufige Stufen eingebaut, die der Seele Tiere oder sogar Pflanzen zuweisen.

Dies ist für Freigeister purer Unsinn, so habe ich festgestellt – natürlich außer, man stimmt dennoch auch damit überein und bindet sich so wiederum selbstbestimmt in dieses System!

Die Wiedergeburt ist an keinerlei Systematik gebunden, wenn oder sobald wir unsere ureigene Fähigkeit zur Selbstbestimmung als Geistige Wesenheit anwenden können. Es gibt keine festen Regeln, weder im Umgang mit der Zeit noch abhängig vom Ort.

Wenn wir dennoch gewissen Vorgaben folgen, liegt es an unserer eigenen Folgsamkeit oder Duldsamkeit gegenüber sogenannten Obrigkeiten oder dergleichen.

Je weniger jemand die vorgeblichen „Notwendigkeiten" anerkennt oder auch davon weiß, umso freier kann er sich im selbst gestaltbaren „Leerraum" zwischen den Leben bewegen.

Mir wurde im Laufe meiner Tätigkeit als Spiritueller Rückführer mehr und mehr klar, dass die Karma-Konzepte so gut wie nie genauso funktionieren wie sie propagiert werden.

Die wirklich entscheidenden Bindekräfte im Geistigen sind Liebe und Hass, in all ihren Abstufungen und Ausprägungen.

LIEBE und HASS sind die zwei Seiten einer Medaille, die mir begegnet sind, wenn mir gestattet wurde zu beobachten, wie sich Wesenheiten über die Zeiten verstricken. Kein noch so ausgeklügeltes Punktesystem beziehungsweise jene mathematischen Strukturen, haben die gleiche Wirkkraft wie eben Liebe und/oder Hass.

In diesem Zusammenhang darf dem Emotionalen, auch bei anderen Sichtweisen, eine weitaus stärkere Schaffenskraft zugerechnet werden, als dem analytischen Denkvermögen eines Verstandes.

Erst indem wir uns über die negativen und sogar über die positiven Emotionen erheben können, gelangen wir zur Transzendenz.

Alle Lebensformen, Mensch oder Nicht-Mensch, sind vorwiegend emotionsgesteuert. Der „Sumpf der Emotionen" wurde uns mächtigen Geistwesen, zum nach unten ziehenden Verhängnis. Unsere, in eigenem Lust- und Suchtverständnis geschaffene Abhängigkeit brachte uns auf den Stand, dem wir heute anhängen.

Auch all diese erlebbaren Emotionen sind offenbar Varianten im „Großen Spiel" sowie noch deutlicher im „Spiel des Lebens".

Über den emotionsgeladenen Hass wird wohl kaum ein leichtgänger Ausstieg aus den karmischen Verstrickungen gelingen. Im Gegenteil, nach meiner menschlichen Erfahrung verfestigen sich die Geistigen Komponenten der daran anhängenden Ursachen immer mehr, bis sie geradezu steinern oder versteinert erscheinen.

Zu diesen Komponenten zählen alle Formen von Gewalt, sowohl körperlicher als auch geistiger und ebenso sozialer Gewaltanwendungen.

Mir ist vor Jahren ein junger Mann begegnet, der unbedingt Hilfe im Umgang mit dem anderen Geschlecht brauchte. Seine Beziehungen hatten keinen Bestand. Die Mädchen mieden ihn entweder ganz oder sie verließen ihn nach kurzer Zeit. So war auch gerade vor unserem Treffen eine Partnerin gegangen.

Die Geschichte, die wir in den Spirituellen Rückführungen fanden, begann in der Zeit als er mit Dschingis Khans wilden Horden der Mongolen auf Eroberung aus war. Frauen zu vergewaltigen war damals üblich, denn als Eroberer konnten sich die Kerle nehmen was ihnen gefiel.

Und Frauen hatten in diesem Zeitalter nicht oder noch nicht oder nicht mehr den Stellenwert, wie in früherer oder unserer Zeit.

Das Patriarchat hatte sich ausgebreitet und dem Matriarchat den ursprünglichen Raum genommen.

So zog er mit seinen Kumpanen raubend und plündernd und vergewaltigend durch die Lande.

Als wir diese Geschehnisse entdeckt hatten, konnten wir unter anderem erst einmal deren brutalen Inhalt entladen.

Entdeckt hatten wir das Ganze, weil er bei einem der Raubzüge, gerade als er wieder einmal eine Frau überfallen wollte, regelrecht abgeschlachtet wurde.

Auf diese Art und Weise hatte sich das Bild „Frau" in Verbindung mit dem gewaltsamen „Tod" in die Speichermedien seines Körpers und in den Verstand eingebrannt.

Dieses Ursprungsereignis hatte ihn selbstverständlich, auch vor diesem Leben, in früheren Lebensabschnitten, schon zum gefährlichen Frauenfeind erklärt.

Eine Abfolge, von immer wieder tödlich endenden Geschichten, fügte sich aneinander. Duelle, Rache gegenüber Rivalen und vieles mehr folgte auf dieses ursprüngliche, ursächliche Leben.

Er strahlte, den Freundinnen gegenüber, immer noch das gewaltbetonte Verhalten aus, auch wenn er mittlerweile „ein ganz anderer" geworden war.

Und er selbst hatte jedes Mal die unbändige Angst im Schlepptau, wieder einmal umgebracht zu werden.

Nun war ihm sonnenklar, warum er bei Frauen nicht mehr langfristig landen konnte.

Erst die Spirituelle Rückführung erlöste ihn von all dem Alten. Kurz darauf erlebte er eine glückliche Beziehung. Diese Frau hat er geheiratet und lebt mit ihr, jetzt schon seit Jahren, harmonisch zusammen.

Der gewaltbetonte Lebensrhythmus führt immer nur in weitere Hass-Tiraden hinein. So entstehen und verfestigen sich Zwistigkeiten in den Familien ebenso wie „historisch bedingte" Bruderkriege zwischen Staaten.

Die einzig vernünftigen Lösungsmittel für solche Versteinerungen sind hochwertiges gegenseitiges Verstehen, entstanden aus einem Ausdruck von Affinität und Liebe.

Vor allem die bedingungslose Liebe können auch wir Menschen nutzen, um dem karmischen Netzwerk ein unfassbar wirkungsvolles Schnippchen zu schlagen.

In Liebe erheben wir uns von jetzt auf gleich, unglaublich effektiv, direkt zum Göttlichen TAO hin, weit, weit über den sexuellen Liebesakt hinaus.

„Wenn Du mich liebst, dann liebe ich Dich auch." oder „Ich liebe Dich, so wie Du mich liebst.", sind minderwertige Forderungen für die Voraussetzungen für Liebe.

In der höchsten Form von Liebe, unabdingbar, ohne jegliche Art und Weise einer Bedingung, befinden sich Wesenheiten im karmischen Nirgendwo.

Mit Sicherheit haben sich Jesus und Buddha entsprechend ihrer weisen Erkenntnisfähigkeit aus ihrem karmischen Umfeld befreit. Bei Mohammed bin ich mir keineswegs sicher.

Schon deshalb nicht, weil er selbst nicht frei von Kriegsgedanken war und auch seine Nachfolger dem Waffengang mehr Aufmerksamkeit schenkten und schenken, als der Fähigkeit zur mitmenschlichen, geschweige denn Göttlichen Liebe.

Man kann aber sagen was man will, ich habe mittlerweile keinerlei Zweifel daran, dass wir uns selbst, alleine oder gegenseitig, aus jeglichen Karma-Konzepten erlösen können.

Wir sind nämlich die Götter, die Höheren Selbst die im geistigen Kosmos sowie im physischen Universum aktiv sind und hier ohne Wenn und Aber noch immer gestalten.

Jedenfalls sind wir keineswegs nur dieses eine Lebewesen, das wir hier auf Planet Erde meinen zu sein.

Wir, die TAO-Seele, steuern ungezählte Körper, sowohl auf dem Planeten Erde als auch darüber hinaus, in den Weiten des Universum.

Wir erleben das große Miteinander in und mit TAO, bewusst sowie nicht-bewusst.

Wir sind dauerhaft verbunden, mit all den anderen Wesenheiten und mit unserem Göttlichen Ursprung.

Ich erkenne dieses Dasein mit all seinen Facetten an, als: Geistige TAO-Seele, unmittelbar verbunden mit dem universalen TAO, mit den Höheren Selbst und mit dem Göttlichen TAO.

Seelen-Verwandtschaft

Wenn jemand wissen möchte, ob sie/er Brüder oder Schwestern im Geiste hat, sollte sie/er in eine möglichst weit zurückliegende Vergangenheit hineinschauen. Derartige Bindungen entwickelten sich vor ewigen Zeiten und wirken bis in die Gegenwart herein.

Eine Frau hatte das deutliche Gefühl, einen ihrer Arbeitskollegen schon sehr lang zu kennen. Im Verlaufe von Spirituellen Rückführungen stellte sich heraus, dass dieses Miteinander tatsächlich schon sehr, sehr lang zurückliegend begonnen hatte.

Auch damals, vor langer Zeit auf einem ganz anderen Planeten, waren sie gemeinsam für ein wichtiges Projekt tätig.

In diesem Zusammenhang entwickelte sich ein inniges Verhältnis, das die Frau bis zum heutigen Tag nicht mehr losließ.

Leider hatte die andere Person keinerlei Erinnerung an jene Vergangenheit. Auch fehlte ihm, er war in diesem Leben ein Mann, der Draht zu den Emotionen, die sie beide offenbar verbunden hatten.

Es stellte sich heraus, dass sie gemeinsam auch auf der Erde mehrere Folgeleben immer wieder einmal durchlebten.

Mehrmals waren sie sogar ein Paar. So erhielt sich ihr geistiges Band durch die Zeiten. Sie fanden sich und verloren sich wieder.

Die Seelen-Verwandtschaft ist gar nicht selten. Schließlich können sich Menschwesen allein schon deshalb öfter begegnen, weil ihre Höheren Selbst in Raum und Zeit „näher" beieinander sind, als ihre körperlichen Varianten in dem relativ eng begrenzten Raum-Zeit-Kontinuum des physischen Universum.

Jedenfalls muss eine Zusammenkunft nicht zwangsläufig auch in diesem Leben zu einem Happy End führen. Das musste eine andere junge Frau erfahren, die sich unbedingt wünschte, mit ihrem ehemaligen Mann, den sie in einer der Spirituellen Rückführungen gesehen hatte, wieder vereint zu sein.

Als sie den Mann dann tatsächlich traf, der genau dem Bild entsprach, das sie entdeckt hatte, verliebte sie sich in ihn und er sich in sie. Sie zogen zusammen und lebten etwa ein Jahr miteinander. Doch dann kamen die ersten Streitigkeiten.

Die unterschiedlichen Verhältnisse ihrer bisherigen Lebensweisen holten sie ein.

Er fühlte sich in diesem Leben für seine Schwester verantwortlich und sie sich für die Familienmitglieder in ihrem Haushalt.

So prallten zwei Welten aufeinander, die in diesem Leben keinen gemeinsamen Nenner mehr hatten. Denn während der wundervollen gemeinsamen Vergangenheit gab es nur sie beide.

Damals lebten sie nämlich in einer einsamen Waldhütte und waren mit sich selbst zufrieden. Eine Außenwelt gab es nur insoweit, als dort Wald und Wiesen waren und selbstverständlich ein Brunnen, den der Mann selbst ausgehoben hatte.

Sie versah den Haushalt, während er sich um die Jagd und um das Winterholz kümmerte. Alles in allem eine Idylle, wie sie im Umfeld der Gegenwart nicht mehr realisierbar war.

Mittlerweile leben sie wieder getrennt, noch immer als Freunde, aber eben nicht als Liebespaar.

Die Problematik solcher ehemaliger Seelenverwandtschaften besteht allein schon darin, dass zwischen dem in weiter Vergangenheit geflochtenen Band und der Gegenwart x-fach unterschiedliche Leben liegen, mit ganz anderen Erfahrungswerten.

So wie sich auch in diesem Lebensabschnitt Ehepaare auseinander leben können, wenn einer der beiden andere Betrachtungen gewonnen hat, so und wesentlich gravierender verlieren die ehemals eng verbundenen Wesenheiten ihre Gemeinsamkeiten.

Wenn nun dennoch ein Wiedersehen erfolgt, weil man sowieso ständig in der Nähe des Anderen gelebt hat, ist es zwar durchaus möglich, dass Seelenverwandte sich finden, doch wie sollen beispielsweise „Geschlechter"-Paare zueinander kommen, wenn ein sehr großer Altersunterschied zwischen ihnen herrscht oder sie als Geschwister geboren werden.

Bei der Gelegenheit kann ich meine Überzeugung erklären: Es ist völlig unwichtig, welches Geschlecht in der Gegenwart vorherrscht. Mann-Frau oder Mann-Mann oder Frau-Frau können im Seelischen genau so zusammenpassen.

Auch eine Eltern-Kind-Beziehung kann sich wundervoll zu einer seelischen Beziehung ergänzen.

Was ich euch nochmals vor Augen führen möchte, ist die Opfer-Täter-Beziehung. Auch und gerade hierbei gibt es verwandtschaftliche Verhältnisse. Niemand kann sich herausreden, wenn es darum geht, alte bis uralte Verbindungen zu bereinigen.

Darunter fallen die Opfer der Weltanschauungen ebenso wie Einzelschicksale. Und wir finden vielfach auch umgekehrte Zusammenfügungen in den aufeinander folgenden Lebensrhythmen.

Ein junger Mann kam mit einem Alkoholproblem zu mir. Er hatte dies selbst erkannt und wollte sich davon lösen, bevor auch sein Umfeld dies so sah.

Bisher konnte er die Problematik einfach damit deckeln, indem er sich regelmäßig mit seinen Freunden zu einem Bierchen traf.

Doch er bemerkte die Suchtgefahr hinter diesem angeblich normalen Verhalten.

Darüber hinaus wurde auch schon die Durchführung von Spirituellen Rückführungen gefährdet, weil jemand 24 Stunden vor dem Beginn einer Sitzung keinen Alkohol mehr getrunken haben durfte. Ein paar Mal verschoben wir deshalb Termine.

Seine Geschichte hatte dabei tatsächlich recht drastisch mit dem Thema Alkohol zu tun: Er war als deutscher Offizier damit beauftragt die Transporte in Konzentrationslager zu organisieren und zu beaufsichtigen. Diese Aufgabe überforderte sein religiös-ethisches Empfinden. Deshalb ergab er sich ständig dem Einfluss von Alkohol. Er „gab sich die Kante", wie er sich ausdrückte, um das alles zu überstehen.

Auf dem Bahnhof, mit den Viehwaggons in die Menschen getrieben wurden, fiel ihm eine Frau besonders auf. Er half ihr mit zittrigen Händen in einen der Waggons.

Dieses dramatische Ereignis seiner nicht allzu weit zurückliegenden Vergangenheit zeigt ihm überdeutlich, dass er im Grunde nicht dafür geschaffen war Leute in den Tod zu schicken. Er bereute das Geschehen zutiefst, konnte aber in der Gegenwart nicht ungeschehen machen, wofür er damals missbraucht wurde.

Ein Jahr nach der letzten, hilfreichen Spirituellen Rückführung, inzwischen war er von der Sucht nach Alkohol befreit, hat er geheiratet. Es war eine junge Frau, in der er jene Frau wiedererkannte, die er damals verfrachtet hatte. So konnte er dennoch in der Gegenwart etliches wieder gut machen.

Ob eine Seelenverwandtschaft glücklich zu nennen ist, hängt immer von der persönlichen Einstellung der Menschen im gegenwärtigen Lebensablauf ab.

Sich auch weiterhin als Täter aufzuspielen ist Charaktersache, wie man landläufig sagt. Dabei ist dieser Charakter durchaus auch wandelbar, was häufig vehement verneint wird.

Begründet wird die Ablehnung beispielsweise mit den Genen, die mit festgeschriebenen Inhalten belegt sein sollen. Mittlerweile weiß jedoch auch die Wissenschaft, dass sie einem Irrtum aufgesessen war. Die DNA ist auch im Laufe des Lebens veränderbar. Man spricht hierbei von Epigenetik, dem Einfluss unserer Gedanken und der Vorstellungskraft auf die körperlichen Umstände.

Zum Beispiel können wie mit der Kraft der Vorstellung unmittelbar Einfluss auf die Gesundheit nehmen.

Doch darüber will ich mich in einem der nächsten Kapitel auslassen. Hier betrachten wir noch ein wenig die Verwandtschaft der Wesenheiten und ihr Verhältnis zueinander.

Den Ursprung von quasi-verwandtschaftlichen Bindungen finden wir, wie bereits gesagt, in einer sehr, sehr weiten Vergangenheit.

Wie mir eine meiner Freundinnen bestätigte, hatte sie eine enorme Affinität zu einem anderen Geistwesen, als die „Zeit" noch nicht den Stellenwert hatte wie später oder heute. Gemeinsam hatten sie das Projekt der farblichen Gestaltung in ihren Vorstellungen.

Dabei ging es niemals darum einen Gegenstand oder dergleichen mit Farbe zu versehen, sondern einfach um die Möglichkeit generell Farbe in das Spielgeschehen des Universum zu bringen.

Der Begriff „Farbe" war ebenfalls nicht vorhanden in ihrer geistig kosmischen Erscheinung. Lediglich das gemeinschaftliche Sein ließ ihr Miteinander „farbiger" werden.

So verbanden sie sich in einer Art tänzerischer, irgendwie „aufwärts" gerichteter Spirale und gewannen eine einheitliche „Denkweise" in hochwertiger Affinität.

Die von ihnen kreierte Farbigkeit strahlte über sie beide hinaus und erfasste das damals noch „kleine" Universum. Größenordnungen hatten auch noch keine Relevanz. Darum kümmerten sich andere Geistige Wesen.

Mir fällt es schwer, für die Vorgänge die richtigen Worte zu finden. Denn selbst „Worte" brauchen ein Gegenüber, eine in Resonanz befindliche Gestalt, um Realitäten abbilden zu können.

Deshalb fehlen im Geistigen solche Wortgebilde. Dort oder hier wird, gewissermaßen telepathisch, der bildhafte Eindruck übermittelt, inklusive aller hochwertiger Emotionen.

Jedenfalls halten die seit dem Ursprung verwandtschaftlich verbundenen Geistwesen den Kontakt, über allerlei Erlebbares hinweg.

Jetzt könnt ihr euch vielleicht vorstellen, was es bedeuten kann, in der relativen Gegenwart mit so einem Seelenverwandten zusammen zu treffen. Dabei werden außergewöhnliche Emotionen frei, die weit über alles bisher Dagewesene hinaus wirken.

Menschen fühlen sich, „wie im freien Flug zwischen den Welten". So wurde es mir einmal beschrieben.

Doch wer ist nun mit wem seelenverwandt? Nicht alle haben diese besonderen Erlebnisse von vor langer Noch-nicht-Zeit. Die überwiegenden Familien gestalten sich in ihren Verwandtschaftsverhältnissen erst später, oder erst in neuerer Zeit.

Schließlich gibt es über die Paarverhältnisse hinaus auch noch Onkel und Tanten, Nichten und Neffen und vieles mehr, wie wir es auch in der Jetzt-Zeit so feststellen können.

Nicht von ungefähr kommen die Götterfamilien dieses Planeten und auf anderen Welten zustande.

So hatte ich eine Frau in einer Sitzung, die allen Ernstes wahrnahm, wie sie als mütterlicher Führungsgeist zwischen den Gestirnen wandelte und ihre Kinder sowie alle anderen Familienmitglieder um sie herum waren. Sie schwebten umher, auf der Suche nach einem geeigneten Planeten, einer Heimat.

Diese matriarchalische Struktur bewegte sich auf die inneren Planeten des Sol-Systems zu. Sie kam mit ihrem Familienverbund von weit außerhalb und beabsichtigte hier sesshaft zu werden.

Damals hatten sie noch die Wahl zwischen vier bewohnbaren Planeten, der Venus, der Erde, dem Mars und dem Tiamat (dessen zerfetzte Überreste kreisen heute zwischen Mars und Jupiter, als Asteroiden-Gürtel).

Sie entschieden sich für die Venus. Dieser Planet war noch sehr urtümlich und wirkte unberührt. Nicht umsonst wird der Venus noch heute ein weibliches Flair zugesprochen, obwohl sie mittlerweile in einen für das Leben extrem ungeeigneten Ort verwandelt wurde.

Die Erde teilten sich schon vielerlei andere Götterfamilien und den Mars hatte sich bereits eine eher männlich geführte, kriegerische Familie zu eigen gemacht.

Tiamat war relativ uninteressant, da dieser Planet am weitesten von der Sonne entfernt war. Er war kälter, als die weiter innen kreisenden Planeten und somit sogar für die Geistwesen-Familien zu ungemütlich. Außerdem gab es dort noch nicht einmal den Ansatz von Menschwesen, die jene hätten übernehmen können.

Diese interessanten Spielfiguren oder ihhnen ähnliche Tiere befanden sich fast ausschließlich auf der Erde.

160

Erst viel später, als die Anunnaki begannen den Weltraum im Bereich des Sol-Systems zu bevölkern, wurden auch die Geistigen Wesen wieder mobiler. Nun hängten sie sich an die Exemplare jener hochentwickelten Rasse und spielten weitreichendere Spiele.

Auch hier sehen wir, wie verschieden sich Seelenverwandtschaften ausbreiten konnten. Es entstand, im Laufe der Zeit, regelrecht ein verwandtschaftliches Netzwerk mit unterschiedlichen Knoten.
An diesen Knoten entstanden karmisch zu nennende Wirbel, mit ziemlich heftigen Emotionen. Ein hin und her, sich gegenseitig bedingender Aktivitäten, entstanden aus der Gesetzmäßigkeit von Ursache und Wirkung.

Woher ein Gesetz dieser Art gekommen ist, habe ich mit meinen Freundinnen und Freunden noch nicht ergründen können. Möglicherweise ist es bereits in den ersten Prozessen des Erschaffens gelungen, dass all die Geistigen Wesen damit übereingestimmt haben.
So entstand, noch vor allen Zeiten, eine Wirkung, sobald dafür eine Ursache gesetzt wurde. Dem ursächlichen Erschaffen von etwas folgte zwangsläufig etwas Wirkliches. Ob dies sich in den Aufbau des Spielfeldes Universum einfügen ließ, „stand in den Sternen", die noch nicht vorhanden waren.
Oft und oft wurde in dem „Sandkasten" der Kreativität vieles des Geschaffenen wieder zerstört. Es konnte dann Neues kreiert werden, um ebenfalls schon bald „ausradiert" zu sein. So entstanden immer wieder Kreationen, bis einmal ein ursächlich entstandenes Spielfeld wirklichen Bestand hatte.

Ein Universum breitete sich aus, mit dem alle Geistigen Wesen weitgehend übereinstimmen konnten. Dies wurde zu dem Universum unserer Zeit. Wer jetzt aber denkt, diese Entwicklung wäre endgültig, der irrt gewaltig.
Denn der Prozess des Entstehens und Vergehens hat noch immer nicht aufgehört. Sogar Sterne unterliegen diesen Prozessen. Auch sie haben eine begrenzte Existenz.

Auch der Verlauf unserer eigenen laufend wiederkehrenden Lebenszyklen ist ein gutes Beispiel für diese Gesetzmäßigkeiten.

Ursache und Wirkung

Du selbst bist der Regisseur
in Deinem eigenen Leben!

Mit dieser Aussage können wir im Allgemeinen noch nicht allzu viel anfangen. Im Gegenteil, manchmal verunsichert uns eine derartige Denkweise nur noch mehr, wenn wir uns umsehen und feststellen müssen, wie fremdbestimmt wir tatsächlich sind.

Woher kommen die Notwendigkeiten, mit denen wir uns täglich herumschlagen müssen? Wir müssen möglichst viel Geld verdienen, um uns und unserer Familie ein menschenwürdiges Dasein zu ermöglichen. Dazu braucht es einen Arbeitsplatz, Arbeitskollegen und einen Chef, der unser Ansinnen weitgehend unterstützt.

Darüber hinaus wollen wir in einem staatlich geschützten Umfeld in Sicherheit und Wohlstand leben. Allerlei Versicherungen und Absicherungsangebote werden uns geraten, mit denen wir hoffentlich übereinstimmen, damit wir als wertvolle Mitglieder der Gesellschaft anerkannt werden. Um nicht aus dem Rahmen zu fallen, bleibt uns gar nichts anderes übrig, als zuzustimmen.

Wo bleibt bei all dem und vielem mehr die Selbstbestimmung, die uns zum eigenständigen Regisseur macht?

Ganz einfach, sieh es doch einmal so: Dein Umfeld ist eine Art Spielfeld. Mit Gesetzen, Verordnungen und allerlei Rechtsvorschriften werden die Grenzen des Feldes festgelegt.

Im Verlaufe des Spieles triffst Du auf Mitspieler, aber auch auf Gegner. Vielleicht findest Du sogar Fans, die Dir zujubeln und Dich mit ihren Energien anfeuern.

In diesem Spielgeschehen liegt es an Dir selbst, welche Ursache-Punkte Du setzt, um die Dir dienlichen Wirkungen zu erzielen.

Finde zuerst einmal heraus, mit welchen Fähigkeiten Du ausgestattet bist. Von denen hängt es nämlich ab, wie Dein Stand, Dein Ausgangspotenzial, sich darstellt. Sie sind die Vorstellungskraft für Deinen Einstieg in den Spielverlauf.

Und jetzt mache Dir klar, dass all Deine Fähigkeiten in irgendeiner Art und Weise entwickelt und verbessert werden können.

Um voranzukommen musst Du Dir noch geeignete Mittel zueignen. Solche Mittel, gewissermaßen die Spielbälle im Spiel, sind Waren und Dienstleistungen, austauschbar gegen entsprechende Waren oder Dienstleistungen oder gegen den Wert in Geld.

Die Frage ist: Was kannst Du Deiner Umgebung bieten, wofür diese bereit ist einen Ausgleich zu geben.

Achtung: Auf dem Spielfeld ist ein Parcours, eine Reihe von Hindernissen aufgestellt. Diese Hindernisse können mit Voraussetzungen für ... etwas bezeichnet werden. Darunter fallen beispielsweise Zugangsvoraussetzungen für ein Studium oder Voraussetzungen die eine Firma aufstellt, um eine Stelle zu besetzen.

Es liegt an Dir, wie Du Dich selbst und Deine Spielbälle durch die Hindernisse und an der Gegnerschaft vorbei ins Ziel bringst. Und es liegt an Dir selbst, wie hoch Du Dein Ziel steckst oder was überhaupt Deine Zielvorstellung ist.

Ein Lebensziel kann niemals hoch genug angesetzt werden, dann wird auch schon jedes Zwischenziel wertgeschätzt.

Hier ein Beispiel, wie Menschen in kürzester Zeit zu Wohlstand kommen sollen: Die Aufgabe der Abschlussklasse einer Schule für künftige Manager besteht darin, innerhalb eines Jahres auf legale Art und Weise zum Millionär zu werden. Dafür werden sie ohne Geld in Gebieten weitab ihrer Heimat ausgesetzt.

Erst bei Erfüllung dieser Aufgabe gilt der Schulabschluss als bestanden. Eine Wiederholung ist ausgeschlossen.

Nicht alle Schüler schafften jemals das Ergebnis. Aber immerhin überlebten sie nicht nur, sondern sie brachten es zu einem für sie angemessenen Wohlstand.

Meine Freundinnen und Freunde, denen ich die Maßnahme der Spirituellen Rückführung anbot, gingen immer nur so weit mit, wie sie es selbstbestimmt für richtig hielten.

Auch, wenn ich mir gewünscht hätte, sie würden den Weg weiter verfolgen, musste ich es dennoch akzeptieren, wenn von deren Seite angenommen wurde, mit ein paar oder nur mit einer der Spirituellen Rückführungen wäre ihr vorläufiges Ziel bereits erreicht.

Dann wurde eben in beiderseitiger Übereinstimmung davon ausgegangen, dass sie entweder dort angelangt waren wo sie hin wollten oder sie würden zu einem späteren Zeitpunkt wiederkommen.

So lebe und wirke ich gemäß dem für mich wesentlichen Grundsatz, Dir und allen anderen gegenüber:

„Du bist ein freies Geistiges Wesen.
Daher komm, bleib oder geh Deinen Weg.“

Es ist die Verpflichtung eines jeden Spirituellen Rückführers, die von ihm einmal betreute Person ohne jede Betrachtung, ohne Bewertung und ohne Abwertung, ziehen zu lassen, wenn diese meint, sie könne von nun an selbst mit ihren Problemstellungen oder Herausforderungen umgehen.
Dennoch muss es auch immer eine offene Türe geben, wenn sich dies als ein Trugschluss herausstellen sollte.

Da ich kein Coach oder dergleichen bin, akzeptiere ich jegliche aus freiem Willen gefällte Entscheidung.
Spirituelle Rückführer sind ausschließlich Spirituelle Helfer und Begleiter auf dem Pfade zu Erkenntnissen und zum Wissen, also zu Selbsterkenntnis, Selbstbestimmung und Selbstständigkeit, zu ständigem Selbst, sowie zur Selbstermächtigung.
Spirituelle Rückführer sind keine Motivatoren und keine Coachs, die ihre Stärke übertragen wollen oder sollen. Ein Spiritueller Rückführer setzt von sich aus keine Zielvorgaben für die Freundin oder den Freund.
Ein Spiritueller Rückführer drängt nicht vorwärts. Er „peitscht“ somit auch niemanden durch irgendwelche auftauchenden Schwierigkeiten hindurch. Er verabreichen somit keinerlei motivatorische Schläge oder Tritte, auch wenn dies von manchen Rat- und Hilfe-Suchenden als wünschenswert angesehen werden sollte.
Ein Spiritueller Rückführer übernimmt damit keinerlei karmische Mitverantwortung beim Fortleben der Menschwesen die ihn in Anspruch nehmen.
Jeder Mitmensch soll, ja muss uneingeschränkt, bei freier Entscheidung die Gelegenheit bekommen, selbstbestimmt und selbstermächtigt durchs Leben zu gehen.

Spirituelle Rückführer sollten sich zudem auf keine langwierigen Diskussionen einlassen.

Denn das einzige was wirklich Sinn macht ist, über alle Wortspiele hinaus, dass die Person kontinuierlich in ihrem eigenen Verstand aufräumt und dadurch Ordnung in ihrem Leben schafft.

Genau dafür gibt es diese Art und Weise der Spirituellen Rückführungen, wie ich sie selbst anwende und gerne weiter vermittle.

Eine gewisse Anzahl der Spirituellen Rückführungen führt automatisch dahin, dass eine sinn- und zwecklose Diskutiererei irgendwann von selbst aufhört, weil sich ein völlig neues Wissenspotential eingestellt hat.

Denn speziell über die Spirituellen Rückführungen erwirbst Du, Menschwesen, unumstößliche Erfahrungen, vorausgesetzt Du lässt Dich darauf ein. Als Geistiges TAO-Wesen erfährst Du eine sternenhohe Wissensgewissheit, über das bloße Überleben hinaus, hin zum uneingeschränkten Erleben.

Deine Erkenntnisse künden dann sowohl von Deiner Geistigkeit als auch von vielerlei Lebendigkeit, über lange, lange Zeiträume.

Hier gebe ich Dir abermals ein paar Hinweise zu TAO:

TAO, die Person selbst, das Geistige Wesen, ist das alleinige, ursächlich mit Vernunft begabte Prinzip. Es ist das, was als „Boss" im Geschehen der Dinge und Abläufe wahrhaft bewusste und gezielte Wirkungen in diesem Universum hervorrufen kann.

TAO-Seele, Du Selbst, hast die Macht, die Kräfte Deines Denkens zu einem Bild zu formen sowie den Gestaltungsprozess in Gang zu setzen und dann in Gang zu halten.

Das allumfassende Gesetz von Ursache und Wirkung bestimmt dabei sowohl das Geistige TAO als auch das Leben im Universum der physischen Naturgesetze.

Aus dem geistigen Kosmos „heraus" gilt diese Gesetzmäßigkeit ebenso für das physische Universum.

„Dort", in dem Geistigen Sein, existiert jedoch weder unsere Vorstellung von Raum noch der Ablauf der Zeit.

Deshalb geschehen unsere im Geistigen einmal gedachten Vorstellungen sowie die mentalen Abläufe gedankenschnell, das heißt ganz eindeutig: Ohne jede Zeitverzögerung.

Also gilt immer wieder der Rat des taoistischen Sprichwortes:

„Hüte Dich vor Deinen Gedanken, Wünschen und Träumen, denn sie könnten erfüllt werden!"

Vor allem auch deshalb, weil sich unser energetisches Konstrukt, der Verstand, anmaßt, ebenfalls Regisseur im Leben seiner Schutzbefohlenen zu spielen.

Die Gefahr besteht darin, dass er uns Geistige Wesenheiten geradezu austrickst, indem dieser analytisch denkende Verstand tatsächlich nur unser Bestes will, in Wahrheit aber, dabei seine Macht über das jeweilige Lebewesen ausbaut.

So kann er, genauso wie wir, postulierten, wobei seine Postulate immer mit einer Strategie verbunden sind, während wir TAO-Seelen einfach intuitiv sowie inspirativ vorgehen.

Und das bedeuten

Postulate

Lateinisch postulatum = eine "Forderung" beziehungsweise eine Schlussfolgerung, eine Entscheidung oder ein entsprechender Entschluss, gefasst von einer Person aufgrund ihrer eigenen Selbstbestimmung und Selbstermächtigung.

Das Postulieren bedeutet das Beschließen oder die Entscheidung ein Problem zu lösen oder ein Konzept für die Zukunft aufzustellen oder aber ein Schema der Vergangenheit aufzuheben.

Ein Postulat ist dabei immer als solches bekannt. Es kann sowohl auf bewussten als auch auf nicht-bewussten Daten aus weiter oder naher Vergangenheit beruhen. Wichtig dabei ist folgendes:

Es wird immer in der Gegenwart aufgestellt.

Nochmal: Das Postulat löst die Probleme der Vergangenheit. Es entscheidet ebenso über die Probleme oder Beobachtungen der Gegenwart oder wir stellen damit ein Konzept für die Zukunft auf.

Als Spiritueller Rückführer muss ich über diese irgendwann einmal postulierten Ideen und Vorstellungen und die so entstandenen Geschichten Bescheid wissen.

Meine rat- und hilfesuchenden Freundinnen und Freunde haben nämlich häufig überhaupt keine Ahnung, was sie für ihren Lebensablauf alles so per Postulat in die Welt gesetzt haben.

Vieles von dem, wofür sie Hilfe erwarten, ist von ihnen tatsächlich selbst einmal so gewollt worden.

Krankheitserscheinungen der verschiedensten Arten haben ihre Ursache nicht nur bei irgendwelchen Krankheitserregern wie Viren, Bakterien oder Pilzen, Giftstoffen oder sonstigen Zufallsprodukten.

Selbst Unfälle geschehen nicht so ohne weiteres. Ebenso sind Schicksal, Zufall, Gottesurteil oder Kismet von den Leuten entweder direkt tatkräftig verursacht oder die Vorfälle werden zumindest nicht verhindert, zum Beispiel einfach aufgrund von Untätigkeit.

Dies gilt sowohl für die eigenen Unfälle als auch für Unfälle die speziell nahen Mitmenschen geschehen.

Auch Krebs, Diabetes, Herzinfarkt, Schlaganfall oder ... lassen sich ganz einfach auf die Lebensgestaltung sowie auf Lebensgewohnheiten zurückführen, also auf selbst verursachte Willenserklärungen. Dabei wirken die nicht-bewussten Postulate oftmals sogar noch intensiver als die bewussten.

Selbsttätige Versuche zu Um-Programmierungen, speziell solcher tief sitzender Postulate, greifen nämlich nicht, wenn die Person deren genaue Ursache nicht kennt. So macht auch die gut gemeinte Empfehlung keinen Sinn, per Selbstsuggestion auf das sogenannte Unterbewusstsein (was auch immer das sein mag!?) einzuwirken.

Erst das völlige Bewusstsein, in Bezug auf ein ursächliches Ereignis, ermöglicht den Zugriff auf die postulierte Willenserklärung.

Mit der machtvollen Methode der Spirituellen Rückführungen gelangen wir gemeinsam sogar in tiefsitzende Schichten des menschlichen Denkens, speziell des Verstandes.

Der nicht-bewusste Informationsgehalt im Körpersystem, vor allem in seinem Energiefeld, lässt oftmals eine Heilwerdung erst dann zu, wenn sich der Verstand zurücknimmt.

Die Selbstheilungskräfte von Körpern sind enorm, wenn es um das Überleben geht.

Deshalb nimmt ein Mensch, mit der Unterstützung durch Spirituelle Helfer, den Kontakt auf und macht bewusst was verschüttet oder verborgen ist. Es gelingt so mittel- bis langfristig ein bewusst gemachtes, unmittelbares HIER und JETZT.

Die TAO-Seele unterstützt und erleichtert die (Los-)Lösung von energetisch geladenen, jener krank machenden Informationen, die auf Postulate zurückzuführen sind.

Für all diese Vorgänge stellen sich die entscheidenden Fragen:

> Bist Du Ursache oder Wirkung in Deinem geistigen Kosmos sowie beim Lebenszyklus im physischen Universum?

> Hast Du das (Er-)Leben sowie das Überleben in Deiner Hand oder hat der Lebensrhythmus Dich im Griff?

Nichts, wirklich gar nichts im physischen Universum, kann uns Geistige TAO-Wesen mitsamt unserem Verstand erschüttern, wenn wir abermals bewusst werden und erkennen, wie das vordem selbst geschaffene Gesetz von Ursache und Wirkung anzuwenden ist.

Oft genug finden wir eine ziemliche Begriffsverwirrung bezüglich dieser beiden Begriffe bei so manchen Menschen.

So wird doch tatsächlich, in den Betrachtungen etlicher Leute, die Ursache zur Wirkung vertauscht und umgekehrt.

Demnach kannst Du Leute sagen hören: "Ich bin die Wirkung im Leben, weil ich etwas bewirke."

In Wahrheit sollte es natürlich richtig so heißen: "Ich bin die Ursache im Leben, weil ich etwas bewirke (oder eben auch: verursache)."

Auch Johann Wolfgang von Goethe erkannte:

„Man liebt Ursache und Wirkung zu verwechseln."

Die Wirkungsposition
ist die unterordnende Position

Leute machen sich klein, sprechen von sich selbst als: „Wir kleinen Leute". Sie lassen einfach mit sich geschehen.

Jene „kleinen Leute" beugen sich vor den „Mächtigen", ohne aufzumucken. Solche Menschen lassen es somit tatsächlich selbst zu, dass sie in andauernder Unterdrückung leben.

Diese Wirkung beruht auf einer Ursache aus weiter, vermutlich sehr weiter Vergangenheit. Ich habe Menschen erlebt, die wurden ständig und immer wieder niedergemacht. In unserer Gegenwart bezeichnet man so etwas als Mobbing oder dergleichen.

In früheren Zeiten war die Vorgehensweise wesentlich brutaler, da wurde schnell einmal jemand eingekerkert oder einen Kopf kürzer gemacht.

Hier ein Beispiel aus wirklich sehr weiter Vergangenheit: Einer meiner Freunde kam zu mir, um seiner depressiven Stimmung Herr werden zu können. Er war nicht grundsätzlich depressiv, sondern nur sporadisch und vor allem, wenn die Dunkelheit der beginnenden Nacht hereinbrach.

Nach der sogenannten „Blauen Stunde", sobald die Sonne ihre Kraft verloren hatte und das Grau der Nacht begann, fühlte er sich ausgelaugt, irgendwie umhüllten ihn dunkle Gedanken und furchterregende Vorstellungen.

Die Spirituellen Rückführungen gestalteten sich ausgesprochen schwierig und zäh. Lange Zeit umfing meinen Freund nur Finsternis und das Gefühl von Schwere. Zuerst dachte ich, er würde einfach in seinem Kopf feststecken und dort versuchen sich umzusehen.

So etwas kann immer wieder einmal die Ursache für die Wahrnehmung von absoluter Dunkelheit sein. Wenn nämlich die TAO-Seele nicht von außerhalb ihres Körpers agiert oder zumindest die Position des Dritten Auges einnimmt, gestaltet sich ihr Einwirken auf das Lebensumfeld ziemlich problematisch.

Hier war allerdings noch anderes im Spiel, wie es sich meinem Freund selbst offenbarte. Gefühle von emotionaler Kälte und, wie er es ausdrückte, von Lieblosigkeit hielten ihn regelrecht gefangen.

Er spürte seine eigene Kraftlosigkeit und zugleich sein mögliches Potenzial. Als er sich der wirklichen Situation näherte, gelangte er zu einem kleinen Objekt, einem Planeten oder eher einem Mond ähnlich, das in der Dunkelheit des Weltall seine Bahn um eine geradezu winzige Sonne zog.

Die Oberfläche des Mini-Planeten war vollständig gepanzert. Zusätzlich umschlossen mehrere Energieschirme das Gebilde. Der Begriff „Gebilde" war richtig gewählt. Denn diese Anlage wurde ausschließlich für ihn konstruiert.

Doch wer war er in diesem Geschehnis? Was hatte ihn in diese Lage gebracht? Wer waren die Konstrukteure seines vollautomatischen Gefängnisses? Und wie konnte er sich aus dieser misslichen Lage befreien?

Hier fühlte er sich ausgeliefert und erbarmungslos festgesetzt. Dies war offensichtlich die Ursache seiner Emotionen in der Gegenwart. Von hier aus wirkte die Dunkelheit und die Abgeschiedenheit auf ihn ein. Und dies, obwohl das Ereignis hunderttausende Jahre in der Vergangenheit und weitab von der Erde lag.

Jedoch war es so beeindruckend, dass seine Aufmerksamkeit noch immer eng daran geknüpft war.

Gemeinsam suchten wir nach Mittel und Wegen, um ihn aus dem Gefängnis zu befreien, das vermutlich längst nicht mehr existierte.

Was ihm deutlich wurde, war: Er war ein rein Geistiges Wesen, ohne physischen Körper und er war der letzte seiner Art, zumindest in diesem Sektor der Galaxis.

Ein Gefangener war er geworden, weil er den Herrschern eines galaktischen Verbundes als zu mächtig erschienen war. Deshalb haben sie ihn mit List überwältigt und seiner Fähigkeiten beraubt. So konnten sie ihn hier einsperren.

Mein Freund nahm geistigen Kontakt mit dieser Wesenheit auf, die er selbst war. Indem er immer mehr über all die Zusammenhänge herausfand, erhöhte er den Grad der Bewusstheit des Geistigen Wesens. Ihm wurde klar, dass er in seinem GeistSein keineswegs eingesperrt werden konnte, dass diese ganze Gefängniskonstruktion lediglich eine inszenierte Illusion war.

Somit befreite er sich selbst von dem Eindruck, den dieser hochtechnisierte Kerker auf ihn gemacht hatte. Er durchdrang körperlos den Stahl der Panzerung.

Mit den mehrfach gestaffelten Energieschirmen hatte er etwas mehr Schwierigkeiten, weil diese extra auf seine eigene energetische Struktur gepolt waren.

Doch schließlich gelang ihm auch hier die Flucht. Dabei waren ihm seine Widersacher völlig egal. Möglicherweise gab es sie schon längst nicht mehr.

Mit einem geistigen Jubelschrei ließ er den Knast hinter sich und entfloh in die Weite des All.

Auch mein Freund hatte allen Grund zu jubilierten! Obwohl weder er noch ich eine derartige Ursache vermutet hatten, fielen seine Angst vor der hereinbrechenden Dunkelheit und die damit verbundenen depressiven Phasen in der Folgezeit von ihm ab. Er hatte niemehr einen Rückfall.

Sein Zustand hatte sich aus der Wirkungsposition ganz deutlich in eine Ursacheposition gewandelt.

Der von außen zugefügte, häufig als „stressbedingt" empfundene Druck ist letztlich ein zugelassener Druck.

Diese Art und Weise der Suppression, einem Druck von außen, führt nicht selten zu einer als „krank" diagnostizierten Depression, einer psychischer Niedergeschlagenheit.

Menschen lassen es zu, dass man sie niederschmettert, auf ihnen herumtrampelt und ihnen auf den Kopf spuckt. Noch schlimmer: Sie fordern die Unterdrückung geradezu heraus. Sie ziehen ihre Unterdrücker wie magisch an.

Die spürbar in Unterdrückung lebenden, werden oft auch nachfolgend selbst zu Unterdrückern, indem sie den gegenwärtigen oder irgendwann einmal erfahrenen Druck wie automatisch weitergeben. So baut sich regelrecht ein Flechtwerk an Unterdrückung auf.

Die daran beteiligten Leute sind nicht einmal durch ihre vordergründigen, teil-bewussten Handlungen dafür verantwortlich zu machen. Sondern sie geraten durch ihre Glaubenssätze und Dogmen in die daraus resultierenden Automatismen.

Besonders durch stetes Nichthandeln konnten sich die Hierarchien von Über-Unterordnung in unseren Gesellschaften etablieren.

Erst als Menschen begannen sich den Herrschenden entgegen zu stellen, bröckelten deren Machtstrukturen.

Cäsaren, Könige, Kaiser, Zaren und andere staatliche sowie kirchliche Gebilde wurden innerhalb relativ kurzer Zeit gestürzt.

Die nachfolgenden Organisationen brauchten ursächlich denkende und handelnde Wesen, deren Bestreben es sein sollte den Menschen zu dienen. Haben sie dieses Ziel verfehlt, gingen sie ebenfalls den Weg ihrer Vorläufer. Sie verschwanden in den Müllcontainern der Geschichte.

Solche Beispiele finden wir zuhauf in den letzten hundert Jahren. Anscheinend wurden Menschen ein ganzes Stück bewusster, als noch ihre Vorfahren. Oder aber sie haben sich einfach schneller zu gemeinschaftlichen Handlungen zusammengefunden. Auf diese Art und Weise verlassen tatsächlich große Ansammlungen von Menschen die Wirkungspositionen.

Speziell das Internet hat deutlich dazu beigetragen, dass sich viele Gleichgesinnte untereinander austauschen können.

Im Grunde sind all jene, die Hilfe durch Spirituelle Rückführungen suchen, Menschen in einer Wirkungsposition, deren Bestreben aber darin besteht, diese Position zu verlassen und stattdessen in eine Ursacheposition zu gelangen.

So verhelfe ich meine Freundinnen und Freunden zur unmittelbaren Selbstermächtigung. Sie kommen heraus, aus den vor ewigen Zeiten getroffenen Postulaten und gegenüber den vielfältigen Übereinstimmungen, wodurch sie sich selbst zur Untätigkeit verdammt haben und damit haben klein werden lassen.

Auf einem imaginären Schachbrett, entsprechend dem Spielfeld des physischen Universum, könnte man diese vorgeblich „Kleinen" als die Bauern im Spiel ansehen.

Deren Kraftlosigkeit macht sie ursächlich zu idealen Figuren, die für „wichtigere" Spielsteine einfach geopfert werden können!?

Die Ursacheposition
ist die machtvolle Position

Wer aus der Ursacheposition heraus handelt wirkt als Macher, als Unternehmer oder als Mensch der Tat. Darunter fallen beispielsweise auch Initiatoren, Kunstschaffende, Gestalter und Urheber, also sogenannte Energiebolzen mit den Fähigkeiten zur Erschaffung.

172

Auch Anführer und Leiter verfügen zumeist über die Besonderheiten dieser Position. Ebenso sollten Coachs, Trainer, Betreuer und Lehrer es beherrschend anerkennen, Ursachepunkte für spätere Ereignisse zu setzen. Daraus ergibt sich selbstverständlich auch die ursächliche Verantwortlichkeit für Geschehnisse in der Zukunft.

Wer vor dieser Verantwortung zurückschreckt, hat die Ursacheposition bereits wieder verlassen. Er oder sie begibt sich dann vorzugsweise in den niederen Rang einer von höheren Mächten gelenkten Person.

Die Autorität von Zufall, Schicksal oder Kismet gewinnt dann die Oberhand, wenn die Herrschaft über das eigene Denken und Handeln negiert wird. Aus dieser Verneinung heraus geschehen dann die Ereignisse, die karmische Verbindungen und Wechselwirkungen über lange, lange Zeiten hinweg aufrecht erhalten.

Die Ursacheposition darf auf gar keinen Fall mit der Möglichkeit zur Unterdrückung anderer gleichgesetzt werden. Sie wird jedoch oft genug dafür angesehen.

Kein Mensch in einer wirklich ursächlichen Position, missbraucht seine natürliche Macht automatisch zur Unterdrückung.

Es sind die oben genannten Kleingeister, die sich ohne eigenen Selbstwert, als Möchtegern-Herrscher gebärden, die dann mit der Macht Schindluder treiben.

Solche Leute wurden zum Beispiel in für sie überhöhte Machtpositionen hineingeboren oder sie wurden, damit andere Mächte ihren Nutzen davon haben, irgendwie fremdgesteuert auf entsprechende Positionen gehievt.

Macht und Ohnmacht stehen sich hierbei im Wechsel gegenüber. Der Ohnmächtige ist nur deshalb völlig machtlos, weil er sich dem Geschehen entzieht.

Dennoch sollte niemand annehmen, dass jemand der ohnmächtig ist nichts mehr wahrnimmt. Er ist lediglich zeitweilig, also vorübergehend nicht ganz bei Bewusstsein.

Hier nun mein Appell an diejenigen, die ihres Bewusstseins relativ mächtig sind: Die so Mächtigen haben die Verpflichtung sich um relativ ohnmächtige zu kümmern, damit auch diese wieder am Leben und damit an der Macht teilhaben können.

Wahrhaft verantwortungsbewusste Herrscher, wie Könige, Kaiser und dergleichen, sahen sich in früheren Zeiten, als Diener ihres Volkes, beziehungsweise als „Diener des Staates". Friedrich der Große, der Preußenkönig, hat sich selbst entsprechend bezeichnet.

Untertanen sind nur dann „niederes Volk", wenn diese sich selbst dazu degradieren. Die Herrschenden brauchen jedoch im Normalfall mitdenkende und mithandelnde Mitmenschen. Nur mit solchem Gefolge lässt sich eine Gesellschaft sowie eine Volkswirtschaft erfolgreich gestalten.

Die Ursacheposition eines Herrschers hat ausschließlich dann Bestand, wenn diese Person bereit und in der Lage ist, seinem Volke Eigenverantwortung zuzugestehen.

Sobald das Bewusstsein für Verantwortung an vorgeblich höhere Gewalten abgegeben wird, bricht das System mit der Zeit systematisch in sich zusammen.

Um wahrhafte Ursache zu sein, bedarf es niemals eines entsprechenden, von anderen vorgeschriebenen Postens.

Der Mensch, der wahrhaft Ursache im Leben ist, tut einfach das Entscheidende und verdeutlicht dies in seinem SoSein. Mit Authentizität und Glaubwürdigkeit wir unser Dasein ethisch hochwertiger.

Für Politiker gilt: Weniger in ihren/seinen Reden, als vielmehr besonders an ihrem/seinem Tun wird die Persönlichkeit deutlich, denn:

An ihren Taten sollt ihr sie erkennen.

Als Mensch mit absolut ursächlicher Lebensweise und Lebenskraft bist Du TAO, das Geistige Wesen, das Selbst, ganz und gar das „Ich bin" in reiner spiritueller Betrachtung.

Stabilität und Standfestigkeit gepaart mit vernünftig angebrachter Flexibilität in allen erdenklichen Lebenslagen, charakterisieren diese sich selbst bewussten Menschen.

Energetisch wahrnehmbare Präsenz im Dasein, eine sogenannte „starke Aura", umgibt solche Personen.

Der hauptsächliche Grund, warum sich manche Leute vehement davor drücken Ursache zu sein, ist, wie bereits erwähnt: Die damit eng verbundene, allerdings selbst aufgesetzte und nicht wirklich erforderliche, **Angst vor der Verantwortung** für das Verursachte.

174

Denn, dies ist tatsächlich eine Gesetzmäßigkeit:

**Nur wer bereit ist Verantwortung zu übernehmen,
kann auch effektiv ursächlich sein.**

Verantwortung zu übernehmen scheint allerdings, besonders im Gefüge der heutigen Gesellschaften, nicht mehr „In" zu sein.

Viele, sehr viele geben Verantwortung gerne ab, an: Horoskope, Talismane, Ärzte und Pfleger, Drogen und Medikamente, Parteien und ihre Politiker, den Staat und seine Institutionen, Banken und Versicherungen, die Welt mit ihren Notwendigkeiten sowie nicht zuletzt an Gott, mit seine irdischen Vertretern.

Menschen leben dabei wie blinde und taube Sklaven, in Herden mit ihrem weitgehend verantwortungslosen und damit vorgeblich schuldlosen Dasein. Wie Lemminge laufen sie gemeinsam in den sicheren Tod. All dies nur, weil es Generationen vor ihnen auch schon so gedacht und gemacht haben.

Dafür verantwortlich sind schließlich immer die Anderen. Denen weisen sie auch ganz schnell ihre Schuld zu.

Mangelndes Selbstbewusstsein ist mangelndes Bewusstsein zum eigenen Selbst, als einem Geistigen TAO-Wesen. Dies ist die Ursache für so eine Lebenseinstellung. Der Begriff „Schuld" wird dazu locker getragen, wie ein Colt an der Hüfte.

Wer ein falsches oder unbedachtes Wort äußert oder eine andere Überzeugung lebt, wird damit ganz einfach abgeschossen.

Mit der vorgeblich wahren und dennoch idiotischen Floskel: „Wer sich verteidigt klagt sich an!", wurde schon so mancher brave Mensch abgeurteilt und dann auf dem Scheiterhaufen verbrannt.

Schuldzuweisungen sind üblich und an der Tagesordnung. Mit: "Der, die, das ist schuld." oder direkter: "Du bist schuld!", hat man ganz schnell jemand ausfindig gemacht.

Der muss dann hoffentlich überhaupt ein Gewissen haben oder vielleicht gleich ein schlechtes, an das sich die Schuldabweiser und Schuldzuweiser mit Begeisterung anschließen, um ihn noch so richtig fertig zu machen.

Der soll selbstverständlich mehr Verantwortung für die zugewiesene Schuld tragen, als man selbst. Gegen den kann jedermann seinen verurteilenden Zeigefinger strecken.

Dieser Mensch, die Gemeinschaft oder vielleicht auch die Institution muss deswegen noch lange nicht im Unrecht sein. Das Wichtigste ist hierbei erst einmal, dass von der eigenen Verantwortlichkeit abgelenkt werden kann.

Wenn der/die/das Angegriffene sich dann nicht einmal angemessen wehrt, sich nicht wehren will oder sich nicht zu wehren vermag, weil er/sie/es dem Angriff schutzlos ausgeliefert ist, ihn möglicherweise so gar nicht erwartet hat, können jene Aggressoren sich sogar noch in einem relativen Recht wähnen.

Die so, schnell missbrauchten Begriffe von Schuld und Sühne geraten jedoch zu einer Farce, zu einem Possenspiel, werden sie im blendend hellen Lichte der ursächlichen Verantwortung angestrahlt.

Hinter oder vor dem vorgeschobenen Übeltäter könnte nämlich plötzlich der wahre Unhold zum Vorschein kommen.

Auch der verursachende Täter und das der Wirkung ausgesetzte Opfer, erhalten durch diese grelle Beleuchtung eine ganz andere Beziehung zueinander.

Auf diese Art und Weise entwickelten sich die Betrachtungsweisen zum Thema „Karma", aus jenem angeblich eindeutigen Zusammenhang zwischen Schuld und Sühne. In den indischen Philosophien (Hinduismus, Jainismus und Buddhismus) gibt es sich ähnelnde Vorschriften zum Abbau von Schuld, die sich nach deren Ansicht, im karmischen Mit- oder Gegeneinander angehäuft hat.

Ob dies wirklich für alle Menschen auf diese Art und Weise funktioniert muss ich auch hier einfach nochmals verneinen.

Aus meinen Erkenntnissen aus Spirituellen Rückführungen kann ich lediglich immer wieder erklären: Wer sich solchen oder ähnlichen Regelwerken zuordnet oder sich ihnen unterordnet, wird mit ziemlicher Sicherheit auch entsprechende Wirkungen erfahren.

Ob damit das Leben der Menschen einfacher wird, wage ich zu bezweifeln, wenn ich mir nur das real existente System der Kasten in Indien vor Augen halte.

Aus den Ursachen entstehen Wirkungen, das entspricht unzweifelhaft einer gesetzmäßigen Zwangsläufigkeit.

Mir hat sich offenbart, dies geschieht deswegen, weil sich die mächtigen Bindekräfte des Geistigen Kosmos, nämlich sowohl Liebe als auch Hass, in einem Netzwerk anziehen oder abstoßen.

Dabei ist auch das Abstoßen nichts anderes als eine dennoch wirksame Bindung über den Raum und über die Zeit hinaus. Denn ohne das Gegenüber gäbe es diese Wirkungen nicht.

Nach meiner Erkenntnis aus vielen Spirituellen Rückführungen erzeugen sowohl die Liebe als auch der Hass das Karma. Ausschließlich Liebe und/oder Hass setzen sowohl die Ursachen als auch zwangsläufig die hervorgerufenen Wirkungsweisen.

Sobald wir sowohl unser Denken als auch selbstverständlich unsere Emotionen und unsere Handlungen möglichst intensiv der Liebe zuwenden, je hochwertiger desto besser, bringen wir den karmisch angestauten Hass automatisch zum Verschwinden.

Hierzu ein Beispiel, aus meiner Arbeit als Spiritueller Rückführer: Eine junge Dame erlebte es immer wieder, dass sie bei ihren Beziehungen scheiterte. Am Anfang war alles eitel Sonnenschein, doch schon bald entfernte sich der Partner ohne ersichtlichen Grund, erst emotional und schließlich körperlich.

Die Beziehungen scheiterten, obwohl sie selbst nie wusste und es auch nicht kommuniziert bekam was denn der eigentliche Grund war. Offensichtlich wussten diesen Grund auch die beteiligten Männer nicht.

Über mehrere, ziemlich tiefgehende Spirituelle Rückführungen hinweg tappten wir diesbezüglich im Dunkel. Sie löste zwar etliche Geschehnisse auf, doch das Einstiegsthema zeigte sich nicht. Bis sie mir eines Tages von ihrem Hass auf ihre Mutter berichtete.

Jetzt gelang mir ein Coup, mit dem sie nicht gerechnet hatte: Ich fragte sie während der folgenden Sitzung unverblümt danach, was sie denn sah, wenn sie an ihre Mutter dachte.

Das Farbenspiel, das sie mir daraufhin beschrieb, war unglaublich. Es wogten die Farben Rot, Orange und Tiefschwarz vor ihren geistigen Augen, bunt gemischt mit allen anderen Farben des Spektrum, die allerdings von den feurigen Farben dominiert wurden.

Sie selbst nahm sich als einen unbedeutenden Funken wahr, der dazwischen hin und hergerissen wurde.

Gegenüber dem bald wahrnehmbaren Feuerball verkroch sie sich im Irgendwo oder im Nirgendwo. Sie war sich, als eigenständige Wesenheit selbst im Unklaren!

Vorwurfsvolle Worte in Richtung ihrer Mutter begleiteten die Erscheinungen ihrer Vorstellung. Sie beschuldigte die Mutter für den Tod ihres Bruders. Auch hasste sie die Mutter, weil sie selbst kein Junge geworden war, wie es sich ihr Vater gewünscht hätte.

Die Feuer, die sie nun mit dem Wesen ihrer Mutter gleichsetzte, loderten entsetzlich. Der Hass bereitete ihr körperlichen Schmerz, den sie während der Sitzung zu ertragen hatte. Er fraß sich regelrecht in ihr Gedärm.

Mir war in diesem Moment klar, wenn wir diese Situation nicht in Angriff genommen hätten, wäre aus ihren intensiven, bildhaften Eindrücken, die sie ständig im Nicht-Bewussten begleiteten, im Laufe der Zeit ein chronisches Leiden, vielleicht sogar ein Krebsgeschwür geworden.

Als sich das Wesen, das anscheinend ihre Mutter war, noch deutlicher manifestierte, erschien es wie eine teuflische Fratze in ihrer Vorstellungswelt. Auch ich konnte diese Manifestation tatsächlich im Raum deutlich erkennen. Sie erschien hinter ihrem Kopf. Es war, als hätte mich dieses Unwesen aus der Sitzung vertreiben wollen.

Selbstverständlich gab ich einem entsprechenden Impuls meines Körpers nicht nach. Wir setzten die Maßnahme fort, zumal ich jetzt erkannt hatte, womit wir es zu tun bekamen. Diese Wesenheit war nämlich weder ihre Mutter, noch hatte sie in Wirklichkeit etwas mit meiner Freundin zu tun.

Es handelte sich um eine übergriffige Besetzung aus weiter Vergangenheit. Wahrscheinlich saß sie allen Familienmitgliedern schon ewig im Nacken und machte den lieben Leuten das Leben schwer, schwerer als es eigentlich sein müsste.

Meine Freundin pendelte in ihrer Vorstellung hin und her. Erst dachte sie, ihre Mutter wäre dieses geradezu teuflische Wesen, doch dann schwenkte sie um und fühlte sich selbst Eins mit dem fremden Etwas. Wobei sie dessen Fremdartigkeit noch nicht wahrnehmen und differenzieren konnte.

Es dauerte ziemlich lange, über mehrere Sitzungen hinweg, bis ihr klar wurde, dass es sich um eine grausam machtvolle Art einer Besetzung handelte. Als sie jedoch dessen bewusst wurde, zu hundert Prozent bewusst, gelang es ihr, dem Wesen paroli zu bieten.

Es wurde schwächer, so schwach, bis es nur noch schemenhaft in ihrem Verstand erscheinen konnte. Im Raum verbreitete sich ein unangenehmer Geruch, als wir gemeinsam zeigten, dass wir unsere Aufmerksamkeit von ihm abzogen. Damit hatte diese uralte Wesenheit endgültig seine Macht verloren.

Es war meiner Freundin im Verlaufe dieser Spirituellen Rückführungen tatsächlich gelungen, einem schlimmen Feind die Stirn zu bieten.

Von nun an war sie selbst und der gesamte Familienverbund befreit, befreit bis in alle Ewigkeit. Denn sobald solchen Wesen keine Energie in der Art und Weise von Aufmerksamkeit mehr gegeben wird, lösen sie sich auf und verschwinden auf Nimmerwiedersehen.

Das Hasspotenzial, das ihrer Familie anhaftete, war auf Null gestellt worden. Sie strahlte diesen unangenehmen, energetisch wirkenden „Geruch" nicht mehr aus. Damit stand einer neuen, stabileren Beziehung nichts mehr im Wege.

Aus dieser Spirituellen Rückführung habe ich mitgenommen: Je intensiver jemand dunklen Gedanken und damit dunklen Mächten anhängt, umso mehr nutzen diese „Dämonen" seine Energien. Aufmerksamkeit die auf sie gelenkt wird, nährt solche Unwesen.

Wer also an den Teufel glaubt, beispielsweise auch Angst vor ihm hat, erzeugt ein Feld, in dem diese Wesenheit tatsächlich zum Leben erweckt wird. Und je mehr Menschen einem solchen Mythos anhängen, umso wahrscheinlicher wird die Existenz des Teufels mit all seinen Heerscharen, den widerwärtigen Dämonen.

Aus solchen Betrachtungen heraus entstehen dann mit Sicherheit karmische Netzwerke mit schrecklichen Ereignissen.

Der einzige Weg zur Lösung von derartigem Karma ist hochwertige, bedingungslose Liebe.

Dabei sind weder eine Vergeltung noch Verzeihen noch Vergebung angebracht. Vergeltung beinhaltet zwar eine sinnvolle Wiedergutmachung aber auch den Rachegedanken. Aus der Bibel heraus galten oder gelten die Worte: „Auge um Auge! Zahn um Zahn!", was eindeutig auf Rache hinweist.

Mir drängen sich hierzu die finsteren Bilder von Verliesen oder Kerkern auf. Ganz zu schweigen von den mordenden Henkern verschiedener Epochen.

Die Gerichte der Neuzeit urteilen etwas milder. Doch auch bei deren Urteilen lässt sich ganz eindeutig das biblische Gedankengut noch erkennen.

Um Sühne zu üben werden Menschen entweder mit Geldstrafen oder mit Gefängnis bestraft. Jedenfalls wird den „Sündern" weder verziehen noch vergeben.

Beim <u>Verzeihen</u> wird automatisch auch weiterhin ein Schuldgedanke aufrecht erhalten, indem jemand annimmt, sein Gegenüber wäre trotz allem ein schlechter Mensch. Der Verzeihende erhebt sich geradezu hochmütig über denjenigen, dem verziehen werden soll.

Nicht ganz so brutal geht es bei einer <u>Vergebung</u> zu. Hierbei wird dem vorgeblich Schuldigen etwas zurückgegeben, um ihm die Gelegenheit zu geben seine Schuld auszugleichen.

Das wirkt im ersten Moment großherzig, ist aber zugleich ebenfalls symbolhaft für unterschiedliche Größenverhältnisse. Dem Vergebenen wird zumindest langfristig bis mittelfristig die Gelegenheit gegeben, irgendwann wieder auf Augenhöhe mit dem Vergebenden zu gelangen.

Dem Gott der Bibel werden sowohl die Positionen eines Richters als auch die eines Henkers (siehe die Sintflut) zugesprochen. Verzeihen und Vergeben gab es im alten Testament nirgendwo.

Anders ist die Situation bei der bedingungslosen Liebe. Im Lichte dieser Liebe gelingt Barmherzigkeit.

Das neue Testament, mit Jesus als Hauptfigur, enthält genau diese barmherzigen Züge. Endlich gelingt es den Protagonisten, Jesus mit seinen Jüngern, der wahren Liebe im menschlichen Dasein einen angemessenen Platz einzuräumen. Sowohl Buddha als auch Mohammed stimmen darin mit Jesus überein.

Nur die Menschen, in ihrem alltäglichen Miteinander, liegen noch immer im Streit. Ihre Gier, Neid, Missgunst, Eifersucht und falscher Stolz gipfeln im Hass. So wird auch der Liebe ein Stellenwert zugemessen, der ihr niemals gerecht wird. Jegliche Betrachtung von: „Nur wenn Du mich liebst, kann ich Dich auch lieben.", wirkt wie ein Schlag in das Gesicht von bedingungslos Liebenden.

Wenn wir uns nicht von solch minderwertiger Lieblosigkeit lösen, bleiben wir Menschwesen auf ewig die Gefangenen der hasserfüllt karmischen Verzwicktheiten.

Denk- und Handlungsweisen ohne den wertvollen Anspruch von bedingungsloser Liebe lösen Ursachen aus, die den dynamisch angelegten Ebenen der Geister mehr Schaden als Nutzen bringen.

Damit sind ihre Auswirkungen, auf Sicht gesehen, immer nur vernichtend bis tödlich und niemals lebensfreundlich.

All diese Einblicke gelangen mir gemeinsam mit meinen Freundinnen und Freunden. Die Gewinne aus einer Vielzahl von Spirituellen Maßnahmen erleichterten mir die Arbeit bei allen daran anknüpfenden Spirituellen Rückführungen.

„Notwendige" Übel in Wirkungspositionen!?

Die meisten Menschen beugen sich im Verlaufe eines langen Lebens, den auf sie einströmenden, sie intensiv beeindruckenden, erzwungenen oder zwanghaften Notwendigkeiten.

Der Begriff: „Notwendig", verdeutlicht bereits die Art und Weise des Vorgehens. Die zusammengesetzten Worte Not+wendig bedeuten hier ganz einfach: Aus der Not geborene Wendigkeit.

Menschen wenden oder winden sich unter dem Druck der selbst erzeugten oder von außen herangetragenen Nöte.

Diese Art und Weise des Denkens und des Handelns, ist eine Wirkungsposition allererster Güte. Die Ursache über sein Leben erreicht man dadurch sicher nicht. Erst wer wendig genug ist, der drückenden Not ein Schnippchen zu schlagen, gewinnt die wahre Ursacheposition zurück.

Dazu muss es dem Menschen gelingen aufzusteigen, im anhaltenden Zustrom von Geld und Gütern. Er braucht dafür einen für ihn reichhaltigen, für das Überleben relativ freundlichen Status.

So schwimmt er sich tatsächlich frei. Er schwimmt buchstäblich hin zu Überfluss und Wohlstand, als ursächlich handelndes Wesen, um dann verstehen zu lernen, wie es sich in diesem, als befreit erlebten Zustand dauerhaft lebt.

Sich zu winden ist keineswegs die Art von TAO, dem freien Geist. Diese Art und Weise der Bewegung entspricht weder körperlich noch geistig dem aufrechten Gang von Menschen noch beinhaltet sie Geradlinigkeit im Leben.

Allerdings gibt es genügend Bestrebungen in unser aller Umfeld, die uns erst in Nöte bringen wollen, um uns dann in Mangel und Not zu halten. Solche Systeme mehr oder weniger raffiniert aufgebauter Fallen, mit ihren Fall- und Fangstricken, umgeben jeden von uns.

Ein Beispiel dafür sind zu enge, würgend wirkende Familienbande. So mancher darf sich nicht aus dem Staub seiner Vorfahren erheben, weil er schließlich schon immer zu den kleinen Leuten gehört hat und sich gefälligst nicht einbilden soll etwas Besseres zu sein.

Wer dennoch anfängt, Verantwortung für sein Leben zu übernehmen, ursächlich zu werden, tatkräftig zu wirken beziehungsweise es erst einmal zu verursachen, wird diese und ähnliche familiäre Bande gehörig strapazieren.

Die nächsten fallenähnlichen Strukturen erwarten Freigeister in den Schul- und Lehrsystemen, mit all ihren vielfach doktrinären, erstarrt wirkenden, teilweise verlogenen oder noch dazu überzogenen Lehrinhalten. Was junge Menschen dort über Jahre gelehrt bekommen, ist häufig weltfremd, weder in der Wirklichkeit des Denkens noch in der Realität des Lebens anwendbar.

So sollen von den Lehrkräften manchmal nur ideologisch geprägte Lehrpläne erfüllt und ausgeführt werden. Solche geradezu suggestiv geführten Vorstellungen eines aufgesetzten Lebensplanes haben nur sehr wenig mit den Lebensinhalten um uns herum zu tun.

Außerdem wird in den Lehranstalten die Teamfähigkeit untergrabenden. Die der egozentrischen Individualisierung bis hin zur beabsichtigten Gegnerschaft untereinander zuarbeitenden Vorgehensweisen, tragen entscheidend zu Stagnation und Erstarrung in den Klassenverbänden bei sowie darüber hinaus in der Gesellschaft.

Johann Wolfgang von Goethe drückte dies so aus: „Man treibt die jungen Leute herdenweise in Stuben und Hörsälen zusammen und speist sie in Ermangelung wirklicher Gegenstände mit Zitaten und Worten ab. Die Anschauung, die oft dem Lehrer selbst fehlt, mögen sich die Schüler hinterdrein verschaffen.
Es gehört eben nicht viel dazu, um einzusehen, dass dies ein völlig verfehlter Weg ist."

In diesen menschlich unwürdigen Verhältnissen von Schulungsanstalten hat auch die Kriminalisierung ihren Ursprung.

In den meisten Schulen gibt es nämlich keinen locker spielerischen Umgang, weder mit dem Lehrstoff noch untereinander.

Jeder gegen jeden heißt die oberste Devise, wenn auch nur unterschwellig wahrnehmbar. Mit den Ansprüchen auf besser, höher, weiter, bleibt die Liebesfähigkeit auf der Strecke.

Vertreter der Systeme, die Lehrer, wissen oftmals nicht einmal selbst, dass sie an der Harmonisierung des Lebens vorbei lehren.

Während sie sich freiwillig oder zwangsläufig, den von oben aufgesetzten Plänen beugen, versuchen sie ihre automatisch funktionierenden Handlungsweisen einfach mit dem eindeutig verlogenen Satz zu rechtfertigen: „Nicht für die Schule, für das Leben lernt ihr."

Erst, wenn solcherart verbildete Menschwesen später feststellen müssen, dann möglicherweise schmerzhaft, wie weit sie vom Schulsystem in die Irre geleitet wurden, gehen einigen von ihnen wahrhaftig ganze Kronleuchter auf. Leider fehlt für solche, direkt aus dem Leben gegriffenen Erkenntnisse, häufig der kommunikative Draht, zurück zu den Systemen der Schulen.

Und ob deren Meinung dort noch Gehör finden würde, darf zudem bezweifelt werden.

Die absichtsvolle Erzeugung von geistig reduzierten, leicht zu versklavenden Menschen setzt sich fort. Im Berufsleben benötigen Gesellschaften weniger nachdenkendes Menschenmaterial, als vielmehr sich gehorsam einbindende Mitläufer. Mittels gezielt geführter Fremdeinflüsse werden Menschen zu beliebig steuerbaren Sklaven.

Im direkten Gegensatz dazu sollten wir auf dem Planeten Erde vorfinden dürfen: Über sich selbst bestimmende, geradezu universell denkende und selbstständig handelnde Menschen.

Dass dies keineswegs so ist, verdeutlichen Schlagworte, wie: Spezialistentum, Betriebsblindheit, Beamtenmentalität und ähnliche Verallgemeinerungen.

Wir müssen leider immer wieder wahrnehmen, wie Leute es vorgeblich eigenständig zulassen eingeengt zu werden, in einem Berufsfeld oder in dem für die Öffentlichkeit bestimmten Bild davon.

Die Waagschale einer Balkenwaage senkt sich hier, in dem sozialen Umfeld, in den meisten Gesellschaften der Staatsgebilde dieses schönen Planeten, ganz klar zu Ungunsten von Ursache.

Umkehr ist für die meisten angesagt!

Um tatsächlich wieder Ursache in unserem derzeitigen Lebenslauf sein zu können, es selbstbestimmt zu dürfen, müssen wir es wagen: Lieb gewonnene Gewohnheiten zu brechen und alte, verfilzte Zöpfe abzuschneiden. Die verdrehten Denkschleifen müssen entknotet und Glaubenssätze aufgelöst werden, um völlig neue Wege zu beschreiten.

Wir müssen die begangenen Fehler als solche erkennen, anerkennen und bereit sein, darüber hinaus zu wachsen.

Mit der gleichen Intensität wie wir Fehler begangen haben oder noch begehen, sollten wir spätestens von nun an unsere menschliche Fähigkeiten nutzen, ausgehend von unserem Verstand vernünftig zu denken, daraus Schlüsse zu ziehen, zu lernen und das Fehlverhalten zuerst mental und dann real zu überwinden.

Unser Denken geht unseren Handlungen immer voraus.

Nicht aus den Fehlern zu lernen, aus eigenen wie aus fremden, bedeutet nur, in seiner engmaschigen Wirkungsposition stecken zu bleiben.

Wer vollständig Ursache in seinem Leben sein will, darf weder an alter bis uralter Schuld noch an altem Leid und schon gar nicht an den alten Verlusten hängen bleiben.

„Alles, was wir tun hat eine Folge. Aber das Kluge und Rechte bringt nicht immer etwas Günstiges und das Verkehrte nicht immer etwas Ungünstiges hervor."

Johann Wolfgang von Goethe

„Sogar zufällige Begegnungen sind das Ergebnis einer Ursache. Die Dinge im Leben sind Schicksale aus unseren früheren Leben. Es gibt selbst bei den kleinsten Ereignissen keinen Zufall."

Haruki Murakami

Tausend Möglichkeiten

Wir leben in einer Welt der Betrachtungen.

Jeder hat so seine eigenen Betrachtungen zur Umgebung, inklusive der Lebewesen, also auch der Menschen.

Wenn demnach jemand von einem Baum spricht, dann hat ein anderer vielleicht einen Laubbaum und der nächste einen Nadelbaum sowie der übernächste eine Palme in seinen Gedanken.

Deshalb ist es ganz, ganz wichtig, dass wir unvoreingenommen miteinander umgehen und mit Bedacht in Ruhe kommunizieren.

Es macht keinen Sinn eine hitzige Debatte vom Zaun zu brechen, wenn wir unterschiedlicher Meinung sind. So hangeln wir Menschen uns von mangelnder Übereinstimmung zur halbwegs brauchbaren Übereinstimmung. Dies ist der kommunikative Weg, um über unterschiedliche Betrachtungsweisen hinweg zu einem friedvollen Miteinander zu gelangen. Erst der fortgesetzte Dialog bringt das Ergebnis.

Im Kontext der Wissenschaften verfolgt man dazu diesen Weg: These – Antithese – Synthese. Der deutsche Philosoph Georg Wilhelm Friedrich Hegel hat diesen dialektischen Dreischritt entwickelt.

Der Dreischritt der Hegelschen Dialektik ist eine Denk- beziehungsweise Erkenntnismethode, die in der Vorstellung gründet, dass ein neuer Gedanke (Idee, Erfindung, Denkweise) in der Regel auf der Grundlage anderer, früher geäußerter Gedanken hervorgebracht wird. Dadurch entsteht ein Spannungsfeld zwischen den beiden entgegengesetzten Denkweisen. Dieser Widerspruch wird wiederum durch einen dritten Gedanken aufgehoben, der die beiden vorhergegangenen Standpunkte zur Synthese führt.

Das jeweils Beste beider wird bewahrt. Aber im dialektischen Prozess wird auch dies wieder zu einer These, auf die eine erneute Antithese folgt. Hegel verstand also die Erkenntnisfähigkeit, nicht als etwas Statisches, sondern als Dynamisches, die sich allmählich Schritt für Schritt entwickelt, um der Vernunft im Umgang miteinander näher zu kommen.

Diese dynamischen Prozesse sind entscheidend für ein kreatives, schöpferisches Miteinander.

Aufgrund der vieltausendfachen Möglichkeiten zu Betrachtungen oder auch zu Weltanschauungen ergeben sich ebensolche Möglichkeiten der Realisierung von Ideen und Visionen.

Wie ihr mittlerweile wisst, sind die geistig-kosmischen Wirklichkeiten der physisch-universalen Realität immer einige Schritte voraus, da ihr gedanklicher Vorsprung die Grundvoraussetzung für das Geschehen im Universum ist. Wir können einfach keine Handbewegung oder dergleichen durchführen, ohne vorher den entsprechenden Gedanken dazu gehegt zu haben.

So ähnlich erging es mir, als ich begann mich in die Welt der geschlechtlichen Partnerschaften einzufühlen. Meine Betrachtungsweisen hinderten mich tatsächlich daran, ein Mädchen oder eine Frau direkt anzusehen oder ihnen im direkten Blickkontakt zu begegnen.

Woran dies ursprünglich lag habe ich bis heute nicht herausgefunden. Vielleicht war es ein Tabu aus weiter Vergangenheit, das sich gegenüber meiner Mutter und meiner Schwester fortsetzte.

Dies legte sich erst, als ich nach meiner Scheidung eine neue Beziehung einging. So weiß ich bis heute nicht, wie meine Angetraute, erste Frau, nackt aussah.

Dies obwohl wir sogar zusammen einen Sohn hatten. An ihr körperliches Erscheinungsbild kann ich mich lediglich erinnern, wenn ich Bilder von damals ansehe.

Allerdings habe ich einen ziemlich deutlichen Eindruck von ihrer geistigen Anwesenheit und von ihrem Umgang mit mir, mit ihren Eltern und mit den gemeinsamen Bekannten, wenn ich mich ein wenig darauf konzentriere.

So hat vermutlich jeder von uns seine Grenzen, im Umgang mit den jeweils anderen oder in der Art und Weise wie er/sie dem physischen oder dem geistigen Umfeld begegnet.

Im Verlaufe von Spirituellen Rückführungen verändert sich entweder der Verlauf solcher Begrenzungen oder sie lösen sich sogar ganz auf.

Dann kann es geschehen, dass sich ein mehr oder weniger lineares Denken in ein mehrdimensionales Denkvermögen wandelt.

Das was anfangs vielleicht als „engstirnig" eingeordnet werden würde, wird zu einer Sichtweise, die über den Horizont hinausreicht.

So lässt eine robotische Denkleistung etliches unter den Tisch fallen, was für andere Menschen wichtig erscheint.

Eine Vorstellungswelt wie ein Roboter zu haben, ist für die Person durchaus praktisch, weil einfach zu handhaben. Diese lineare Sichtweise grenzt allerlei Problematiken aus. Alles, was nicht in das Weltbild eines solchen Menschen passt, wird ausgeblendet, ist praktisch gar nicht existent.

Zumindest für ihn sind all die Dinge und Vorgänge ganz harmlos oder im Gegensatz extrem gefährlich. Unkritisch vollzieht ein robotisches Wesen nur das, was ihm entweder aufgetragen wird oder womit er leicht übereinstimmen kann.

Im Zusammenleben mit solchen Menschen, vollzieht sich das Erleben ohne Höhen und Tiefen. Erst in echten Krisensituationen verliert der „Roboter" entweder die Kontrolle oder er meistert auch diese, indem er über den schwierig zu kontrollierenden Faktor einfach hinweggeht. Dann zeichnet solche Menschen eine seltsame Art stoischer Ruhe aus.

Bei weniger stark vom Robotismus „infizierten", teilweise oder vorübergehend noch etwas klarer denkenden Menschen bewirkt der Kontrollverlust die Flucht in eine Krankheit oder in eine Sucht.

Robotische Eigenarten habe ich bisher besonders bei Menschen wahrnehmen können, deren Beruf mit Computern zu tun hatte.

Programmierer oder Informatiker gleichen ihr alltägliches Denkschema nicht-bewusst der Maschine an, mit der sie es zu tun haben.

Es ist dann, als würde sich ihre berufliche Arbeit ansteckend auf ihr Privatleben auswirken. Oder ist es vielmehr umgekehrt? Hat unsere vom Verstand gesteuerte, analytische Denkweise dieses Dasein als eine Art Roboter erst hervorgebracht?

Immerhin wissen wir, dass unser Verstand dafür geschaffen und ausgerichtet wurde analytisch zu denken. Damit ermöglichen wir es uns, uns in der Realität des physischen Universum zurecht zu finden. Also brauchen wir uns nicht darüber aufregen, wenn robotische Verhaltensweisen um uns herum existieren.

Was allerdings bedenklich erscheint, ist unsere eigene Übereinstimmung mit der Vielzahl der Menschen, die genau auf diese Art und Weise funktionieren.

Das scheint doch der Beweis dafür, dass unser einmal geschaffenes, energetisches Konstrukt, der Verstand, dabei ist uns, die TAO-Seele, die wir selbst sind, zu verdrängen.

Außerdem arbeitet auch unser ach so fähiges Gehirn mit Automatismen, die denen der robotischen Vorgehensweise ähnlich sind. Diese automatisch strukturierten Hilfsmechanismen ermöglichen es den Körpern, relativ schnell zu reagieren, wenn Gefahr droht oder auch nur Angst aufkommt.

Für die Urbedürfnisse, Hunger, Durst, Schlaf sowie Bewegungsdrang und Sex zur Arterhaltung, ist das Gehirn bestens gerüstet.

Außerdem aktivieren Gehirnfunktionen, mit den zugeordneten Nervenbahnen, die Selbstheilungskräfte von Körpern.

Vom Gehirn her betrachtet, ist es völlig unnötig und oftmals sogar irreführend, immer mehr zu differenzieren und zu dividieren.

Vom Verstand geführte Analytiker zerlegen diese Welt bis ins kleinste Detail und verlieren manchmal dabei den großen Zusammenhang aus den Augen.

Besonders deutlich ist dies in der Medizin der westlichen Welt beobachtbar. Hier gibt es Spezialisten für fast jedes einzelne Körperteil. So hat ein Augenarzt nur sehr wenig Wissen über die inneren Organe.

Braucht er auch nicht, denn dafür sind wiederum verschiedene Experten zuständig.

Zu diesem aufteilenden Vorgehen hat besonders die Aufklärung beigetragen.

Die Aufklärung, ein um das Jahr 1700 einsetzende Entwicklung, startete den Versuch durch rationales Denken all die Strukturen zu überwinden, die den Fortschritt behinderten.

Als wichtiges Kennzeichen der Aufklärung gilt die Berufung auf die Vernunft als universelle Urteilsinstanz. Mit ihr will man sich von althergebrachten, starren und überholten Vorstellungen und Ideologien befreien.

In dieses Zeitalter der Aufklärung gehörte ebenso der Widerstand gegen Tradition und Gewohnheitsrecht sowie der Kampf gegen Vorurteile und die Hinwendung zu den Naturwissenschaften.

Die Aufklärer plädierten für religiöse Toleranz und für die Orientierung am Naturrecht. Darunter ist eine Rechtsphilosophie zu verstehen, die ein universell gültiges Ordnungsprinzip propagiert.

Im Mittelpunkt des Naturrechts steht der Werte bildende Mensch mit seinen Natur gegebenen Anlagen.

Leider wurde während der aufklärerischen Zeit auch das „Kind auch mit dem Bade" ausgeschüttet.

Durch die als chaotisch empfundenen, politischen und gesellschaftlichen Umwälzungen, die in Deutschland und Österreich infolge der Französischen Revolution und der Napoleonischen Kriege ausgelöst wurden, wandten sich viele Zeitgenossen gegen den innerweltlichen Heilsanspruch und gegen die politischen Implikationen der Aufklärung, ja gegen das Prinzip des Politischen überhaupt.

Auch die Kunst geriet in die Kritik. Sie wandte sich wieder der Ästhetik zu, mit ihrem Vorbild in der Antike.

Vor allem der Naturphilosoph Karl Wilhelm Friedrich Schlegel entwickelte eine differenzierte Aufklärungskritik, in der die subjektive Produktivität, die „feurige" Vernunft und die Kraft des Künstlers an die Stelle des Rationalismus trat.

Sein Kredo: „Was man gewöhnlich Vernunft nennt, ist nur eine Gattung derselben; nämlich die dünne und wässrige."

Ich will mich hier nicht in der Be- oder Ver- oder Aburteilung der Aufklärung versteigen. Doch mir fallen eben Besonderheiten auf, die dem seelischen der TAO-Seele nicht gerecht werden.

Indem unter anderem speziell die christlichen Wertesysteme in Frage gestellt wurden, haben sich die meisten Philosophen jener Zeit von der Akzeptanz einer Göttlichen Seele entfernt.

Der Beseelung des Universum wurde widersprochen und damit hat auch der Mensch in seiner Göttlichkeit aufgehört zu existieren.

Die zerrissenen Gesellschaften spalteten sich mehr und mehr auf und davon ab, dass ein Göttlicher Aspekt hinter der Existenz des Lebens wirkt. Von dieser Seelenlosigkeit sind wir schon sehr lange und derzeit immer noch auf Planet Erde umringt.

Selbst oder gerade die Religionsfiktionen, die von sich behaupten, sie würden dem einzig wahren Gott huldigen, benehmen sich gottlos und mörderisch gegenüber ihren Mitmenschen.

Religiöse Anschauungen richten sich gegen die Schöpfung, die wir als Natur, als Umwelt oder Mitwelt oder als Mutter Erde kennen.

Dennoch: Die Welt der tausend Möglichkeiten hält noch unendlich viele Wunder für uns bereit. Hättet ihr euch beispielsweise vorstellen können, dass eine TAO-Seele mehr als einen Körper steuert?

Als wir noch rein geistige Wesen waren und die Körperlichen gerade erst soweit waren menschenähnliche Körperformen anzunehmen, benutzten wir diese Dinger, um wilde Schlachten zu schlagen.

Wir hetzten die Spielfiguren ohne Bedenken aufeinander. In unserem Spielverhalten kannten wir weder Gut noch Böse, sondern gerade einmal Stärker oder Schwächer und natürlich, trotz aller Vergeistigung Sieg oder Niederlage.

In diesen Spielen steuerten wir unglaublich viele von den Kämpfern oder Kriegerinnen. Nichts war uns heilig bei diesen Kämpfen.

Schließlich waren wir selbst die Götter der allzu leicht verletzbaren Würmchen auf ihren mickrigen Planeten.

Erst als wir begannen, mit den Emotionen dieser Wesen übereinzustimmen, als es uns sogar leid tat, wenn sie ihr Leben verloren, stürzten auch wir Geistigen Wesen in den Sumpf der niederen Emotionen. Unsere emotionale Abhängigkeit, besonders unser Mitleid machte uns schwach und schwächer.

Indem wir begannen für die eine oder die andere Seite Partei zu ergreifen, wurden wir uns selbst zu Gegnern. Einige von uns brachten ihren Legionen sogar bei, wie die gegnerischen Geistwesen gefangengesetzt werden konnten.

Sie entwickelten magnetische Pfähle, an denen sogar die Geistigen TAO-Wesen kleben blieben. Und besonders fatal war: Je mehr diese sich sträubten, wild und ungestüm versuchten sich zu befreien, umso stärker fesselten sie die Magnetkräfte.

Erst als wir allzu mächtigen Geister lernten in einen Ruhezustand überzugehen, die heftige Gegenwehr aufzugeben, rutschten wir von dem Magnetpfahl herunter und konnten uns davon entfernen.

Dies gelang einem meiner Freunde, der sich in seinem Arbeitsumfeld wie ein Gefangener vorkam. Auch er merkte, dass es überhaupt nichts nutzte aufzubegehren. Denn je mehr er sich selbst ärgerte, umso mehr wurde er ein Opfer von Intrigen.

Es nutzte ihm gar nichts, zu versuchen, sich gegen seine Vorgesetzten durchzusetzen.

Nach den Spirituellen Rückführungen, die ihm die Augen öffneten, konnte er die An- und Übergriffe von Kollegen und Vorgesetzten gelassen hinnehmen. Sie hörten langsam auf, weil er als Opfer uninteressant geworden war.

Nach einer gewissen Zeit fasste er den Entschluss zu kündigen. Er ließ die Firma mit einem Lächeln hinter sich, wie er mir freudestrahlend verkündete.

Wie er sehen konnte, wirkte das, was vor vielen Millionen von Jahren geschah, nicht-bewusst bis zur Gegenwart herein. Es hat somit auch etwas mit der relativen Neuzeit zu tun.

Deshalb abermals zu der für viele von uns absurden Vorstellung, dass eine Seele mehrere Körper führen kann.

Ein Freund kam nämlich zu mir, weil er sich niedergeschlagen fühlte. In seiner unmittelbaren Umgebung gab es jedoch keinerlei ersichtliche Gründe dafür.

Auch während der Sitzung einer Spirituellen Rückführung kamen nur angenehme Bildeindrücke, mit denen er sich eigentlich hätte gut fühlen müssen. Trotz allem besserte sich sein Zustand nicht.

Erst als ich die Frage stellte: „Gibt es jemand anderen, der nicht Du bist, der Deinen Zustand aufrecht erhält?", schälten sich düstere Bilder heraus.

Er hockte in einer Umgebung, die rundum trist und verwüstet war. Rauchschwaden stiegen aus Ruinen auf. Weit und breit war kein Grün zu sehen. Auch andere Lebewesen fehlten in dem Szenario. Er hatte das Gefühl auf der ganzen Linie versagt zu haben.

Doch wie kam es zu diesem Zustand? Wir gingen mehrmals durch dieses Geschehnis durch. Nach und nach erkannte er, was geschehen war: Ein Planetensystem stand unter seinem Schutz. Er war, als großes Geistiges Wesen, der Gott für die Bewohner. Er sorgte für Wachstum und Wohlstand seiner Schützlinge.

Eines Tages nahm er das Auftauchen einer gewaltigen Flotte von Raumschiffen am Rande des Systems wahr. Ihm war sofort bewusst, dass hier eine Bedrohung auf seinen Planeten zukam. Er vermochte sie aber nicht aufzuhalten. Die Abschirmung der Schiffe hielt sogar Geistwesen ab. Erst als die Fremden auf dem Planeten landeten sah er ihre Lebensform. Es waren riesige Insekten.

Das Kampfgeschehen war kurz und grausam. Die Abwehr seiner Menschenähnlichen hatte den Waffen der Angreifer absolut nichts entgegenzusetzen. Auch er selbst war weiterhin machtlos, weil die Energieschirme jedes einzelne Insekt schützten.

Als alle Städte und Siedlungen dem Erdboden gleichgemacht waren und jegliche militärische Gegenwehr beseitigt war, begannen die Insektoiden mit der Ernte. Was geerntet wurde, war für ihn besonders niederschmetternd.

Systematisch durchkämmten die Invasoren den Planeten nach seinen Schützlingen. Sie wurden tatsächlich als Reiseproviant für den Flug durch die Galaxis in ihre Schiffe verfrachtet. Erst nachdem sie ausreichend frisches Futter gebunkert hatten, zogen sich die Invasoren zurück.

Mein Freund war ebenso niedergeschmettert wie das ehemals mächtige Geistwesen, das er in Wahrheit ebenfalls war.

Wir beendete vorerst die Sitzung und überlegten gemeinsam, wie er diesem seinem anderen Ich irgendwie helfen konnte.

Er beschloss eigene Energie fließen zu lassen, um dem Geist auf dem weit entfernten Planeten seine Größe zurückzugeben.

Gesagt, getan! Ich startete die Sitzung erneut und ihm gelang es wahrlich sofort Kontakt zu sich, am anderen Ende des Sein, aufzunehmen. Er stattete den Gott mit dem nötigen Energieschub aus, den er sich vorgenommen hatte. Der Neustart gelang!

Er, der Gott jener Welt, erhob sich und begann seine Umgebung wieder zu begrünen. Das war der erste Schritt für einen Neubeginn. Dann fand er zudem die Überlebenden. Auch denen wurde wieder wohler, als sie ihren realen Gott-Geist in ihrer Nähe spürten. Dieser führte und ermächtigte mehrere Anführer im Umfeld der Menschenähnlichen. Eine neue Zivilisation entstand aus den Trümmern.

Mit dieser Spirituellen Rückführung retteten wir mit ziemlicher Sicherheit ein Geistiges Wesen und sein Volk in den Weiten der Galaxis. Das Erlebte war so real, dass für uns in diesem Moment kein Zweifel daran bestand. Immerhin hatte auch mein Freund seine alte Schaffenskraft zurück, aus der Gewissheit heraus, sogar einen Gott neu beleben zu können.

Zirka drei Wochen später wollte er sich nochmals davon überzeugen, dass es seinem anderen Ich auch weiterhin gut ging. Ihn beschlichen nämlich leise Zweifel an der Realität des Geschehenen.

Schließlich war der andere Planet Lichtjahre entfernt und überhaupt verging die Zeit nach unseren Maßstäben viel zu langsam. Wie konnte sich dort alles so schnell erholen, dass wir es während einer Sitzung wahrnehmen konnten?

Relativ wahre Erklärungen waren, dass es sich eventuell um ein längst vergangenes Ereignis handelte oder, dass im Geistigen Kosmos weder Raum noch Zeit eine Rolle spielten.

Jedenfalls starteten wir abermals eine Sitzung, einfach um zu sehen, was sich zwischenzeitlich auf dem Planeten ereignet hatte. Wir waren beide nicht davon überzeugt, wirklich nochmals einen Blick darauf werfen zu können. Doch es gelang!

Nun schwebte er, der Gott, über allem was er erneut erschaffen hatte. Auf dem Planeten grünte und blühte es und die Menschenähnlichen hatten sich wieder vermehrt. Und, was meinem Freund sowie dem Gott wichtig war, die technische Entwicklung hatte einen Stand erreicht, gegen den die Insekten künftig ganz sicher vergeblich anrennen würden.

Zudem befanden sich die Bewohner jener anderen Welt jetzt geistig auf einem viel höheren Niveau.

Sie kommunizierten sogar telepathisch mit dem Geistigen Wesen, das somit nicht länger allein für sie alle verantwortlich war. Mein Freund war mehr als zufrieden mit dem Dasein.

Die Spirituellen Rückführungen erlauben es uns, in der Vergangenheit aufzuräumen, um aus der neu gewonnenen Sicht die Welt der tausend Möglichkeiten zu erschaffen.

Kreatives Schöpfen gelingt nur, wenn wir uns aus dem Sumpf des Alten und Gewohnten freischwimmen. Viele Erfindungen sind nichts anderes als das Ergebnis von Rückerinnerungen. Andere ergeben sich, weil die Person einen direkten „Draht" zur Akasha-Chronik gefunden hat. Einfälle, die von irgendwo außerhalb in den Verstand hineinfallen, brauchen nur die möglichst bewusst erlebbare Öffnung für dieses Phänomen. Häufig ist es die intensive Beschäftigung mit einem Thema und ein andermal sind es Träume.

Zu einer Spirituellen Rückführung kam ein Landwirt, der unbedingt wissen wollte wie er die legendäre „freie Energie" in seinem Betrieb einsetzen könnte.

Er war allerdings kein Wissenschaftler, nicht einmal ein Ingenieur oder Techniker. Dennoch gelang ihm der Zugang zu einer Geschichte, die weit, sehr weit zurücklag.

Sie ereignete sich wieder einmal nicht auf der Erde. Damals war er Mitbegründer eben dieser Technologie auf seinem Heimatplaneten. Er bekam tatsächlich einen detailgenauen Einblick in den gesamten Aufbau und in seine Funktion.

Mit diesem Wissen konnte er jedoch in seinem jetzigen Leben leider nichts anfangen. Ihm fehlte allein schon der Zugriff auf die angegebenen Materialien. Auch wusste er nicht, wie er die Antennen des Gerätes handwerklich erstellen könnte.

Trotz allem hatte er nach der Spirituellen Rückführung, eine einzige hatte genügt, die Informationen zum Bau in seinen Händen. Was er letztlich daraus gemacht hat entzieht sich meiner Kenntnis.

In einem anderen Fall war ein Freund an der Errichtung neuartiger Stationen zur Teleportation von Dingen und Körpern beteiligt.

Eine Station wurde auf dem Planeten erbaut und das Gegenstück stand auf einem der Monde. Aus einem ihm unbekannten, zuerst nicht erkennbaren Grund wurde das Projekt sabotiert.

Die Stationen explodierten gleichzeitig. Die gesamte Mannschaft inklusive der beteiligten Wissenschaftler kam ums Leben. Er selbst war einer dieser Wissenschaftler.

Als er dem Ereignis geistig nachspürte, kam zum Vorschein, dass die Regierung eines benachbarten Sonnensystems ihre Agenten gesandt hatte, um den technologischen Vorsprung ihrer vorgeblich „Verbündeten" zu stoppen.

Jetzt wusste er auch, warum er speziell in diesem Leben so misstrauisch gegenüber manchen Freunden war. Der Verrat hatte sich bei ihm tief eingegraben.

Verrat war die Ursache für eine Kette von Geschehnissen in mehreren Leben. Über Jahrtausende hinweg verfolgten ihn ähnliche Machenschaften immer wieder.

Solche aufeinander folgende Ereignisketten sind keine Seltenheit, um nicht zu sagen, sie sind die Regel im „Großen Spiel".

Aus dem Nicht-Bewussten heraus beeinflussen sie unser gesamtes Dasein. Deshalb ist es sehr sinnvoll das erste Glied dieser Ketten zu finden.

Es gibt immer eine spezielle, dramatisch schwerwiegende Ursache für alle Folgen in der Serie.

Wie bei jedem guten Drama, so in Filmen und auf der Bühne, braucht es halbwegs logisch erklärbare Ursachen für den weiteren Verlauf. Mit der Logik hapert es allerdings oftmals in den vielen erlebbaren Lebensabschnitten. Allein schon deshalb, weil Logik immer auf dem gerade verfügbaren Datenmaterial basiert. Werden die Datengrundlagen geändert oder erweitert, so ergibt sich womöglich eine ganz andere Sichtweise auf die Welt und damit eine Veränderung, sogar bei dem, was bislang als logisch angesehen wurde.

Unter anderem deshalb kommen meine Freundinnen und Freunde zu Spirituellen Rückführungen. Denn ihr Verstand hat sich in etwas verrannt, was für ihn selbst unerklärlich ist, vielleicht unlogisch erscheint. Er sucht nun nach Antworten.

Diese Antworten findet er mit relativer Leichtigkeit während der Spirituellen Rückführungen. Denn, so seltsam es klingen mag, speziell in diesen Sitzungen gelingt es der TAO-Seele, dem Geistigen Wesen, über das Denken des Verstandes hinaus, Bilder und Emotionen geliefert zu bekommen, die aus dem alltäglichen, kaum bewussten Zustand heraus unzugänglich sind.

Manchmal dauert es allerdings nach den Sitzungen erst einmal ein paar Tage, bis dem analytisch arbeitenden Verstand die Zusammenhänge klar werden. Dieses energetische Konstrukt, genannt Verstand, arbeitet nämlich ungefähr in einem Drei-Tage-Rhythmus. Deshalb müssen wir über gewisse Dinge und Probleme eine oder mehrere Nächte schlafen, bis sich eine Lösung zeigt.

Langjährig gehegte Wertungen, Be- oder Abwertungen, hindern oftmals daran eine objektive (Er-)Lösung zu finden sowie dann auch zuzulassen. Sie sorgen für die Aus- und Abgrenzung von Situationen, Personen und vielem mehr in den Lebensumständen.

Dennoch sind auch solche Wertstellungen unverzichtbar bei den im Alltag wahrnehmbaren Unterscheidungen. Die Beurteilung und Verwertung von Betrachtungen gehört einfach, unverzichtbar zum Aufgabenbereich des Verstandes.

Jegliche Analyse, einer Spezialität des Verstandes, beruht auf der Fügung derartiger Zusammenhänge, die dann zu real anwendbaren Wertungen führen.

Diese sind einerseits wichtige und wertvolle Voraussetzungen für die Betrachtungen, mit denen wir uns in unserem Umfeld, unserer Umgebung zurechtfinden, andererseits können sie uns aber auch wie eine Art Falle vorkommen, wenn ihre Wichtigkeit zur Gewichtigkeit wird, die uns dann wie Mühlsteine am Hals hängen können.

Solche Mühlsteine sind beispielsweise tief verwurzelte Glaubenssätze. Wir kennen sie alle, ihr Inhalt kann relativ harmloser Natur sein oder sie bringen uns in Konflikte mit uns selbst und oftmals auch mit unseren Mitmenschen.

Ziemlich harmlose Glaubenssätze sind zum Beispiel: „Sobald ich das Haus verlasse, muss ich eine Kopfbedeckung tragen!" oder „Barfuß in geschlossenen Schuhen geht gar nicht!" oder „Milch ist immer gesund!" oder „Meine Mutter/mein Vater hat immer Recht!" oder „Was die großen Medien (Zeitung, Radio, Fernsehen) bringen ist wahr!"oder … .

Mache dieser Sätze sind sogar sehr hilfreich, im Umgang mit den Mitmenschen, wie: „Alten Menschen muss ich respektvoll begegnen!" oder „Schwächeren muss ich helfen!" oder „Als Mann halte ich für Frauen die Tür!" oder „Rein sein bedeutet frei sein!" oder …

Solche Glaubenssätze münden dann vorzugsweise in allgemeine Benimmregeln.

Geradezu lebensgefährlich werden jene Sätze, wenn sie solche Inhalte tragen: „Geld ist der Ursprung allen Übels in der Welt!" oder „Ich habe Angst vor dem nächsten Tag!" oder „Alle anderen sind mehr wert!" oder „Macht und Geld ist lebenswichtig!" oder …

Wehe, wenn solche oder ähnliche Sätze den Realisierungsmöglichkeiten keinen Raum bieten oder ihnen entgegen stehen.

Ähnlich verhält es sich mit den Glaubenssätzen, die sich jemand selbst zur Lebensbewältigung suggeriert, wie etwa: „Mir wurden alle Werkzeuge, um Reichtum zu erlangen, in die Wiege gelegt!" oder „Ich ziehe Reichtum an, ich bin ein Geldmagnet!" oder „Mein Herz zeigt mir immer den nächsten Schritt zum …!" oder „Ich überlasse dem Universum die Kontrolle über meinen Erfolg!" oder …

Letztere sind Krücken, die verhindern, dass man vollständig eine selbstbestimmte, selbstermächtigte TAO-Seele ist. Alle diese eingeimpften Betrachtungsweisen stehen dem Erleben entgegen.

Eine Welt der Tausend Möglichkeiten sieht anders aus. In ihr sind sowohl der Gegenwart keine Grenzen gesetzt als auch für die Zukunft alle Varianten offen.

Um dieser Idee noch etwas mehr Nährwert zu verleihen, bemühe ich hier die Ansichten einiger großer Geister dieses Planeten, in dem derzeitigen Zeitalter:

„Was wir heute tun, entscheidet darüber, wie die Welt morgen aussieht."

Marie von Ebner-Eschenbach

„Sei Du selbst die Veränderung, die Du Dir wünschst für diese Welt."

Mahatma Gandhi

„Die größte Entscheidung Deines Lebens liegt darin, dass Du Dein Leben ändern kannst, indem Du Deine Geisteshaltung änderst."

Albert Schweitzer

„Die reinste Form des Wahnsinns ist es, alles beim alten zu lassen und zu hoffen, dass sich etwas ändert."

Albert Einstein

In all diesen Äußerungen erkennen wir die Ursächlichkeit von uns Geistigen TAO-Wesen.
Nur indem wir die Gegenwart vollständig bewusst erleben, indem wir erkennen, wer oder was wir sind und uns bewusst ist, was wir für die größte Anzahl der Acht Dynamiken verursachen müssen, gestalten wir auch die Chance für eine liebenswerte Zukunft, in der wir gerne leben wollen.

„Mehr noch als die Vergangenheit interessiert mich die Zukunft, denn in ihr gedenke ich zu leben."

Albert Einstein

Atalant – die Auferweckung

Was nun folgt werden viele von euch lediglich als Science Fiction abtun. Lasst euch bitte dennoch darauf ein, denn damit will ich das Bild abrunden, mit dem ich bisher schon etliche verunsichert habe.

Die Welt in der wir leben ist nämlich bei weitem nicht die, wofür wir sie halten. Planet Erde ist ebenso TAO wie alle anderen Himmelskörper und selbstverständlich auch die Sonne.

Somit müssen wir uns ganz einfach darauf einlassen, dass TAO unser aller Grundprinzip ist, sowohl geistig als auch physisch. Ohne TAO ist alles nichts!

Das Wissen und die Erkenntnisse die wir irdisch reinkarnierten Atalanter jetzt mitgebracht haben, sind mitbestimmend für unser aller Leben. Vor allem die, als religiös zu bezeichnenden Fiktionen auf Erden, tragen im Ursprung sehr viel von unserem Einfluss in sich.

TAO, als Seele, zieht sich in seiner Betrachtungsweise durch alle großen Religionen. Dabei ist der ursprüngliche Begriff, also TAO, untergegangen. Er wurde entweder bewusst verfälscht oder in die bereits bestehenden religiösen Anschauungen integriert. Lediglich im chinesisch geprägten Taoismus haben sich noch deutlich erkennbar Anteile unseres alten Wissens erhalten.

Mein erklärtes Bestreben ist nun, der atalantischen Kultur wieder Leben einzuhauchen, sie wieder zu erwecken.

Denn ich weiß, dass die Atalanter auf Erden durchaus in der Lage sind, sich an ihre Herkunft zu erinnern. So konnte ich über die Anwendung von Spirituellen Rückführungen schon einige der atalantischen Freundinnen und Freunde wiederfinden.

Ich versuche auch hierbei, über die nun folgenden Ausführungen, die eine oder andere Erinnerung bei den Menschen wachzurufen, die mit mir gemeinsam Atalant verlassen haben.

Lasst uns miteinander, in diesem irdischen Umfeld, ein neues Atalant entstehen.

Denn es lohnt sich wirklich, das beseelende TAO zu verwirklichen und die Kenntnisse über das „Große Spiel" wieder in den Wissensschatz von uns Menschwesen zu integrieren.

Immer wieder, immer öfter erschienen mir Bildfragmente aus einem früheren Dasein, als Gunar von Atalant.

Dieser Gunar entwickelte sich, von einem gut angepassten Bürger des Sternenbundes Kabar zum Druidorix der Druiden des TAO.

Mir liegt aus heutiger Sicht besonders mein/sein Leben als Druide am Herzen. Hierzu erfährt Gunar nämlich die Wandlung, die ich heute als eine Art und Weise von Wiedergeburt definiere.

Er erkennt sich selbst, als Teil von mehreren, sehr viel größeren Höheren Selbst im Miteinander der Geistigen Wesen.

Nachdem Gunar nur einer von vielen, vielen meiner Reinkarnationen ist, habe ich beschlossen ihn/mich als eigenständige Persönlichkeit zu begreifen. Dadurch entstand ein gewisser Abstand zwischen ihm, der ich damals war, und mir, im jetzigen Leben.

Als Druidorix habe ich, hat der Atalanter Gunar, die Fähigkeit zur Anwendung Spiritueller Rückführungen übertragen bekommen.

Damit trage ich/er dazu bei, dass Wesenheiten in ihrer Vergangenheit aufräumen können. Wobei dadurch nicht nur die eigenen Problemstellungen verändert werden, sondern sogar diejenigen des unmittelbaren, karmischen Umfeldes.

Außerdem wirken die gewonnenen Erkenntnisse auf die jeweilige Zukunft des Feldes ein, das derzeit als morphisch oder morphogenetisch bezeichnet wird. Denn durch die spirituelle „Reise in die Vergangenheit" werden die Ursache-Punkte neu ausgerichtet. So lösen sich Erscheinungen auf, die tatsächlich auch Krankheiten ausgelöst haben. Darüber hinaus verändert sich das soziale Umfeld von Personen, die sich auf Spirituelle Rückführungen einlassen.

Im Letztlichen gelingt zunehmend eine Annäherung an das Göttliche TAO und damit an die Heiligung der Geistigen Wesenheit.

Die Geschichte von Atalant hat mich bis heute nicht losgelassen. Ich erinnere mich daran, als wäre es gestern gewesen. Das Geschehen liegt zwar weit zurück, seine Auswirkungen sind jedoch noch immer nicht vorbei.

Das „Große Spiel" war und ist in vollem Gange. Wir Atalanter, auf der Erde auch Atlanter genannt, waren nicht so einfach aus dem Felde zu schlagen. Zeit spielte darin nur eine untergeordnete Rolle.

Die Zeit ist nämlich lediglich: Jegliche messbare Bewegung im Raum. Nicht mehr und nicht weniger.

Die Zeit ist weder eine eigenständige Dimension noch hat sie irgendetwas Geheimnisvolles an sich. Die Bewegungen von Energie oder Materie im Raum lassen Zeit zu. Das Messen dieser Bewegungen, unsere Vorstellung für ihr Dasein, bestimmt deren Existenz.

Diese Beständigkeit ist jedoch nur scheinbar. Somit gibt diese Aktion des Messens sowohl dem Energetischen als auch dem Materiellen und somit auch der Zeit in seinem relativen Bestand.

Deren angenommene Beobachtung: Von einem Punkt im Raum bis zu einem anderen, dauert es so und so lange, wirkt auf den Ablauf bedingt stabil.

Die Zeit wird sowohl durch den Standpunkt des Beobachters als auch durch dessen eigene Geschwindigkeit in der Bewegung und durch die Bewegung sowie dessen Geschwindigkeit des rundum Bewegten relativiert.

Hinzu kommt: Die Wahrnehmung der Zeit hat, über deren anscheinende Objektivität hinaus, auch noch einen beziehungsweise mehrere subjektive Aspekte. So lässt sich Zeit dehnen, wenn beispielsweise Langeweile ins Spiel kommt oder sie vergeht in der Wahrnehmung viel schneller, wenn sich Spannung in einem Geschehen aufbaut.

Nun denn, zeitlos lebte und lebt Atalant. Es ist nie untergegangen, weder als Kontinent noch als Sternensystem und ebenso nicht als die atalantische Bevölkerung.

In meinem eigenen geistigen Kosmos des Denkens, hat Atalant noch immer seinen Platz. Verzeiht mir also, wenn ich im Folgenden auch manchmal ins Schwärmen gerate oder zu ausschweifend bin. Habt Verständnis für einen begeisterten Spieler in TAO.

Um euch, liebe Freundinnen und Freunde, in der Wortwahl gerecht zu werden, verwende ich gerne einfache Begriffe aus der Neuzeit. Ich weiß, dies ist nicht die Sprache von Atalant und schon gar nicht die Sprache des Geistigen TAO, noch weniger des Göttlichen TAO. Aber schließlich will ich von euch verstanden werden. Daher benutze ich Worte, die dem was ich ausdrücken möchte, möglichst nahe kommen.

Lasst uns also einsteigen in das Geschehen, das erst enden wird, wenn wir alle miteinander, ich wiederhole: Alle miteinander, den Absprung schaffen.

Damit meine ich die vollständige Beendigung des „Großen Spieles". Dies geschieht ausschließlich in der eigenen Transzendenz sowie in der gemeinschaftlichen Transzendenz aller, damit in der letztendlichen Vereinigung und der vollständigen Bewusstwerdung dieser Vereinigung.

Das große Ziel ist die Vereinigung mit dem Göttlichen Ursprung, mit dem Göttlichen TAO.

Ist Atalant die letzte Bastion in der Galaxis?

Atalant ist hoffentlich nicht die letzte Bastion in unserer Galaxis. Die inzwischen wieder relativ freien Wesenheiten im Sternensystem von Atalant bewegen sich auf einem verhältnismäßig hohen spirituellen Niveau.

Für mich und meine Freundinnen und Freunde vom Freien Orden freier Wesen schien es nicht immer so. Doch im Vergleich mit unserer galaktischen Umgebung, mit den Lebensformen im Sternenbund von Kabar, fanden wir jedes Mal die Bestätigung für den deutlich wahrnehmbaren Unterschied.

Im Doppelstern-System, einer weißen Riesensonne und ihrem kleinen, roten Begleiter, kreisen insgesamt siebzehn Planeten mit zwölf Monden. Zwei der Planeten sind bewohnt, schon seit langer, langer Zeit von Leben erfüllt. Sie bilden zusammen mit einem mittlerweile ebenfalls bewohnbar gemachten Mond, der um einen anderen der Planeten kreist, das System Atalant.

Im Verlaufe des „Großen Spiels" haben wir eine Art menschliche Körper übernommen. Damit bevölkerten wir die Planeten und den Mond im Sternensystem.

Einst waren wir Geistigen Wesen, die wir schließlich körperliche Atalanter wurden, sehr viel weiter verbreitet. Die Stämme von uns Geistwesen bewohnten sehr viel mehr Sonnensysteme. Uns freien TAO-Seelen war es damals noch relativ egal, ob wir mit oder ohne Körper existierten. Unsere geistigen Fähigkeiten, zur Gestaltung unserer unmittelbaren Umgebung, waren geradezu unbegrenzt.

Erst die „Technischen" wurden unser aller Verhängnis. Dies waren Wesen die sich einbildeten ohne ihre erfundene Technik nicht auskommen zu können.

Deren Technikverständnis war allerdings lediglich ein Sammelsurium von Systemen, die für freie Geister wie Krücken wirkten.

Was wir geistig kreieren und jederzeit wieder abändern konnten, mussten sie unbedingt im Materiellen manifestieren, um einen Nutzen daraus ziehen zu können. Für diese verfestigten Hilfsmittel benötigten die Fremden unbedingt Energie, sehr viel Energie.

Ohne das Zuführen von Energie funktionierte kein einziges ihrer Spielsachen. Dadurch kamen wir hochenergetischen Wesensaspekte ihrem Spielverlauf sehr gelegen.

Wieder und über Äonen immer wieder beuteten sie unsere Fähigkeit zur Erzeugung von Energie aus, um ihre ach so wichtigen technischen Errungenschaften und Werkzeuge in Gang zu halten. Raumstationen, Raumschiffe, Roboter und vieles mehr betrieben sie mit der von uns geschaffenen Energie.

Durch diese Technikfreaks gerieten wir in einen Teufelskreis, einen verdammt lange Zeit andauernden, abwärts gerichteten Strudel, dessen Auswirkung ein Sklaventum war.

Angefangen hatte alles, als unser Universum deren Universum berührte oder kreuzte und etliche der Technischen zu uns herüberwechseln konnten. Ihre eigene Schöpfung, ihr universales Gefüge, war energetisch bereits ausgepowert. Es war auch räumlich wesentlich kleiner und vom Energiegehalt her schlechter ausgestattet, als das Universum, das wir uns einst geschaffen hatten.

Den Invasoren fehlte das Feingefühl für Geistigkeit. So nahmen sie uns nicht einmal als gleichwertige oder überlegene Wesenheiten wahr. Für diese Andersartigen waren wir einfach nur interessante Energielieferanten.

Sie konnten nicht einmal unsere feinstoffliche Körperstruktur erkennen oder wahrnehmen. Für sie erschienen wir damals bestenfalls gespensterhaft. Die heutigen Festkörper übernahmen wir nämlich erst sehr viel später.

Wir vergeistigten Wesenheiten waren aber neugierig und ohne Arglist, ohne Misstrauen den Fremdartigen gegenüber. So gelang es denen uns „einzutopfen", uns in ihre eigens für diesen, für sie wichtigen Zweck entwickelten Energiekristalle einzusperren.

Dieses Anfangsereignis wiederholte sich ständig, wenn energetische Engpässe auftraten oder die von Technik abhängigen Wesenheiten einfach mal wieder Sklaven benötigten.

Die Technischen hatten ursprünglich tatsächlich die Mitteln uns gefangen zu setzen und uns energetisch auszupressen. Wir hatten irgendwann, irgendwie den Eindruck, als wären diese Invasoren uns überlegen. Dieser Trugschluss führte dazu, dass sich die Faszination für Technik und die Abhängigkeit davon auch auf einige von uns Geistwesen übertrug. So haben mit der Zeit leider auch Wesenheiten unseres eigenen Universum die Gepflogenheiten der Anderen kopiert.

Die Macht technischer Geräte schien derart überwältigend, dass immer mehr von uns begannen ihre eigenen geistigen Fähigkeiten anzuzweifeln. Technisches wurde für sie zu etwas wahrhaft Erstrebenswertem.

Aufgrund dieser verrückten Anschauung missbrauchten etliche im Entstehen begriffene Rassen sogar Wesen dieses Universum zur Energiegewinnung. Wir versklavten uns gegenseitig. Auch die mittlerweile bei uns heimisch gewordenen Technikfreaks führten ihre irre Tradition fort.

Im Ablaufe dieses Teufelskreises missbrauchten die Kabarer uns, die späteren Atalanter, für ihre Zwecke. Mittels altbewährter Elektroschocks wurden wir als TAO-Seelen in ihren Kristallbatterien dazu veranlasst, aus uns selbst heraus Energie zu produzieren.

Die Erzeugung von heftigem Schmerz stachelte uns dazu an. Unter unbändigem Protest legten wir los. Aufgeputscht und schnaubend wie wild gewordene Stiere lieferten wir die Kraft, die dann in technische Arbeit umgesetzt wurde.

Jetzt konnten die Kabarer aber nicht mehr behaupten, sie hätten nicht gewusst, was sie uns antaten. Bald waren wir nämlich Körperliche und durchaus in der Lage uns zu wehren. Doch wir hatten noch keine Chance gegenüber der eingesetzten Gewalt.

Dies fand erst ein Ende, als wir uns im großen Stil in den Kristallgefängnissen tot stellten. Dadurch wurden wir für die Energieerzeugung unbrauchbar.

In sonnenheißen Konvertern sollten wir mitsamt der nutzlos gewordenen Kristalle vernichtet werden. Damit glaubten jene Peiniger, auch die gefangenen Geister auszulöschen.

Doch weit gefehlt, die nun frei werdenden Seeleneinheiten lösten sich dadurch relativ einfach von ihrem Gefängnis.

Vorübergehend stifteten die TAO-Seelen reichlich Unfrieden unter den Kabarern.

Sie ließen sich nämlich bewusst als unterschiedliche Lebensformen gebären. Ihr Bewusstseinszustand erlaubte es ihnen, sich an frühere Ereignisse zu erinnern. Deshalb brachten sie den Sternenbund, das System der Kabarer, ganz schön in Aufruhr.

Manche rächten sich regelrecht. Etliche halfen ihren ehemaligen Leidensgenossen. Die Unterstützten konnten sich mit entsprechender Hilfe, per Konverter, von den Kristall-Batterien lösen.

Über unterschiedliche Wege und Umwege fanden sich die bewusst gewordenen TAO-Seelen schließlich im Doppel-Sonnensystem von Atalant zusammen.

Sie wurden in den menschlichen Körpereinheiten der bereits dort lebenden Atalanter wiedergeboren. Dadurch ergab sich eine neue Rasse mit einem höheren Bewusstseinszustand als je zuvor.

Um von nun an unsere gemeinsame Identität zu wahren und dem Sternenbund von Kabar die Stirn bieten zu können, vereinigten wir uns im BewusstSein der religiösen Erkenntnis TAO zu Sein.

Das Göttliche TAO, unser aller Ursprung, und das Geistige TAO, das wir selbst sind, bilden dabei eine Einheit.

Wir, als die TAO-Seelen die sich den Körpern angeschlossen haben, sind gleichbedeutend mit dem Geistigen TAO. Alle miteinander leben wir in TAO, einem Dasein ohne Raum und ohne Zeit. Weder Unendlichkeit noch Ewigkeit sind Maßstäbe für uns.

TAO war nicht irgendeine Religion. TAO war und ist die Gewissheit im Göttlichen zu ruhen. Es zu Sein!

TAO das Göttliche, unser aller Ursprung, war, ist, wird sein. Es unterliegt weder dem Raum noch den Energien, die gleichbedeutend mit energetischer Verfestigung, als Materie, sind, und schon gleich gar nicht der Zeit.

TAO ist kein Bestandteil von irgendeinem physischen Universum. Dennoch ist TAO auch bestimmend für die Energie, für die Materie und für das Leben des universalen Spielfeldes.

Das Faszinierende dabei ist, davon sind die Atalanter und besonders ihre Druiden des TAO überzeugt: „Wir alle sind TAO, ohne Wenn und Aber."

Das Göttliche ist gleichermaßen das Geistige, das wir sind. TAO ist TAO, in gegenseitiger Wechselwirkung und doch ohne wahrnehmbare Trennung.

Wir, die Geistigen TAO-Wesen, sind nicht nur mit dem Göttlichen verbunden. Wir sind die Aspekte unserer Höheren Selbst, somit im Wesenskern das Göttliche Selbst.

TAO ist das religiöse Band das Atalant vereint, das den Atalantern ebenso persönliche Kraft wie das Gefühl von gegenseitiger Verbundenheit verleiht.

Die Druiden des TAO

Die Vertreter dieser Religiosität, die Druiden des TAO, schalten sich immer dann ein oder sie werden gerufen, wenn jemand Hilfe benötigt. Die hilfreiche Aktion wird zumeist mittels Spiritueller Maßnahmen durchgeführt, wie etwa den Spirituellen Rückführungen.

Das heißt: Rat- und hilfesuchende Freundinnen und Freunde werden in ihre dramatisch aufgeladene Geschichte, in eine relative Vergangenheit geführt und räumen dort selbst auf.

Sie bereinigen das energetisch belastende, alte Geschehnis, das sich auf dem fiktiven Zeitstrahl befindet. Dadurch kann die Gegenwart wieder unbelastet davon erlebt werden.

Unter Vergangenheit ist dabei sowohl die nähere als auch eine weiter zurückliegende Zeit gemeint. Auf diese Art und Weise werden in erster Linie mentale Problemstellungen behoben und Lösungen herbeigeführt.

Gegenwart und Zukunft erhalten eine völlig neue Qualität. Es öffnet sich eine „Welt der tausend Möglichkeiten".

Angenehme Nebeneffekte sind, dass dabei zugleich körperliche oder psychosomatische Wehwehchen vergehen sowie karmisch-soziale Bindungen gelöst werden.

Den Druiden obliegt es, am Ort von Dramatisationen präsent zu sein, die in der Gegenwart restimuliert werden, um zeitnah wirken zu können. Je unmittelbarer die Restimulation eines alten Geschehnisses angegangen werden kann, desto leichter ist der Zugriff auf die vergangenen Ereignisse.

Bei Krankheitserscheinungen, Unfällen, Ohnmachten und vielem mehr versuchen die Druiden zu helfen.

Es kann immer nur ein Versuch sein. Eine endgültige Lösung bedarf immer der aktiven Mitwirkung der betroffenen Person.

Somit sind die Freundinnen und Freunde immer aufgerufen, im Anschluss an die Maßnahme selbst aktiv zu werden, um ihr Leben selbstbestimmt und selbstermächtigt zu meistern.

Druiden waren und sind Wissende in allen Lebenslagen. Sie haben brauchbare Lösungsvorschläge für fast alles im Gepäck.

Zudem können sie sich ergänzen. Wenn einer meint, am Ende seines atalantischen „Latein" angelangt zu sein, gibt es im „Freien Orden freier Wesen" dennoch immer den einen oder anderen, der weiß oder die wissen, wie eine Problemstellung zu lösen sein könnte oder wie jemand eine Herausforderung angehen kann.

Notfalls schließen sich sogar mehrere Druiden mental zusammen oder sie rufen ihre Höheren Selbst oder einen Freien Geist zu Hilfe.

Im Orden der Druiden gab es, im Doppel-Sternen-System von Atalant, sowohl Frauen als auch Männer mit ureigenen besonderen Befähigungen und einer angepassten, zusätzlichen Ausbildung, die auch eine Verbindung mit geistigen, weitgehend körperlosen Wesenheiten ermöglichte.

Diese Freien Geister durchstreifen den geistigen Kosmos und sie halten sich im physischen Universum auf. Etliche finden sich mehr oder minder in der Nähe des Systems von Atalant. Der Begriff Nähe ist dabei relativ, da Geistige Wesen sowieso unabhängig von Raum und Zeit miteinander verbunden sind.

Das Wissenspotenzial sowie die Fähigkeiten der Freien Geister konnten die Druiden des TAO nutzen, wenn es nötig erschien. Sie selbst drängten sich jedoch niemals auf. Nicht, wenn es sich um ein Geistwesen handelte, das ausschließlich hilfreich sein möchte. Es gab und gibt jedoch auch andere!

Im spirituellen Bewusstsein, die Miterschaffer des Universum und des „Großen Spiels" zu sein, wussten wir, als Atalanter, mit absoluter Gewissheit: Unser Sein ist uneingeschränkt Göttlich.

Wir waren lediglich in allerlei kleineren, persönlichen oder sozialen Spielsituationen verfangen.

Das karmische Erleben, über die Zeitläufe hervorgerufene Verstrickungen, machte und macht das Spielgeschehen immer komplizierter. Damit gewinnt es an Dramatik.

Dramen gehören, wie ich gelernt habe, zum Spielgedanken und damit zum Spielgeschehen dazu. Besonders im karmischen Miteinander treten Schmerzen und Verluste gehäuft auf, also die negativ wirkenden Emotionen.

Das „Große Spiel" ist dabei weder „Gut" noch „Böse", nicht einmal „Neutral". Es ist im kosmisch geistigen sowie im universal physischen Maßstab zu betrachten. Wie der Chinese Lao Tse richtigerweise erkannte: „Das einzig Beständige ist der Wandel!"

Für Form und Ablauf haben wir dieses, unser Universum als Spielfeld geschaffen. Zum Ablauf ist es erfüllt von vielerlei Spielregeln oder sogenannten Naturgesetzen. Diese bestimmen Spielfelder, Grenzen und mögliche Ziele.

Aus solchen Gesetzmäßigkeit rechnen manche Menschwesen sogar Schicksalhaftes aus, beispielsweise auf dem Planeten Erde. Für sich und/oder für andere legen sie ein „gottgegebenes" Kismet fest.

Wieder andere erheben das Phänomen des „Zufall" zum Dogma für manche Vorkommnisse im Leben.

Jegliche grundlegende Information, die Datensätze sowie alle Abläufe, wirklich alle Verläufe der Spielgeschehen, sind in der Akasha-Chronik (kein vollständig neuer Begriff) gespeichert.

Die darin enthaltenen Zusammenhänge wiederholen sich, weil die Dramen alle auf einige „wenige" Ursachen zurückzuführen sind.

Deshalb erscheinen Zufälle immer wieder und können dementsprechend ausgelesen werden. Das, was jemandem zufällt, hat sich bereits X-Male ereignet. Dass es im Leben der Gegenwart nochmals vorkommt, ist keineswegs ungewöhnlich.

Auf keinen Fall hat so ein Zufallsprodukt etwas mit einem Gott oder dem Göttlichen TAO zu tun.

Im bewussten Sein des „Großen Spiels" lebten wir, die überwiegende Mehrzahl der Atalanter, im Bewusstsein von gelebter Leichtigkeit. Festigkeit erzeugende, starrmachende und schwerwiegende Ernsthaftigkeiten rückten für uns in den Hintergrund. Denn aus der Sicht der Erkenntnis um das „Große Spiel", konnten uns die Druiden des TAO ziemlich einfach aus auftauchenden Fangstricken lösen.

Die schwierigen Betrachtungen zum Leben verloren ihren Stachel zugunsten von Qualitäten des Erlebens, mit sehr viel Humor im Gepäck (in den einfachen Definitionen: „Humor ist ein Zustand von Leichtigkeit." oder „Humor ist das Spiel mit der Unvernunft." oder auch „Humor ist, wenn man trotzdem lacht.").

Mit dem gelebten Humor konnten wir tatkräftig die Grenzen der allzu einengenden Vernunft sprengen. Humor war der Einstieg in jede Art von Phantasie.

Die Formen sowie die Art und Weise des Lebens wurden von uns Atalantern im „Großen Spiel" folgendermaßen eingestuft:

1) **Erleben** = Das Leben, geistig, körperlich sowie im sozialen Miteinander, wird angenommen wie es eben gerade kommt, ob gut, schlecht oder neutral. Jegliches Erlebnis ist das Salz in der Suppe des Seins.

Körper sind dabei Beiwerk im Spiel des Erlebens. Erleben könnte mit einer Körperform oder auch ohne einen Körper gelingen.

2) **Leben** = Es wird versucht mit allen Mitteln Lebendigkeit zu erfahren. Dem Leben im Umgang mit Lebendigem (Mensch, Tier, Pflanze oder Mineral) wird ein hoher Stellenwert beigemessen.

Im Rahmen und im Umgang mit diesen Daseinsformen, genannt Lebewesen, können verschiedene, auch negativ anmutende Emotionen ausgekostet werden.

Die milde stimmende Devise lautet: „Leben und leben lassen!". (Aus dem Irdischen kenne ich dies als „Hexenregel" oder als Goldene Regel Salomons: „Was Du nicht willst, das man Dir tu', das füg auch keinem andern zu!")

3) **Überleben** = Das Motto: „Fressen oder gefressen werden!", ist bestimmend für Leben <u>über</u> Leben.

Das Geistige Wesen degradiert sich in diesem Dasein selbst vollständig zum Lebewesen. Es gebärdet sich sogar im Sein als ein solches Über-Wesen. Bei Überlebensreaktionen gilt es die Macht zu haben, andere unter sich zu wissen.

Alle Hierarchien sind überlebenswichtige Bestandteile in diesem furchtbar ernsten Spielverlauf. Nur mit dem Beherrschen von Notwendigkeiten wird überlebt. Es ist gemeint: Aus der Not heraus wendig genug zu sein, um dem Gefressenwerden entgegen zu wirken.

Dabei gibt es diese drei möglichen Strategien: a) Schnell genug sein, um entwischen zu können oder b) mit Wendigkeit, Kraft und/ oder Intelligenz anderen überlegen sein oder c) sich tot stellen bis die Gefahr hoffentlich vorüber ist.

4) **Gelebt werden** = Bei dieser Art und Weise des Dasein verliert das Wesen seine Selbstbestimmung völlig.

Andere herrschen über wieder andere, bis sich ein gewaltiger Berg von Hierarchien auftürmt. Jemand in diesem Zustand des Sein kann nicht mehr genau sagen, ob er wirklich oben oder vielleicht doch wieder ganz unten angekommen ist.

Sinnbilder hierfür sind Teufelskreise oder die Schlange die sich in den eigenen Schwanz beißt. Die alles verschlingende Fremdbestimmung macht sich letztendlich geradezu selbstständig, als Erlebens-, Lebens- und Überlebenshindernis.

Die TAO-Seele hat in diesem Dasein die Entscheidungsgewalt an ihren Verstand abgegeben. Dieses Ego plant und analysiert das Leben nach seinem kleinkarierten Gusto. Dadurch gewinnen die Kräfte und Mächte anderer Ego-Denker Gewalt über Verstand und Körper.

Das Volk der Atalanter kannte keine vorherrschenden Hierarchien, keine Über-, Unterordnung. Wir versuchten uns weitgehend im Dasein des Lebens und besser noch beim bedingungslosen Erleben zu verwirklichen.

Damit ergab sich ein Lebenssinn, der etwa so lautete: „Schädige niemanden und nichts! Lebe Dein Leben im Bewusstsein, dass alles, was Du bewirkst oder unterlässt, über Dich selbst hinaus auch für möglichst viele andere Wesenheiten hilfreich sein soll."

Alles, wirklich alles, erleben zu können, ohne jegliche Be- oder Abwertung, ist das Bestreben von TAO und entsprach ebenfalls der Vorstellungswelt der Atalanter.

Dass dies nicht immer gleich der gelebten Realität entsprach war für jedermann klar und jedem auch bewusst. Doch dazu sind hochwertige Zielvorstellungen schließlich da: Darauf hinzustreben.

Und nun, nach diesen mir wichtig erscheinenden Ausführungen nochmals die Bezeichnung für meine persönliche Identität: Ich war Gunar, Druidorix der Druiden des TAO.

Als Mitglied einer ins Leben gerufenen Triade repräsentierte ich Atalant, das System unserer Heimatwelten.

Diese Triade wurde gegründet, weil die Eliten des Sternenbundes von Kabar unser System unter Druck setzten. Meine Freunde in der Triade hießen Darkon und Vasilio. Auch sie waren Druidorix, im Orden der Druiden des TAO.

Ich glaube, an dieser Stelle muss ich euch schon wieder ein paar Erklärungen geben, zu unserer Stellung und zu unserer Funktion:

Der Orden der Druiden des TAO war unsere geistige Heimat, der wir seit unterschiedlich langer Zeit angehörten.

Ich selbst war damals im Alter von 63 Jahren beigetreten (ein Jahr in Atalant entspricht etwa dem Erdenjahr). Übrigens betrug meine Lebenserwartung so ungefähr 900 Jahre. Das konnte sich verlängern, weil die Technik zur Erhaltung von Körpern noch ausgefeilter wurde. Wobei mir die Verweildauer in diesem einen Körper nicht wirklich wichtig war.

Der Orden der Druiden des TAO unterstützte außerdem, zumindest in Atalant, alle seine Mitglieder bei jeder Wiedergeburt beziehungsweise Reinkarnation.

Als Druidorix hatte und habe ich die Befähigung auch in den jeweils folgenden Leben an altes Wissen und an Erfahrungswerte anzuknüpfen.

Ein Druidorix wurde besonders intensiv und gezielt ausgebildet. Er war jedoch kein Vorgesetzter von irgend jemandem. Diese Art und Weise der Betrachtung gab es hier nicht. Alle Atalanter waren gleichwertig. Sie unterschieden sich nur durch ihre individuellen Fähigkeiten und den darauf aufbauenden Tätigkeiten.

Unter anderem auch wegen dieser Freidenkerschaft wehrten wir uns gegen die Angliederung an das System von Kabar.

Sternenbund Kabar

Dort waren und sind Hierarchien bestimmend für jeglichen Konfront im Miteinander beziehungsweise beim Unter- oder Über- oder Gegeneinander.

Die Kabarer wurden sogar darin geschult, sich gegenseitig klein zu halten. Ihr Teamgeist bezog sich lediglich auf den Machterhalt von höheren kabarischen Gruppierungen.

Diese waren wiederum für die übergeordnete Macht des Sternenbundes von Kabar gleichgeschaltet.

Im gesamten Verbund aller 263 Sternsysteme herrschte damals wie heute die gleiche Vorstellung: Kabarer, egal welcher Rasse sie angehören (Menschen, Insektoiden, Reptiloiden, ...) sind allen anderen Völkern in der Galaxis haushoch überlegen.

Überall wurde diese Vormachtstellung gelehrt und entsprechend gelebt. Von Kindesbeinen an galt es, dieser Denkart gerecht zu sein. Alle Gegenströmungen oder -denkweisen waren der Denunziation ausgesetzt. Sofort griff die Polizeigewalt zu und verfrachtete Querdenker in Umerziehungslager.

Dort wurde dann im Verstand der Leute aufgeräumt. Sie wurden entsprechend umgebildet, umprogrammiert oder wie atalantische Ketzer hinter vorgehaltener Hand sagten: "Hirngewaschen".

Atalant hatte etliche hundert Jahre Galgenfrist bekommen. Nachdem wir nicht mehr als Energiespender ausgebeutet wurden, ließ man uns weitgehend gewähren. Vielleicht gab es sogar so etwas wie ein schlechtes Gewissen (was ich aber bezweifle).

Unsere besonderen Fähigkeiten erschienen den Führungskräften von Kabar dennoch nützlich. Dadurch ignorierten sie einfach unsere Protesthaltung.

Die Puppen, die wir so nannten, weil sie keine Fleischkörper hatten, waren die Elite von Kabar. Sie studierten uns und unsere Lebensweise etliche hundert Jahre lang. Sie nutzten unser Können und lernten sogar von unseren Ansichten. Offenbar konnten wir ihnen allerdings nicht länger dienlich sein. Denn das Schicksal von Atalant stand auf des Messers Schneide.

Die Führer von Kabar, dem großen, übermächtigen Sternenbund, wollten Atalant vollständig assimilieren, ihrem Gefüge zu- oder unterordnen, uns gefügig machen.

Zähe Verhandlungen, ohne echte Chancen für uns Atalanter, hatten dafür gesorgt, dass der Missmut uns gegenüber immer deutlicher wurde. Die einsichtigeren, uns gegenüber gewogeneren Vertreter des Bundes von Kabar hatten versucht zu vermitteln, mehr schlecht als recht. Doch die Eliten von Kabar, die Puppenleute, vertraten von Anbeginn ihren fest gefügten, irgendwie schon länger vorbereiteten Standpunkt.

Das Hauptquartier, das Befehlszentrum der Puppen, befand sich auf einer gewaltigen Raumstation, die ständig in Bewegung war.

Der Weg sowie die jeweilige Position der Station waren nicht im Voraus berechenbar. Allein schon dadurch waren die obersten Köpfe der Eliten ziemlich gut abgesichert. Sie trotzten damit jeder Art von Angreifern.

Wir, die Triade, waren dazu verdammt abzuwarten. Wir saßen zusammen, um den Verlauf der Verhandlungen mit den Abgesandten der Kabarer zu analysieren. Bald stellten wir ohne Umschweife fest: Es ist zu spät, war schon vordem zu spät, für effektive Gegenmaßnahmen.

Das Urteil aus der Zentrale von Kabar war niederschmetternd. Die Eliten hatten beschlossen Atalant ein allerletztes Ultimatum zu stellen: „Entweder deren Bewohner ordnen sich in Zukunft dem kabarischen System ohne Wenn und Aber unter oder es wird kurzer Prozess gemacht!"

Wie der kurze Prozess aussehen würde war hinlänglich bekannt. Andere, mittlerweile längst vergangene Aktionen machten uns dies deutlich: Atalants beide Sonnen würden künstlich aufgeheizt. Sie dehnten sich dann bis über die Bahnen der letzten Planeten des Systems hinaus aus. Sie würden alles verschlingen, was jemals auf die Kultur der Atalanter hingedeutet hätte. Nach diesem Vorgang würde es sein, als hätte es die Heimat Atalant und die Atalanter als solche nie gegeben. Alle Informationen über unsere Rasse würden auch aus den Analen der Konförderation von Kabar gelöscht, vollständig getilgt.

Daran würde sich auch nichts ändern, wenn die Geistigen Wesen, die wir nun einmal waren und noch immer sind, an anderen Orten wiedergeboren werden sollten.

Wir drei von der Druidorix-Triade, Darkon, Vasilio und ich, standen dieser Forderung absolut machtlos gegenüber. Daher lehnten wir Druiden des TAO uns zurück und ließen los, um dem „Großen Spiel" gedanklichen Raum zu geben.

Im Verlaufe unserer mentalen Arbeit fanden wir tatsächlich eine Lösung. Sie bestand darin das Sternensystem zu verlassen. Gedacht, getan! So einfach nur auch wieder nicht. Unser Entschluss musste letztendlich von den Atalantern mitgetragen werden.

212

Mit einer gewaltigen Kraftanstrengung überzeugten wir einen Teil der Bewohner von Atalant, uns aus dem Sternenbund von Kabar zu entfernen. Es waren bei weitem nicht alle Atalanter, die diesem Rat folgten. Deshalb ist unsere Heimat, das Doppel-Sonnen-System auch heute noch bevölkert. Jedoch eine riesige Armada von Raumschiffen machte sich auf den Weg ins Ungewisse.

Dreimal dürft ihr raten, wohin die Aus- und Umsiedler sich begaben. Nach einer Irrfahrt gelangte ein Großteil der Armada in das Sol-System und wir Atalanter besiedelten den Inselkontinent, den wir Atlantis nannten, was „Klein Atalant" bedeutete.

Wir arrangierten uns ziemlich schnell mit der Herrenrasse im Sol-System, den Anunnaki. Obwohl wir eigentlich weiterziehen wollten, um die Galaxis zu verlassen, gefiel es uns auf der Erde so gut, dass wir Jahrtausende blieben. So sind auch derzeit viele, viele der Atalanter hier wieder reinkarniert worden und leben jetzt als „normale" Menschen auf dem Planeten.

Ein anderer Teil unserer Raumschiffe landete auf den bewohnbaren Planeten im näheren oder weiteren Umkreis. Beispielsweise siedelten einige Atalanter bei den Sternen der Plejaden. Dies zu erwähnen ist mir heute besonders wichtig, weil von dort Freunde zu unserer Unterstützung aufgebrochen sind.

Hilfreich bemühen sich diese technisch sowie mental weiter entwickelten Bewohner der Plejaden, uns aus dem Gefängnis des Sol-Systems zu befreien.

Der Gefängnisplanet

„Die Welt ist ein Gefängnis."

Johann Wolfgang von Goethe, im Götz von Berlichingen

Wichtiger Hinweis: Dies schreibe ich für all diejenigen, die diese Lektüre nicht als Hirngespinst abtun, sondern praktischen Nutzen daraus ziehen möchten.

Uns haben sich die Geschehnisse auf dem Planeten Erde im Laufe von etlichen Spirituellen Rückführungen erschlossen.

Ich war zwar zu dem Zeitpunkt des Untergangs von Atlantis nicht in dessen Region inkarniert, doch letztendlich hat das Schicksal des Inselkontinents den gesamten Planeten betroffen.

Die Gefängnis-Strukturen des gesamten Planeten vergleiche ich einfach mal mit den hierarchischen Befehlsstrukturen in den irdischen Gefängnissen:

> In Szene gesetzt wird der Kontrollmechanismus in den meisten Ländern von der Judikative, der Justiz, oder von einer politischen Struktur mit einem politisch verantwortlichen Präsidenten und zuständigen Ministern an der Spitze.

> Die oberste Exekutive, wiederum von Ministern geführt, sollte im Normalfall der Justiz dienen, deren Gesetze ausführen und Urteile umsetzen. Die politische Linienführung setzt sich organisatorisch nach weiter unten fort.

> Sie mündet schließlich bei den Direktoren verschiedener, instrumentalisierter, ausführender Organe. Einer davon, auf niederer Ebene, ist der Gefängnisdirektor, der die Oberaufsicht über eines oder mehrere Gefängnisse hat.

> Darunter tummeln sich die Abteilungsleiter oder auch Traktleiter, die für ihren jeweiligen Bereich zuständig sind.

> Am untersten Ende dieser Befehlsstrukturen finden wir die Wärter. Deren Funktion besteht einfach darin, auf die Gefangenen aufzupassen.

> Schließlich bedarf es noch, ganz wichtig, der Gefangenen, gleich welcher Art, um dem ganzen System einen irgendwie gearteten Sinn zu verleihen.

> Unter diesen Gefangenen bilden sich mit der Zeit Freundschaften und Cliquen heraus. Diese sondern sich von den übrigen ab, von den Einzelgängern oder von anderen Gruppierungen, und entwickeln eigene Gesetzmäßigkeiten.

Beziehen wir diese vereinfachte Art und Weise der Betrachtung nun ebenso einfach auf den Planeten Erde. Was finden wir von unten nach oben?

> Uns, die Gefangenen! Wir bilden ebenfalls Freundschaften und Cliquen, ebenso wie Partnerschaften, Familien, Sippen und dergleichen.

Wir schließen uns im Miteinander oder aber im Gegeneinander zusammen, sowohl politisch, als auch wirtschaftlich, religiös oder ....

Diese Zusammenschlüsse entwickeln sich zu noch größeren Gruppierungen, zu Firmen oder zu Vereinen, auch zu Kirchen, ..., aus vielerlei Ortsverbänden und aus Landsmannschaften werden darüber hinaus immer wieder einmal ganze Staaten geformt.

> Wer sind nun unsere Wärter? Vermutlich erst einmal die eher vordergründig agierenden Marionetten, Puppen oder Galionsfiguren einer hierarchischen Befehlsstruktur.

Es sind all die Staatsoberhäupter und Minister, die Chefs von Sicherheits- und Polizeidiensten, es sind Kirchenoberste sowie die Lenker und die aktiven Macher bei psychiatrischen Psycho- und Pharmaunternehmen, auch sind es Konzernbosse und ähnliche, nicht zu vergessen die Medienmogule.

Dies sind die Strohmänner, die Frontleute denen man von noch weiter oben auf die Finger klopft, wenn irgendetwas nicht so läuft wie es sein soll.

Insbesondere die führenden, politisch zielgerichteten Herrschaften machtvoller Religionsgruppierungen und neuerdings der organisierten Psychiatrie- und Psychobranchen streben immer wieder einmal danach vor allen anderen die Weltherrschaft zu übernehmen. So haben es sich eben diese Spezialisten in Sachen Psycho seit dem Jahr 1944 zum erklärten Ziel gesetzt, weltweit die sieben Machtsäulen der Gesellschaft zu unterwandern.

Deshalb finden wir zunehmend, bereits in so ziemlich all den Bereichen dieser sieben tragenden Säulen, trickreiche Psychospezialisten mit Propaganda- und Marketingerfahrung.

Die sieben Säulen der Macht sind:

      1) Alle Religionen
      2) Politik- und Staatsführungen
      3) die Bildungseinrichtungen
      4) das Rechtssystem
      5) die Wissenschaften
      6) das Gesundheitswesen sowie
      7) das Wirtschafts- und Finanzwesen.

Übergreifend bringen sich ebenso Medienvertreter und die Meinungsmacher in all diese sieben Säulen ein.

Diese Infiltrationsprofis nutzen Psychos besonders gerne. Mit ihnen arbeiten sie entweder offen oder unterschwellig zusammen.

> Wo finden wir die Abteilungs- oder Traktleiter? Wie teilt man den ganzen Planeten überhaupt in Trakte ein?

Hier sind die Fäden schon weitaus feiner und undurchsichtiger gesponnen. Diejenigen, die aus dem Hintergrund heraus die Fäden in den Händen halten, sind nur ein paar Leute.

Es sind, wie schon von anderen Seiten öfter erwähnt, genau genommen zwölf Familienclans mit fast unbegrenzten Geldmitteln. Sie teilen sich die Erde ein und achten heimtückisch darauf, dass wir Menschlein nicht aus dem Ruder laufen.

Diese berühmt berüchtigten Familienclans sind auch als die Illuminaten bekannten.

Sie werden vom Forscher Fritz Springmeier, der sich seit vielen Jahren sehr intensiv mit dieser Thematik auseinander gesetzt hat, folgendermaßen benannt: Rothschild, Warburg, Rockefeller, Du Pont, Russell, Bundy, Onassis, Kennedy, Collins, Freemann, Astor und Li. Die Angehörigen dieser zwölf Familien heiraten, nach seiner Erkenntnis, bewusst untereinander, um die Blutlinien der Leitungsriege möglichst rein zu halten.

> Dem Direktorium des Gefängnisplaneten Erde kommen wir insbesondere auf die Spur, wenn wir die Clans in ihrem Über-Unterordnungsaufbau durchleuchten.

Wer ist demzufolge der Boss auf diesem Planeten? Offensichtlich ist wohl die Familie Rothschild die mächtigste unter all den Clans.

Dies bestätigt auch Fritz Springmeier, der herausgefunden hat, dass sich die Rothschilds an der Spitze der Illuminaten-Pyramide befinden. Allerdings steht ihnen der Clan des Finanzriesen Rockefeller kaum nach.

Die Mitglieder der Clans unterliegen übrigens, genau wie wir alle, ebenso den genannten Einpflanzungen und Vorgaben. Auch hier herrscht Krieg im Familien-System. Die Mitglieder der Clans streiten miteinander, genauso wie die Clans gegeneinander um die Vorherrschaft in dem System der Erde ringen.

Schließlich sind selbst deren menschliche Mitglieder auch schon mehrmals in die Fallen gezogen worden, wurden in Verwirrung gesetzt und dann entsprechend für ihre Aufgaben programmiert.

216

> Der nächste Schritt führt uns vom Planeten fort.

Die bislang aufgezeigten Personen und die Gruppierungen gehören, genau wie wir alle, lediglich zum inneren Bereich des Gefängnisses. Sogar die vorgeblich machtvollen Clans der Direktorien unterliegen noch immer den gleichen „klein machenden" und „klein haltenden" Faktoren wie alle Menschen.

Auch sie gehen, wie bereits erwähnt, nach ihrem körperlichen Ableben ins Licht und werden damit durch das Fallensystem geschleust, hin zur wirr machenden Venusstation.

Sie genießen lediglich, während ihres immer noch kurzen Erdenlebens, einige Privilegien mehr.

Die der Erde nächste, ehemals bemannte Station der Kabarer, finden wir auf der Rückseite des Mondes. Dort befindet sich noch immer der Außenposten des Verbundes von Kabar. Von dort aus wird automatisiert gesteuert. Alle Vorgänge im Sol-System werden so überwacht.

Die als eine Art Justiz verurteilenden, damit die verantwortlichen Initiatoren des Gefängnisplaneten, sind die Beherrscher von Kabar.

Wie bereits beschrieben handelt es sich hierbei um die Herrscher eines Verbundes von 263 Sonnensystemen in dieser unserer Galaxis, genannt Milchstraße. Deren Bestreben ist es nach wie vor: Uns Atalanter auf gar keinen Fall wieder zu unserer alten Größe und Macht aufsteigen zu lassen!

Diese Burschen haben offenbar eine fürchterliche Angst vor uns und unseren uralten, ursprünglichen Fähigkeiten. Auch erschreckt sie sehr, dass wir uns womöglich wieder einmal an ihnen rächen könnten. Dies entspricht, nach unserem Erkenntnisstand, genau der Reflexion ihrer eigenen Denkweise.

Die „Seelenfalle"

Wie kam diese Gefängnissitation zur Erde? Wieso betrifft es den ganzen Planeten? Was genau heißt „Gefängnisplanet"? Und was hat dies alles mit uns Atalantern zu tun?

Hier einige Antworten, die für uns Menschen überaus wichtig sein können:

Wir Atalanter auf dem Inselkontinent Atlantis konnten leider nur den Baufortschritt auf der Erde beobachten. Bedauerlich war, dass wir unser Raumfahrtprogramm vollständig auf Eis gelegt hatten.

Unsere Partner, die Anunnaki, die uns sonst immer informiert hatten, waren im Vorfeld des Geschehens aus dem Sol-System vertrieben worden. Zumindest diejenigen, die dem Vernichtungsfeldzug der Kabarer entfliehen konnten.

Wir konnten verfolgen wie die auf der Erde verteilten Bauten fertiggestellt wurden. Sie enthielten seltsame Gerätschaften und verschwanden urplötzlich.

Wie wir später herausfanden, wurden die Bauwerke, die wie halbe Eier aussahen, mittels Zeitverschiebung um etwa fünf Minuten in die Zukunft projiziert. Damit wurden sie jeglichen Zu- oder Angriffen mit herkömmlichen Mitteln entzogen.

Obwohl die Einrichtungen unsichtbar sind, wirken die Orte bereits bei einer Annäherung auf uns geheimnisvoll und erscheinen gefährlich. Diese ausgelösten Gefühle sollen uns abschrecken.

Einige dieser Standorte auf der Erde konnten wir per Spiritueller Rückführungen noch in unserer heutigen Zeit lokalisieren. So wissen wir zum Beispiel: In der heutigen Wüste Gobi, dann im Kaukasus, irgendwo in Nordafrika sowie in Peru befinden sich funktionsfähige Einrichtungen. Sicherlich gibt es auf dem Planeten noch sehr viel mehr dieser Maschinerien, die nur auf uns, als die mit einem Verstand verbundenen TAO-Seelen, lauern, sobald wir im Tode unsere Körper verlassen.

Meine Freundinnen und Freunde fanden mittels Spiritueller Rückführungen auch heraus, dass die Rückseite des Mondes mit zumindest einer dieser Anlagen und ihrer Apparaturen bestückt wurde.

Auch Stationen der Anunnaki wurden teilweise wieder aufgebaut und in das Fallen-System mit einbezogen. Im gesamten Sol-System, um die Erde herum und bis weit über die Pluto-Bahn hinaus, schwirrten und schwirren noch heute die Sonden, mit immer wieder der gleichen, für uns damals noch unklaren Funktion.

Die alles bestimmende Zentraleinheit hatten die Eindringlinge längst auf der Venus fertig installiert. Sie sollte schlussendlich ihrer, für uns Menschen auf der Erde, schrecklichen Hauptaufgabe nachgehen. Noch vor dem Beginn des Ablaufes wurde sie so ausgerichtet, dass sich ihre kommunikativen Verbindungen den zukünftig einzurichtenden Stationen zuwandten.

Alles war perfekt im Voraus geplant. Inklusive der Vernichtung oder der Vertreibung der das Sol-System beherrschenden Anunnaki.

Wir waren jetzt eingekreist, ohne dass damals die meisten der Atalanter das Geringste davon wussten, es auch nur im Mindesten ahnten. Lediglich einige Druiden des TAO verfolgten das Geschehen, besonders mittels Telepathie.

Unter Einsatz dieser Kräfte konnten wir uns in die Gedankengänge von einigen der Kabarer einklinken, die das Fallensystem errichteten. Davon wusste der Großteil der Atalanter allerdings nichts. Wir Druiden wollten auch niemanden beunruhigen, zumal unsere Macht damals bereits begrenzt war. Selbst im Zusammenschluss konnte der „Orden freier Wesen" die Invasoren nicht aufhalten. So warteten wir ab, worauf auch immer.

Die Falle schnappt zu

Unter ihrem starken Schutzschirm fühlten sich die Atlanter, oder Atalanter, immer noch ziemlich sicher. Aus diesem Grunde verhielten sie sich weiterhin mucksmäuschenstill, damit die Eindringlinge nicht auf sie aufmerksam werden sollten.

Die Ereignisse in der irdischen Umgebung beobachtete ein technisches Korps hauptsächlich mit radarähnlicher Ortung und mit unbemannten Sonden. Wir begannen langsam wieder mutiger zu werden, denn mittlerweile waren seit dem Überfall etliche Jahrzehnte ins Land gegangen.

Wir übernahmen vorübergehend die Rolle der Anunnaki. Auf der Erde gestaltete sich etliches als „neu". Jetzt waren wir die Götterwesen für die primitiven Erdlinge. Verschiedenes von dem, was heute noch als Kultur gilt, vermittelten wir ihnen damals.

Der endgültige Untergang unserer atalantischen Zuflucht auf der Erde kam für uns völlig überraschend. Mit „uns" meine ich weiterhin die überwiegende Bevölkerung von Atalant.

Vor nunmehr etwa 12.000 irdischen Jahren orteten wir, mit unserer Überwachungstechnik, einen gewaltigen Fels im All. Er kam aus dem Trümmerfeld des ehemaligen Tiamat. Von dort hatte er sich gelöst und war nun in Richtung der Erde unterwegs.

Doch noch immer schlugen wir Atalanter jegliche Warnung in den Wind. Noch witterten wir keinerlei bösartige Absicht. Es war eben Zufall, dass wieder einmal so ein Felsbrocken daher kam.

Als jedoch immer deutlicher wurde, dass sich dieser riesige Asteroid tatsächlich auf einem direktem Kollisionskurs mit der Erde befand, war es bereits zu spät.

Unsere Berechnungen ergaben bald darauf: Der Meteor war direkt auf diesen unseren Inselkontinent, auf Atlantis gezielt. Tatsächlich gezielt!?

Die kabarischen Invasoren vollendeten jetzt ihren ganz offensichtlich seit Anbeginn gehegten Plan. Wir, die Atalanter, sollten vernichtend geschlagen werden. Mit nur einem einzigen, strategisch punktgenauen Schlag sollte unser Atlantis mitsamt Schutzschild geradezu in das Innere der Erde gestampft werden.

Doch wo war der wirkliche Sinn dieser seltsamen, sich schon über Jahrtausende hinziehenden Aktion?

Denken wir doch noch einmal in der Zeit zurück: Als Geistige Wesen hatte man uns in Kristallbatterien eingebunden. Benutzt wurden wir dadurch beispielsweise zur Steuerung von Robotern, Androiden oder von technischen Einrichtungen. Wir dienten lange Zeit mehr oder weniger widerstandslos als Energiespender sowie als seelisches „Innenleben" für Sklaven.

Nachdem man dann versuchte, unseren unbrauchbar gewordenen, seelischen Restmüll zu entsorgen, entkamen wir unserem Los und infiltrierten die anderen. Wir wurden sogar wieder relativ stark und entwickelten uns zu Störenfrieden in der kabarischen Gesellschaft.

Die führenden Eliten vom kabarianischen Bund mussten dadurch spätestens jetzt glasklar erkennen: Wir, als Geistig zu nennenden Wesenheiten, sind nicht so ohne weiteres zu entfernen.

Auch das einfache Töten der Fleisch- oder ähnlichen Wirtskörper alleine genügt nicht. Durch die von uns bewusst und absichtsvoll genutzte Wiedergeburt oder Reinkarnation, konnten wir uns immer und immer wieder erneuerten.

Obwohl wir anfangs trotzdem noch einen gewissen Nutzen boten, wurden wir mit der Zeit doch mehr als nur lästig, regelrecht gefährlich.

Also beschlossen die Herrscher des Verbundes von Kabar, langfristig angelegt, den Plan 1:

Sie förderten unser Bestreben, uns im Sternen-System von Atalant erneut zu organisierten. Dadurch vereinten sie uns zu einer relativ eng strukturierten Gemeinschaft.

Schließlich rechneten sie sogar mit unserer Flucht an den Rand der Galaxie. Dies wollten sie nicht nur zulassen, sondern geradezu forcieren. Entsprechend diesem Plan 1 hofften die Eliten-Herrscher von Kabar anfangs, wir würden tatsächlich einfach weiterziehen, um so auf Nimmerwiedersehen in den Tiefen des Weltalls zu verschwinden. Doch leider blieben wir im erweiterten Einflussbereich des Bundes von Kabar. Das Schlimmste war: Wir fanden sogar Verbündete und Freunde und entwickelten eine eigene Kultur auf der Erde.

Dies alles war sehr suspekt und sehr unbefriedigend für den kabarischen Bund. Deshalb trat in Kraft, der Plan 2:
Die Bewegungsfreiheit aller Atalanter einengen und auf ewig gefangen setzen!
Erst müssen dazu allerdings diese lästigen Anunnaki vom Projekt ferngehalten werden. Sollten diese stolzen „Götter" vom Sol-System, trotz ihrer eindeutigen Unterlegenheit, erheblichen Widerstand leisten, werden sie einfach mit Macht ausgeschaltet. Die Invasoren müssen brutal zuschlagenden.

Dies bedeutete in der Umsetzung kein größeres Problem, zumal die Anunnaki mit ihren Raumschiffen nicht sehr weit über das Sonnensystem Sol hinaus operieren konnten. Auch war deren Waffentechnik dem der Kabarer weit unterlegen.

Im Vorfeld und gleichzeitig muss das Fallensystem eingerichtet, ausgebaut und in Betrieb genommen werden. Alles geht von einer Zentraleinheit aus, auf einem der weniger wichtigen Planeten.
Nach der Installation der Stationen auf dem Planeten und der freien Sonden im All wird das System in Betrieb genommen.

Die Venus-Station mit den künstlichen Trabanten-Einheiten im gesamten Sol-System wurde Stück für Stück etabliert und zum Funktionieren gebracht.

Die Funktion der Falle

**„Drei sind's die da herrschen auf Erden:
Die Weisheit, der Schein und die Gewalt."**

Johann Wolfgang von Goethe

Die damals ach so geheimnisvolle Funktion des technisch gesteuerten Netzwerkes war, sie ist es auch heute noch, folgende:

> Frei werdende Seeleneinheiten (TAO-Seele plus Verstand) wer-
den beim Tode ihrer Biokörper eingefangen. Dies geschieht bei den
möglichst wenig bewussten Wesen unmittelbar nach dem Verlassen
der Körper. Beeinflussbar über ihre energetischen Denkapparate,
genannt Verstand, werden sie „verarbeitet".

> Vorgegaukelte Wesenheiten, Ahnen, alte Weise sogar Engels-
wesen und ähnliche, begleitet von Sphärenmusik, Lichterscheinungen und Versprechungen, transferieren sie zur automatischen Station auf der Venus.

> Dort werden ihre eigenen, mitgebrachten bildhaften Eindrücke
ebenso wie ihre Emotionen mit fremdem Material gemischt. Die
geistig mentalen und die im und am Körper haftenden Energien der
Wesen werden kräftig verwirbelt.

> Somit wird jeglicher Ansatz unterdrückt, um ein höheres Intel-
ligenzniveau zu erreichen. Ihr mitgeführter, eigentlich analytisch
hervorragend funktionierender Verstand wird dabei den Geistwesen
zum Verhängnis.

> Alle Erinnerungen und bildhaften Eindrücke werden zu einem
Gedankenknäuel zusammengebacken. Die ursprünglich starken Aufmerksamkeitsanteile (Lebensenergien) werden im Ablauf der Zeit
und im Raum verstreut.

Damit soll so wenig wie irgend möglich vom Energiepotenzial üb-
rigbleiben, um den eventuellen Zugriff auf alte Fähigkeiten langfristig abzuschneiden.

> Zur noch besseren Kontrolle werden die Menschwesen, jene
ehemals freien Geistigen Wesen, auf ihre tieftonigen Emotionen ab-
gedrückt und dort möglichst gleichgeschaltet.

> Dies geschieht, indem die alten kabarischen Einpflanzungen
(Implants) erneut aufgefrischt und verstärkt werden.

Die am weitesten verbreiteten und speziell für das Gefängnis
wirkungsvollsten Implants heißen: „Andere ins Unrecht setzen!" und
„Mitleid empfinden." Sie wirken geradezu als Anweisungen oder Be-
fehle auf die Menschen ein.

> Die auf diese Art und Weise behandelten Geist-Krüppel werden
irgendwie schockgefrostet wieder zur Erde zurückgeschickt. Über
ihren Verstand sind sie total unfähig gemacht.

222

Auf dem Planeten angekommen, werden sie dem Menschenmaterial zugeordnet, dort ausgesetzt, um erneut und immer, immer wieder den Zyklus von Geburt, Leben, Sterben, Tod durchlaufen zu müssen. Nach dem Verlassen der jeweiligen Körper werden sie erneut eingefangen.

Sie müssen nun den Kreislauf durchlaufen, jenen vorgezeichneten „Teufelskreis" oder auch das „Rad des Lebens", um fortwährend erneut verwirrt zu werden.

Die Einpflanzungen (Implants) werden wieder und immer wieder aufgefrischt. Damit starten dann die Menschen in jeden neuen Lebenszyklus.

Die Einpflanzungen sind die täglich wirksamen, mentalen Folterwerkzeuge, mit denen sich Menschen gegenseitig das Leben schwer machen. Mit dieser karmisch aktiven Geisel verstören sich die auf der Erde gefangenen Leute sowohl körperlich als auch geistig.

Sie durchlaufen das „Rad des Lebens" als klein gemachte Wesenheiten.

Nach der Rückkehr zur Erde:
> 1. Dürfen die Geistigen Wesenheiten mitsamt ihrem Verstand von nichts wissen.
> 2. Sie müssen total verwirrt und intellektuell sowie körperlich unfähig sein.
> 3. Sie müssen ihre Implant-Befehle gegen all ihre Mitmenschen einsetzen.

**„Der Teufel hat die Welt verlassen, weil er weiß,
die Menschen machen sich selbst die Hölle heiß."**

Rückert, Die Weisheit des Brahmanen

Die geistige Einpflanzung, dieser mentale, suggestiv wirksame Befehl: „Andere ins Unrecht setzen!", verneint außerdem gleichzeitig jegliche Eigenverantwortung.

Immer sind andere Personen oder Organisationen mit ihren verruchten Strukturen, an Abläufen im Leben schuld.

Ja sogar Gott oder der Teufel oder ähnliche Fiktionen werden herangezogen, um die Schuld zu tragen, nur damit man selbst das Unschuldslamm in Person bleibt.

Betrachtungsweisen wie das Schicksal, der Zufall oder Kismet können auf diese unterschwellig angelegte Art zu Denken zurückgeführt werden.

Mit diesem Implant werden Kriege erzeugt und Feindschaften bis in die Familien hinein geschaffen und aufrecht erhalten.

Dieser eingepflanzte oder implantierte geistige Befehl nutzt sogar unseren ursprünglichen, recht angenehmen, in gelebter Leichtigkeit agierenden Spielgeist.

Er pervertiert den „Geist des Spielens" und lässt Mitspieler bei Gruppen und sogar in Familien zu erbitterten Gegenspielern, sich gegenseitig vernichtenden Feinden werden.

Bestandteile der Falle

Die Bestandteile und Anwendungen der Fallen sind sehr vielfältig. Hier will ich nur einige Varianten hervorheben, weil diese uns allen vertraut erscheinen. Damit sind sie besonders leicht zu begreifen, wenn wir uns auf ihr Vorhandensein einlassen.

Aber wohl gemerkt: Ich spreche hier von den hinterlistigen Lockmitteln die uns erst <u>nach dem Verlassen</u> eines Körpers begegnen.

Während des lebendigen Daseins dürfen wir uns fast völlig unbedenklich sowohl dem Erleben von sphärischer Musik als auch faszinierenden Lichterscheinungen und der kommunikativen Verbindung zu allen Leben- und sonstigen Wesen hingeben.

Insbesondere während Spiritueller Rückführungen sind wir bewusst in der Lage, die Unterschiede zwischen der realen Welt und den Bestandteilen von Fallen deutlich zu erkennen. Mit dem auf diese Art und Weise gewonnenem Wissen, den Schlussfolgerungen und Erkenntnissen daraus, werden wir geradezu immun gegen das Ansinnen des Systems.

Die Fallenbestandteile versuchen uns hinterlistig in den fließbandartigen Ablauf zur Venus zu locken.

Wir sollen dort eben erneut der Verwirrung ausgesetzt werden, damit es abermals zu dem unwiderruflich einsetzenden, irrsinnig machenden Showdown nach dem körperlichen Leben kommt.

Aus den Fallen heraus locken die perfekt inszenierten Vorspiegelungen oder Hologramme von alten Meistern, Ahnen, Engeln und etlichen anderen Geistwesen.

Die Kabarer, als die Konstrukteure des Fallensystems, wussten ganz genau was unsere Schwächen waren, worauf wir ansprangen.

Wer will nicht wieder mit einem zwar Verstorbenen aber immer noch geliebten Menschen in Verbindung treten?

Ebenso kann uns die Verbindung mit einem alten Weisen locken, mit einem der Meister, denen wir so viel in diesem Spiel verdanken.

Auch der Kontakt zu unseren Ahnen, die uns als Menschen der Erde schon seit Urzeiten angeleitet haben und mit denen wir weiterhin in Verbindung stehen wollen, ist uns enorm wichtig.

Speziell auf Erden sind diese Ahnen größtenteils sowieso wir selbst. Denn die Reinkarnation erfolgt hier häufig im karmisch gebundenen Kreis von Familien, mit den immer wiederkehrenden Bindekräften von Liebe oder Hass.

Dass einige von uns gar keine Urmenschen des Planeten Erde sind, ist uns im Prozess der geistigen Verwirrungen abhanden gekommen. Allein schon die neuerlich gewonnene Erkenntnis darüber hilft so manchem von uns, dem entsprechenden Fallenbestandteil ein Schnippchen zu schlagen.

Selbst die Engel sind für uns keine Fremden. Ihnen bringen wir, wie auch den anderen hilfreichen Wesenheiten, großes Vertrauen entgegen und wir gehen im Normalfalle, hauptsächlich in Not- und Angstsituationen, gerne mit ihnen.

Nur eben nach dem Leben, das unser Übergang in Form von Tod ist, sollten wir vor allem hier, im nahen Umfeld des Planten Erde, solche Begegnungen tunlichst vermeiden.

Auch das weit verbreitete Vorspielen von himmlischen Sphärenklängen wirkt vom sich automatisch anpassenden System der Fallen anregend, um die möglicherweise frei gewordenen TAO-Seelen wieder gefügig zu machen.

So ist eine der Fallenfunktionen sphärische Musik. Lass Dich nicht anlocken, wenn geradezu himmlische Klänge Deine nicht mehr vorhandenen Ohren verwöhnen.

Diese sogar im luftleeren Weltall, außerhalb der Erde, wahrnehmbare, musikalisch hochwertige Untermalung, wie gesagt nach Deinem erneuten Ableben, soll Dir ganz sicher nicht den Weg ins Paradies weisen.

Im Gegenteil, auch hier steht am anderen Ende die Maschinerie mit sehr üblen Absichten.

Die häufigste Fallenfunktion hängt mit Licht zusammen. Licht beinhaltet Wärme und Geborgenheit. Es vermittelt uns zugleich das Gefühl von auf uns zukommender Freiheit.

Wir entwickelten diese Empfindung, nachdem wir ein paar Male in die „Glutöfen" geschickt worden waren, zur körperlichen sowie zur geistigen Vernichtung. Wie wir schließlich herausfanden, konnten uns diese Konverter nichts anhaben. Deshalb scheuten wir bald auch nicht mehr davor zurück.

Darüber hinaus hat das Licht eine gewisse Ähnlichkeit mit unser aller Ursprung: Eine energetisch überaus mächtige Quelle von überirdisch klarem „Licht".

Diese besondere Lichterscheinung ist in etwa vergleichbar mit dem einer Sonne, nur eben keineswegs materiell. Wer also nach seinem Tode in das angebotene Licht einer Falle geht, hat schon wieder einmal verloren.

Geschickt wäre es somit, jegliche Lichterscheinung, welcher Art und Weise auch immer, beim Tode, also nach dem Verlassen des Körpers, einfach zu meiden.

Damit wir nicht erneut über die Venus geschleust werden, sollten wir bewusst gewordenen TAO-Seelen ganz einfach den nächsten sich bietenden Körper übernehmen, um dann als frischer Babykörper neu zu beginnen.

Oder aber, man besetzt als Schutzgeist den nächsten Baum, eine Quelle, eine Bergspitze oder dergleichen, einfach um auszuruhen. Mit der Zeit würden wir uns auf diese Art und Weise regenerieren. Alle unsere Fähigkeiten können wieder erstehen, wachsen und sich entwickeln.

Denn, erinnere Dich: Die TAO-Seele ist weder krank noch kann sie zerstört werden. Wir, TAO, die Person selbst, als Geistiges Wesen, können nicht zerstört werden.

Übrigens: Einige von uns haben sich doch tatsächlich ganze parallele Welten oder geistige Kosmen sowie andere Dimensionen geschaffen, um nicht in die Fallen zu geraten.

Ich kann mir sogar vorstellen, dass die sogenannten aufgestiegenen Meister in genau so eine andere Dimension ausweichen, wenn und sobald sie wieder einmal ihre Körper verlassen.

Nur so sind, aus meiner jetzigen Sichtweise, deren unglaublich erscheinenden, besonderen, paranormalen Befähigungen möglich.

Ich habe aus den vielen Erfahrungen mit all den Spirituellen Rückführungen mitbekommen, wie außerordentlich geschickt Wesen beim Erschaffen von Fluchtwelten sein können.

Eine Version ist ihr eigenes, sogenanntes „Jenseits". Hierfür sind etliche Geistwesen in Übereinstimmung gegangen und haben einen geistigen Kosmos neben oder parallel zu unserem physischen Universum erschaffen. Manche sprechen hier oft von einer anderen Dimension, neben unserer „realen Welt". So etwas gibt es tatsächlich! Solche in Übereinstimmung geschaffenen Welten gibt es mehrere.

In früheren Zeiten waren diese Parallelwelten zum Beispiel Ober- und Unterwelten, wie: Der Himmel oder die Hölle, der griechische Olymp oder der Hades, ebenso das germanische Walhall sowie die ewigen Jagdgründe der Indianer und viele mehr.

Es wird in Mythen und Legenden erzählt, dass man nach dem Tode in diese Welten gelangen kann, wenn man die richtige, die rechte Türe wählt. Nimmt man also die falsche Türe, so schnappt die Falle erneut zu.

Wie bereist erwähnt, täuscht das Fallensystem auch diese Art von Welten vor. Es lernt nämlich dazu!

Der Weg hinaus!

Mit der Möglichkeit der Spirituellen Rückführungen sind wir alle in der Lage, die Situation auf Planet Erde zu erkennen. Auch Lösungswege können wir dadurch beschreiten. Insbesondere die Druiden des TAO können jedermann dabei helfen.

Damit können wir sowohl unsere eigentliche, enorme Größe und die Machtfülle als Geistige Wesenheiten wiederfinden als auch dem irdischen Gefängnis ein Schnippchen schlagen.

Die ruhig lauernden Fallen werden nur wirksam, wenn wir sterben und unsere Körper verlassen müssen. Der Tod im und um das System der Erde, auf ihr und darum herum, ruft diese Fallen auf den Plan. Wir TAO-Seelen, insbesondere mitsamt dem von uns selbstbestimmt geschaffenen Verstand, werden zu ihren willenlosen Opfern.

Würde es uns also gelingen, mit rein technischen Mitteln das Sonnensystem zu verlassen, weit über die Bahn des Pluto hinaus zu gelangen, könnten wir dieses tückische Gefängnis auch per Körper vollständig verlassen.

Je länger wir auf diesem Gefängnisplaneten schon gefangen waren, desto öfter starben wir hier. Wir wurden immer wieder eingefangen, in der automatisch arbeitenden Zentralstation auf Planet Venus verwirbelt und verwirrt.

Manche von uns konnten sich allerdings tatsächlich den Einflüssen der vielfältigen Fallen eine Zeit lang widersetzen. Diese Wesenheiten sprangen entweder einfach bewusst von Körper zu Körper – Mensch, Tier oder Pflanze - oder sie kümmerten sich als reine Geistwesen lange Zeit um Berge, Täler, Quellen, Seen oder dergleichen.

Wieder andere suchten das herrliche, sogenannte Jenseits auf, das etliche in geistiger Übereinstimmung erschaffen hatten. Mit der Hilfskonstruktion dieser oder anderer Anderswelten verminderten speziell diese TAO-Geister wesentlich die Anzahl der geistig verwirrenden Aktionen des Systems.

Mit Hilfe Spiritueller Rückführungen können wir, die Druiden des TAO, heute unter anderem auch dabei helfen, die geistig und körperlich schmerzhaften Verluste dauerhaft auszugleichen, die das verrückt machende System der Kabarer unseren Mitmenschen angetan hat. Unsere Freundinnen und Freunde beseitigen dabei ihre Wirrnis und geistige Fluchtwelten werden dann entweder leichter zugänglich oder gänzlich überflüssig.

Negative Emotionen, wie tieftonige Trauer, ausgeprägte Lebensängste, chronisch gewordene, psychosomatische Schmerzzustände, unkontrollierbare Wut und Ähnliches können die Rat- und Hilfe-Suchenden eigenständig stabil entladen bis ganz beseitigen.

Positives Denken setzt ein. Es wird gestärkt und führt dann zu positivem Handeln.

Mit den Spirituellen Rückführungen sind unsere Freundinnen und Freunde tatsächlich in der Lage, jene uralten Fähigkeiten, die uns Geistigen Wesen eigen sind, zu rehabilitieren. Es gelingt ihnen dadurch, als die nun nicht mehr Gefangenen, aus sich selbst heraus, wieder größer und stärker zu werden

Die Wirkungsweisen von Spirituellen Rückführungen erstrecken sich nicht nur auf das eine, jetzige, körperlich erfahrbare Leben, sondern auch auf alle noch nachfolgenden Lebenszyklen.

Jede einzelne Spirituelle Rückführung bringt Geistige TAO-Wesen ein Stück weiter voran.

Der begehbare Pfad, heraus aus aus dem System des Gefängnisses, wird immer breiter. Indem wir uns geistig über die Falle zu stellen vermögen, indem wir unsere wahre geistige Größe erkennen und einnehmen können, wachsen wir sogar über die Maschinerie des Fallensystems hinaus.

Wir, Göttlich Geistiges TAO, als die Person Selbst, die Seele, das „Ich bin" oder wie man uns noch bezeichnen mag, haben die Macht einer jeden Falle zu trotzen, uns einfach darüber zu stellen. Wir verlieren lediglich, wenn wir uns selbst winzig machen oder damit übereinstimmen, dass wir klein sein sollen.

Schließlich sollte uns eindeutig klar sein: Wir, als TAO-Seele, sind kein Bestandteil dieses physischen Universum.

Niemand und nichts kann uns weder krank machen noch als krank abstempeln, außer wir stimmen mit Krankheit überein.

Wir können außerdem auch nicht sterben. Lediglich unsere Körpereinheiten sterben und lassen oft und oft ihr Leben.

Für uns TAO-Seelen gelten also weder die Einengungen des Gefängnisplaneten noch die engen Grenzen von Zeit und Raum!

Planet der Hoffnung

„Hoffnung ist nicht die Überzeugung, dass etwas gut ausgeht, sondern die Gewissheit, dass etwas Sinn hat, egal wie es ausgeht."

Václav Havel

Wie wir mittlerweile gesehen haben, ist unser Planet Erde ein ganz besonderer Ort.

Hier ist offenbar der wichtigste Gefängnisplanet der riesigen und mächtigen galaktischen Konföderation von Kabar.

Wir, die vor längerer Zeit geflohenen oder ausgewanderten Atalanter, wurden hinterhältig, vor etwa 12.000 Jahren hiesiger Zeitrechnung, regelrecht in Grund und Boden gestampft.

Unser Kontinent Atlantis, das Klein-Atalant, ging zum überwiegenden Teil unter, wurde in die Tiefen des Atlantik versenkt.

Seitdem wirken die technischen Einrichtungen der galaktischen Möchtegern-Herrenrasse, jener in hochrangigen Führungspositionen ebenfalls menschenähnlichen Kabarer. Auf die freiwerdenden Seelen lauern ihre Fangstationen.

Ihre Programme gelten jedoch nur für alle individuell geprägten Seelenaspekte, sobald sie zumindest entfernt eine Art von menschlicher Intelligenz-Signatur tragen.

Weder Tiere noch Pflanzen sind davon betroffen. Die Tiere und Pflanzen werden nämlich zumeist von einer oder mehreren Seelen begleitet, die auf das Kollektiv einwirken. Dies können wir besonders einfach beobachten bei den Völkern von Bienen oder von Ameisen und Termiten.

Aus dem Wissen von Spirituellen Rückführungen finden wir dies auch bei Katzen, Hunden sowie bei anderen, noch größeren Tieren, die weitgehend geistig miteinander in Verbindung stehen.

Nur gelegentlich übernehmen menschliche TAO-Seelen auch einmal eines dieser Tiere.

Nochmals der Hinweis: Wer also auf diesem Planeten sowie im gesamten Sonnensystem stirbt und im Tode seinen physischen Körper verlässt ist mehr als nur in Gefahr. Irrlichter und Irrwesen und Irrklänge und weitere Irrungen verführen dazu, dem System des Gefängnisses auf den Leim zu gehen.

Dennoch: Die Erde ist ebenso der besondere Ort für Hoffnung, ein Hoffnungsplanet, für die Galaxis sowie für das gesamte Spielfeld des Universum.

Wir stehen nämlich alle miteinander in Verbindung. Diese Verknüpfung ergibt sich nicht nur unter karmischen Gesichtspunkten. Darüber hinaus sind wir im kosmischen Feld sehr eng beieinander. Diese Verbindung besteht sowohl im Geistigen als auch im Physischen. Die Wirklichkeit im Geiste entwickelt sich laufend auch zur Realität im Physischen.

Dadurch bewirken wir in die Weite des Universum hinaus, etwas ähnliches wie in der unmittelbaren Umgebung, in der wir uns gerade befinden. Jeglicher Gedanke hier wirkt auch nach draußen.

Unser aller Verpflichtung besteht nun einfach vorrangig darin, das enge Joch dieses Gefängnisses, sein System und seine Strukturen, mit aller Macht abzuschütteln.

Wir können hier nur solange an den Ort gefesselt bleiben, solange wir selbst mit unserem Zustand als klein gemachte Menschwesen oder dergleichen übereinstimmen.

Deshalb nochmals, ganz wichtig: Sobald wir uns transformieren, hin zum BewusstSein Geistiger Wesen, sind wir fähig uns über das Gefängnissystem zu erheben, es letztlich auszuhebeln.

Wir sprengen selbst die Ketten unserer Gefangenschaft und helfen so auch anderen, dort draußen in den Weiten des All, ihre Freiheit wieder zu erlangen.

Die folgenden 10 Schritte führen in die Freiheit:

01) Der erste und wichtigste Schritt ist die Erkenntnis , also das Erkennen sowie die Anerkennung unseres Zustandes.

02) Der zweite Schritt ist ein Postulat, ein Willensakt diesem Zustand zu entrinnen.
In dessen besonders wirkungsvollen Gegenwartsgeltung nimmt man bereits wahr, dass man dem Zustand entronnen ist.

03) Der dritte Schritt besteht in der Suche nach beziehungsweise im Finden einer Vielzahl von entsprechenden Möglichkeiten.

04) Als vierten Schritt sehe ich das Aussortieren. Was bringt uns unserem Ziel näher oder was leitet erneut in die Irre!?

05) Im fünften Schritt lernen wir wahrhaft brauchbare Möglichkeiten kennen und anwenden, mit denen wir dem Fallensystem ein Schnippchen schlagen können.

06) Beim sechsten Schritt müssen wir unbedingt auch andere informieren, über dieses kennengelernte Wissen und Können.

07) Der siebte Schritt beinhaltet den Übergang auf Gradienten, nämlich die Transformation zum Geistigen Wesen.

08) Der achte Schritt befähigt dazu, durch die Anwendung von Wissen und Methoden oder durch die Verbreitung derselben, auch anderen Menschwesen die Transformation zu ermöglichen.

09) Während des neunten Schrittes vervielfachen wir uns. Als die bereits weitgehend Befreiten tragen alle dazu bei, das System immer mehr unwirksam zu machen.

10) Schon im Laufe der zehn Schritte tragen wir unser aller Befähigungen über den Planeten hinaus, in die Galaxis und in die Weiten des Universum.

Verschiedene Meditationsformen und -techniken sind erste, tatsächlich wirkende Ansätze zu fortgesetzten Verbesserungen unserer Zustände als Menschwesen.

Das sehr hohe Ziel Spiritueller Rückführungen geht noch weiter darüber hinaus. Deren Zielsetzung besteht tatsächlich in der Transformation hin zum Geistigen TAO-Sein. Das Bestreben ist, möglichst viele von uns, so schnell wie möglich voranzubringen.

Weiterhin streben wir damit die Erweiterung der endlichen zur unendlichen Erfahrungswelt an. Dadurch gelingt die Transzendenz zum Göttlichen Ursprung, zum Göttlichen TAO.

Zum Glück: Wir sind bei unserem Bestreben zur Befreiung nicht ganz auf uns alleine gestellt.

Wie einige von uns sicher schon feststellen durften, haben wir die Unterstützung aus dem Geistigen Kosmos.

Als TAO, ursprüngliche Geistige Wesen, die wir noch immer sind, genießen wir, über Zeit und Raum hinweg, den Kontakt sowohl zu den Höheren Selbst, andere würden dazu Über-Ich oder dergleichen sagen, als auch zum Göttlichen TAO-Ursprung.

Weiterhin stehen uns große, freie Geistwesen bei. Dies sind alte Wesenheiten aus den Anfängen der Erschaffung des Universum oder deren später geschaffenen, nachfolgenden Aspekte.

Wir bezeichnen sie gerne auch als Engel, was nicht für alle wahr ist. Sie alle sind nicht notwendigerweise an Körpereinheiten gebunden, im Gegensatz zu uns Menschen.

Außerdem umgibt uns eine ganze Heerschar von nachgeordneten Engelswesen. Auch diese sind im Großen und Ganzen körperlose Wesenheiten. Manchmal sind es aber einfach Menschwesen aus unserer Umgebung, die sich uns zugeordnet haben.

Die Aufgaben aller Engel oder dergleichen bestehen darin uns zu unterstützen. Dies bezieht sich auf unser tägliches, hiesiges Dasein, ebenso wie auf den Weg in die Freiheit.

Aber Achtung: Vergewissere Dich in aller Ruhe, ob sie Dir wirklich Gutes wollen. Es gibt nämlich durchaus auch dämonische Wesenheit die sich gerne als Engel ausgeben und in Wahrheit eher böswillig wirken.

Möglicherweise wirken ebenso hilfreich die wahrhaftig „Aufgestiegenen Meister" mit, bei unserem Erkennen der Fallen und helfen bei deren Neutralisierung. Diese Meister sind entweder Wesen von der Erde, die es schon geschafft haben das Fallensystem auszutricksen, oder solche von außerhalb unseres Planeten.

Die Wirklichkeit unseres planetaren Daseins konnten schon etliche meiner Freundinnen und Freunde im Laufe von Spirituellen Rückführungen erkennen. Allerdings verbirgt sich die Wahrheit über den Gefängnisplaneten hinter ganz vielen, verschiedenartigen Masken, die unserem Verstand vorgespiegelt werden.

Im Anschluss lege ich nochmals dar, wie sich dieses ausgeklügelte Fallensystem unserer irdischen TAO-Seelenaspekte bemächtigt, beziehungsweise unseres nun doch nicht so tollen, analytisch denkenden aber leider verletzlichen Verstandes.

Also nochmals! Solltest Du irgendwann Deinen derzeitigen Körper verlassen:
> Lasse Dich nicht von himmlischen Sphärenklängen anziehen!
> Misstraue den engelsgleichen Gestalten, speziell im Weltall um die Erde!
> Misstraue vorgespiegelten alten Meistern oder den Ahnen und dergleichen!
> Gehe technischem Schnickschnack konsequent aus dem Weg!
> Und für uns vorgeprägte Erdenbewohner ganz entscheidend: Vermeide anziehendes Licht!

Nicht, dass Du nicht wert wärst dem Lichte nahe zu sein. Nein, nur einfach: Das Licht, die Musik, prächtige Gestalten und das Thema Technik werden gezielt als Fallen missbraucht.
Dir, uns allen, soll der Geist (hier unser Verstand) verwirrt und die Erinnerung an frühere Leben extrem erschwert oder völlig unmöglich gemacht werden.

Mit dieser geistigen Verwirbelung im Gepäck werden wir, unmittelbar nach dem Durchgang durch die Zentraleinheit auf der Venus, wieder in ein vom Vergessen geprägtes, irdisches, neuerlich körperliches Leben ausgesetzt.

Deshalb abermals: Ruhe Dich also lieber auf irgendeiner Bergspitze, bei einem Baum, an einem See, an einer Quelle oder dergleichen aus.

Oder, wenn Du es gar nicht lassen kannst, schnappe Dir, ohne irgendwelche Umwege, ein frisches, noch ungeborenes Lebewesen (muss nicht unbedingt gleich ein Mensch sein) und:

Starte neu durch!

Wenn Du es von Deinem Bewusstseinsstand her möglich machen kannst, so suche Dir selbst die Umgebung Deiner Wiedergeburt aus.

Werde Dir nur erst einmal klar: Habe Geduld. Überstürze nichts. Eile mit Weile! Du verfügst über alle Zeit dieses Universum, sobald Du Deinen Körper erst einmal abgelegt hast.

TAO das Göttliche und wir, TAO das Geistige, sind immer und überall eins.

Jedes von uns TAO-Wesen lebt sein Dasein, nur ein einziges Sein seit unglaublich langer Zeit, lediglich in wechselnden Körpern.

Der übergeordnete Sinn dieses ewigen Sein, besteht einfach darin, das "Große Spiel" zu spielen, um dem Göttlichen TAO Informationen zuzuspielen.

Über die Zeiten hin, haben wir selbst uns auf das "Rad des Lebens" geflochten. Seitdem erleben wir in jedem Abschnitt von: Geburt, Leben, Sterben und Tod, genau den gehaltvollen Sinn, den wir selbst diesem jeweiligen Teilbereich des Erlebens geben, bewusst oder nicht bewusst.

Als TAO-Seele, die wir sind (nicht haben!), sollten wir, sowohl zu jeder Zeit als auch an jedem Ort, bestrebt sein, uns gegenseitig zu helfen. Denn nur im Miteinander sowie im Füreinander, ja selbst im fairen Gegeneinander, erlangen wir die Meisterschaft beim "Großen Spiel".

Die schon seit Ewigkeiten übergeordnete Zielvorstellung heißt: Rückkehr zum Ursprung.

TAO, der Göttliche Ursprung, erwartet uns !!!

Spirituelle Rückführungen

Liebe Freundinnen und Freunde, um es mit Johann Wolfgang von Goethe, in Wilhelm Meisters Lehrjahre VI, zu sagen:

"Es war, als wenn meine Seele ohne Gesellschaft des Körpers dachte, sie sah den Körper selbst als ein ihr fremdes Wesen an, wie man etwa ein Kleid ansieht."

Und Bischof Gregor von Nazianz (* 330; † 390) fragte:

„Meine Seele, was denn bist du und woher gekommen bist du? Wer hat dieses Leibes Last dir aufgelegt?
Tu kund mir, welche Macht ist's, die dich band an dieses Lebens Ketten? Wie bist Du, der Hauch an diesen Körper, an den Stoff der Geist gebunden?"

Um dies richtig und vollständig nachvollziehen zu können solltest Du unbedingt an von Spiritualität geprägten Rückführungen teilnehmen. Das ist meine persönliche Überzeugung!
Ich wäre nicht Spiritueller Rückführer, wenn mir nicht am Herzen liegen würde, so vielen Menschen wie nur möglich die Erkenntnisse und den Wissensschatz aus Spirituellen Rückführungen in ihrem Leben zugänglich zu machen.

Deshalb, schau Dir einfach mal die eher vordergründigen Zielsetzungen von Spiritueller Rückführung an:

> Das Lösen von aktuellen körperlichen oder psychischen
   sowie sozialen Problemstellungen.
> Beseitigung von Konflikten mit Partnern, mit Familien-
   mitgliedern und/oder anderen Personen.
> Das Beheben existenzieller, wie zum Beispiel beruflicher
   Schwierigkeiten.
> Befreiung von Verlusten, schmerzlichen Empfindungen,
   negativen Emotionen wie Ängsten sowie von Zwängen.

Dies alles geschieht nicht herkömmlich im medizinischen Sinne sondern unmittelbar durch Dich, die Person Selbst.

Jedermann aktiviert seine Selbstheilungskräfte selbst und macht sich seiner Blockaden bewusst, um sie dann zu lösen.

Traumatisch dramatisierte Erlebnisse (besonders aus früheren Leben) werden von meinen Freundinnen und Freunden selbst aufgearbeitet und alte, sehr alte Verhaltensmuster werden erkannt und losgelassen.

Das Ziel lässt sich noch einfacher und präziser fassen: Du fühlst Dich gelöst, befreit und kraftvoll!

Dies alles, das betone ich nochmals, ist auf keinen Fall unter medizinischen Gesichtspunkten zu betrachten. Heil(ig)ung muss immer ganzheitlich gesehen werden. So hat sie im letztlichen Ausmaß mit Heiligung im spirituellen Sinne zu tun.

Oder, wenn wir es dennoch auf das Biologische, das Chemische oder das energetisch Physische reduziert lassen: Angestrebt wird ein harmonisches Fließen von Energie herbeizuführen, um es dann zu stabilisieren.

Der beständig strömende Energiefluss bildet die Grundvoraussetzung für Lebendigkeit und gesundes Wohlbefinden.

Die Spirituellen Rückführungen sorgen dafür, dass die im Strom der Zeit hängen gebliebenen Energiepotenziale abgelöst werden. Dadurch kommen sie wieder zur Gegenwart und stehen der Person hier zusätzlich zur Verfügung.

Dir, den Menschen in Deiner Umgebung und darüber hinaus, der ganzen Menschheit, wäre damit enorm geholfen.

Dies gilt sowohl für jetzt als auch für die mögliche Zukunft, für alle noch folgenden Leben.

Verstehst Du nun, warum ich persönlich so vehement für die Anwendung der Spirituellen Rückführungen plädiere?

Der Gesang der Sterne

In unserem Sonnensystem kennen wir Planetentöne, mit denen sich unter anderem der Musikwissenschaftler Hans Cousto in den 1970er Jahren einen Namen gemacht hat. Ihm gelang es die „Sphärenharmonien" in Analogie zur Natur musikalisch darzustellen.

Dabei ging er von der Beobachtung des Johannes Kepler aus, der die Relationen der Bahngeschwindigkeiten der Planeten im Aphel und Perihel musikalischen Intervallen zuordnete. Jedoch die Frage eines möglichen Grundtones konnte Kepler nicht lösen.

Aphel und Perihel auch Apsis oder Apside, bezeichnet in der Astronomie einen der zwei Hauptscheitel der elliptischen Umlaufbahn eines Himmelskörpers um einen anderen als Zentralkörper.

Cousto kam auf die Idee, astronomisch bekannte Rotationsperiodenzeiten oder Umlaufperiodenzeiten der Erde um die Sonne zur Basis arbiträrer Zeiteinheiten in den menschlichen Hörbereich zu überführen. Er versuchte einen oder mehrere Grundtöne zu finden, die eine Analogie zur Natur haben und nicht mit dem heute üblichen Kammerton von 440 Hz übereinzustimmen.

Der Musikjournalist und Sachbuchautor Joachim Ernst Berendt nannte die Planetentöne in seinem Buch „Das dritte Ohr – Vom Hören der Welt" (1988) auch Urtöne. Berendt gab zudem mehrere Musikproduktionen unter dem Namen Urtöne heraus, die alle auf den Planetentönen basierten.

Mit diesem Wissen im Hintergrund erinnere ich mich an die Zeit, als wir Druiden des TAO, genauer wir Druidorix, uns zusammenfanden, um im Weltall zu reisen. Besonders in einer der Grotten unseres zentralen Ordenshauses befand sich ein Raum, der für solche Zusammenkünfte bestens geeignet war.

Ein langer Gang führte verwinkelt in die Tiefe, geteilt durch mehrere schwere Tore. Der Boden des Ganges glänzte rötlich-schwarz. Er bestand aus Granitgestein. In ihm waren gelb-orange Linien eingearbeitet, die „Blumen des Lebens" darstellten.

Die Höhle selbst war eine in den Stein gehauene Station für die Auflösung unserer Körper-Geist-Seele-Einheiten, um zu speziellen Missionen aufbrechen zu können. Die tiefschwarzen Wände bildeten eine nach oben gerundete, schließlich spitz zulaufende Kuppel. Im oberen, spitzen Teil glänzte der Stein nachtblau, mit goldenen Einlagen die wie Sterne wirkten.

Diese Granitwände hüllten unsere Körper von allen Seiten ein. Und wir verteilten uns gleichmäßig auf dem Blumensymbol, das im Boden auf Porphyr gebildet wurde.

Granit wirkt geistig als Verstärker der Wahrnehmung, um auch ferne Ziele im Blick zu behalten. Mit der gestärkten Erfahrung aus Vergangenem lässt sich auch die Gegenwart oft besser einschätzen. Körperlich spendet er eine besondere Ausdauer. Er sorgt dafür, dass den Körpern auch nach dem Verlassen nicht die Puste ausgeht.

Porphyr vermittelt Kontinuität und Geduld. Mit diesem Stein unter den Füssen fühlen sich die Körper geerdet.

 Meist trafen wir uns mindestens zu neunt. Wir Druidorx bildeten immer einen Kreis, wobei wir uns an den Händen hielten. Jeder trug bei der Zeremonie seinen Ritualmantel.

Diese Umhänge trugen wir nur zu besonderen Gelegenheiten. Ihre rituelle Besonderheit ließ sie für uns zu einem geradezu magischen Objekt werden. Wir hatten mit der Macht unserer Gedanken, jeder in seinen eigenen Umhang, den Zauber des Außergewöhnlichen imaginiert.

Unsere Umhänge wurden die meiste Zeit verschlossen aufbewahrt. Zu diesen Schränken besaßen nur wir Druidorix das jeweils eigene Schlüsselsymbol. Für andere Atalanter waren sie einfach nur interessante Kleidungsstücke.

Beispielsweise war mein Umhang aus dunkelbraunem Wollstoff. Er war ganz schlicht gehalten. Lediglich die goldene Drachenschnalle am Hals fiel etwas auf.

Einige unserer weiblichen Druidorix trugen sehr viel auffälligere Gewänder. So war Druidorix Carollina in einen violettblauen Seidenumhang gehüllt. Über der Brust wanden sich zwei goldene Schlangen zu Spiralen. Ihre Halsschließe hatte ebenso die Form zweier Schlangen, die sich gegenseitig in den Schwanz bissen.

Besonders auffällig war der Umhang von Druidorix Barbina. Sie trug ein Gewand mit überwiegend lila Farbtönen, von ganz hell bis fast schwarz. Jedoch schillerten bei jeder Bewegung und im rechten Licht, grüne, gelbe und rotbraune Schattierungen. Ihr Verschluss bestand aus einem Material das ebenfalls, je nach Lichteinfall, seine Farben änderte. Der raffiniert gefertigte Umhang vermittelte den Anschein eines lebensechten Regenbogenfalters.

Wir lösten uns behutsam von unseren Körpern und überließen sie sich selbst, jeder auf seine Art und Weise. Dies stellte für die trainierten Bio-Einheiten kein Problem mehr dar. Sie hatten es schon oft und oft erlebt. Ihre Lebensfunktionen litten mittlerweile nicht mehr. Die Körper schalteten einfach auf Sparflamme und standen in einer Ruheposition weiterhin für uns bereit.

Nun galt es den Verstand davon zu überzeugen, dass auch er loslassen sollte. Störrisch wie er oftmals reagierte, mussten wir ihn, jeder den seinen, einfach neutralisieren. Mit der Hilfe von meditativer Trance umgingen wir sein ständiges Bedürfnis, die erste Geige spielen zu wollen.
Dabei musste dieses ausgezeichnet analytisch arbeitende, energetische Konstrukt überzeugt bleiben, dennoch für den weiteren Ablauf des Geschehens überaus nützlich zu sein.

„T.AaOooo, T.AaOooo, T.AaOooo, ...", in unser aller Gedanken entstand, ohne ein gesprochenes Wort, übereinstimmend das Bild eines strahlenden Strudels. „T.AaOooo, T.AaOooo, T.AaOooo, ...", der Strudel nahm uns auf, einte uns mehr und mehr.
In tiefer Trance-Meditation gingen wir gemeinsam auf die Reise. Wir gewannen jetzt den Eindruck, ein einziges, großes Wesen zu sein, das lediglich mit einzelnen Aspekten unterwegs war.
Im friedliebenden Kreis der Resonanzen schwangen wir uns entgegen und umkreisten einander. Hierbei stärkte uns die Erkenntnis, unserem Ursprung in TAO ganz nah zu sein.
In einem herrlichen Wirbel aus verschiedenfarbigen Energien stiegen wir auf und verließen den Planeten. Indem wir unser Miteinander vereinten, gewannen wir die Kraft überlichtschnell, gedankenschnell durchs All zu gleiten. Wir ließen das System Atalant mit seinen zwei Sonnen hinter uns und streiften an fernen Sternen vorbei.

Auf diese Art und Weise gelangten wir in unterschiedliche Sphären mit Farbenspielen und Klängen, die wir per Körper niemals hätten wahrnehmen können.

Auf unserem Weg durch das All lauschten wir der Musik des Universum. Pulsierendes Rauschen schwoll an, wurde schwächer und kam mit Macht wieder. Ferne Quasare schlugen energische Trommelwirbel dazu. Sterne mit ihren kreisenden Planeten sangen einen Chor der Sirenen.

Diese sphärische Musik drang in unseren gemeinsamen Geistkörper ein und ließ ihn mitschwingen. Tanzend ließen wir uns treiben. Wir pulsierten, wir sangen mit, wir schwammen dahin, genossen die Leichtigkeit des Sein im Strom der Klänge.

Mit dieser Beschreibung, einer ehemaligen Reise von uns atalantischen Wesen, die wir weibliche sowie männliche Druidorix waren, will ich euch ein Beispiel geben, was möglich ist, wenn wir uns auf unsere Fähigkeiten besinnen und uns damit auf die Klang-Phänomene im All einlassen.

Auf der Erde werden die Planetentöne heutzutage vor allem in der Esoterik-Szene angewandt. Dafür werden Klangschalen, Gongs, Stimmgabeln und ähnliche Klangerzeuger hergestellt. Die jeweilig tönenden Instrumente finden bei Meditationen Verwendung.

Stimmgabeln mit den planetaren Eigenfrequenzen werden auch naturheilkundlich in der Phonophorese, der Stimmgabel-Tonpunktur, angewendet.

Diese Frequenzen finden ebenso Anwendung in der Musik, vorwiegend bei Meditationsmusik und Psy-Trance.

Der Pianist und Komponist Matthias Junken entwickelte eine Planeten-Tonreihe. Er setzte die Rotationsfrequenzen der Planeten um. Durch die Multiplikation mit dem einheitlichen Faktor 100 Millionen erzeugte er für das menschliche Gehör wahrnehmbare Töne.

Solche Bestrebungen gehen letztlich auf ein zahlenorientiertes kosmisches Harmonie- und Ordnungsdenken zurück, das man bereits bei den Pythagoreern sowie bei Platon und Aristoteles findet. Im christlichen Schöpfungsdenken werden die Vorstellungen fortgesetzt, wenn es heißt: „Gott hat alles wohlgeordnet".

Abgesang

Die Abwanderung eines Teiles unserer Bevölkerung aus dem Bereich des galaktischen Sternen-Reiches, der Konföderation von Kabar, soll keinesfalls das Ende von Atalant gewesen sein.

Mit dem Exodus von gerade mal 520.488 Atalantern wurde das Doppel-Stern-System noch lange nicht entvölkert. Immerhin blieben noch über 750 Millionen Bewohner dort. Diese mussten allerdings zugestehen, dass sie sich der kabarianischen Lebensweise ohne Einschränkungen unterordnen.

Auch 1.983 Druidorix entschlossen sich damals, den Zurückgebliebenen auch weiterhin zur Seite zu stehen. Von den Mitgliedern des Ordenshauses blieben ungefähr 68 Prozent im Sonnensystem.

Alle Druidorix standen über eine gewisse Entfernung sowieso telepathisch in Verbindung. So wussten auch diejenigen, die sich lichtjahreweit entfernten, wie die Entwicklung im System verlief, bei den anderen Atalantern.

Die Verbindung besteht allerdings heute längst nicht mehr. Wir sind viel zu weit vom Doppel-Sonnen-System Atalant entfernt, das sich irgendwo in der Galaxis, genannt Milchstraße, befindet.

Unser Klein-Atalant, jetzt als Atlantis bekannt, wurde einer unserer Zufluchtsorte. Auf dem Weg hierher verstreute sich die gewaltige Flotte von über 1.000 Raumschiffen mitsamt ihren Besatzungen auf etliche andere bewohnbare Planeten. Die meisten befinden sich dennoch hauptsächlich in der Nähe des Sol-Systems. Was aus ihnen geworden ist, wird an anderer Stelle aufgezeichnet.

Jedenfalls bin ich mir derzeitig bewusst, dass die ursprüngliche Kultur der Atalanter weiterlebt. Genauso wie sie in den Genen der Erdbevölkerung existiert, tragen all die irdischen Religionen einen Kern unserer Denkweise in sich. Deshalb bin ich sicher: **Der Geist von Atalant kann wieder erweckt werden!**

Trotz der Verseuchung mit geistigen Einpflanzungen sind auch die Menschen der Erde stark und fähig genug, sich von den Sklaven-Ketten des Gefängnisplaneten zu befreien. Es bedarf nur eines geringen Anstoßes, um den TAO-Geist zu rehabilitieren.

Denn unser aller Basis-Denken bezieht sich immer noch und immer wieder auf das „Große Spiel". Solange wir uns den ursprünglichen, ursächlichen Spielgeist der ersten Konstrukteure nicht nehmen lassen, sind und bleiben wir die Gestalter im geistigen Kosmos und im physischen Universum.

Nichts ist, wie es scheint! Wenn Beobachter das Ergebnis bei Experimenten verändern, wovon ausgegangen werden kann, gibt es noch viele weitere unbekannte und unerklärliche Einflüsse auf die Realität. Vieles deutet darauf hin, dass das, was wir für unverrückbare Fakten der Realität halten, nur ein kleiner Ausschnitt davon ist. Wieviel Prozent aller Faktoren und Einflüsse wir wirklich kennen, ist nicht bekannt.

Vor diesem Hintergrund erscheinen Fragen, wie die folgende von Albert Einstein vielleicht gar nicht mehr so abwegig:

„Existiert der Mond auch dann, wenn keiner hinsieht?"

Eines kann jedenfalls als gesichert betrachtet werden, wie auch Christina Syndikus, Heilpraktikerin für energetische Heilmethoden, feststellt: **„Die Natur der Wirklichkeit ist nach wie vor offen."**

Im Verlaufe von Spirituellen Rückführungen begegnen mir immer wieder geistig-kosmisch geprägte Wirklichkeiten. Das Geistige hat darin schon wesentlich mehr erlebt, als viele von uns heute wahrhaben können oder wollen. Warum sollen wir nicht selbst einmal die Wesen unserer Phantasie gewesen sein?

Die geistige Welt der Tausend Möglichkeiten ist um ein vielfaches größer, als die wahrnehmbare physische Realität.

So ist das „Große Spiel" noch längst nicht abgeschlossen. Wir selbst, als die Höheren Selbst, als Geistige TAO-Wesen, sind beteiligt, beim Erhalten der bis hierher ziemlich fertigen Bestandteile sowie beim Gestalten von völlig neuen Varianten.

Darüber hinaus gibt es auch körperlose Wesenheiten, die uns insgeheim unterstützen, uns vielleicht sogar bewahren, vor unserer eigenen Unzulänglichkeit als Menschen.

**Lasst uns einfach das Spiel spielen
und so viel Freude wie möglich daran haben,
bewusst oder nicht-bewusst.**

Über den Autor:
Günter Karl Skwara, *19.07.1952

Die spirituelle Ader offenbarte sich ihm bereits im Verlaufe seiner pupertären Entwicklung. Doch bis zur endgültigen Entfaltung waren noch einige schwerwiegende Schritte erforderlich. Er ging durch einschneidend tiefe Täler und musste erhebliche Entbehrungen hinnehmen.

Sein beruflicher Weg führte zuerst über das industrielle Handwerk eines Werkzeugmachers. Nach dem sozialpädagogischen Fachabitur wollte ihn die Bundeswehr vereinnahmen. Doch er vergab sein soziales Engagement an die Bundesanstalt für Arbeit. 1975 wagte er den riskanten Absprung aus dem sicheren Beamtenverhältnis und gründete einen Verlag für sein regionales Magazin. Aus diesem Wagnis wurde eine furchtbare Pleite. Er verlor seine Familie, sein Vermögen und sogar sich selbst.

Doch wie bei Phönix aus der Asche gelang der Aufschwung. Ihm wurde von einer Gemeinschaft spirituell denkender und handelnder Menschen hilfreiche Unterstützung zuteil. Bald eröffnete sich ihm seine eigentliche, menschenfreundlich spirituell geprägte Lebensaufgabe.

Mit Hilfe von Spirituellen Rückführungen stand sie ihm deutlich vor Augen. Nun konnte er an frühere Lebenszyklen anknüpfen. Vor allem sein Dasein als Druidorix der Druiden des TAO hatte es ihm angetan. Die enormen Wissensbestandteile verarbeitete er in seinen Werken, entsprungen aus der liebenswert harmonischen Lebensweise der Gemeinschaft der Atalanter, deren Lebensphilosophie, sowie den tiefgründigen Erkenntnissen jener Zeiten.

Besonders ab seinem Aufenthalt in Frankreich (1991 bis 1992) eignete er sich zusätzlich phänomenales spirituelles Wissen, Fähigkeiten und Fertigkeiten an. Frühere Leben, eigene und die seiner Mitmenschen, wurden zu seiner ureigenen Wirklichkeit. Von seinen französischen Freundinnen und Freunden wurde er Heiler von Morhange genannt. Er war dort anerkannter "Meister des Wandels" (master of change).

Seine Absicht besteht seitdem darin, Menschwesen aus dramatisch verfestigten Problemstellungen herauszuhelfen (physischer, psychischer sowie sozialer Art). Als guter Zuhörer entlastet er die schwierigen Situationen seiner rat- und hilfesuchenden Freundinnen und Freunde. Vor allem im Rahmen Spirituelller Rückführungen bringen eben diese Freundinnen und Freunde ihre Lebensumstände selbstverantwortlich in Ordnung.

Mit leichter Hand führt er diese zu eigenständig und eigenermächtigt gefundenen Lösungswegen.

**Er ist Begleiter auf dem Pfad
zu Wohlbefinden, Zufriedenheit und GlücklichSein.**

Günter Skwara

Spiritueller Rückführer

Helfer auf dem Weg
zur Selbstheilung

Berater für Mentale
Kommunikation

Mystik der Selbstheilung

Trauer bewältigen / Trost finden / Angstfreiheit erfahren / Kontrollzwang auflösen / Energiemangel beheben / Blockaden knacken / Dogmen und Glaubenssätze entmachten / Selbstermächtigung realisieren / Selbstheilungskräfte aktivieren / BewusstSein stärken / Wissen erweitern

> Spirituelle Rückführungen > Finden von Ursachen, Aufarbeiten und Bereinigen, Rehabilitation und Mobilisierung von Kreativität, bewusstes (Los)Lösen von belastenden karmischen Verstrickungen.
Der Pfad zur Heilung ist eine Transformation vom Menschsein zu TAO.

> Mentale Kommunikation > Die Magie effektiver, mentaler Kommunikation ist der Königsweg, zur Lösung aller, vom Verstand inszenierter Probleme. Das Magische Quadrat für Verstehen dient als Leitsymbol.

> Ganzheitlicher, kommunikativer Energiefeldausgleich > Aus dem Gleichgewicht geratene Lebensenergie wird stabilisiert und harmonisiert. Dies führt zu Ausgeglichenheit, Stabilität und Balance im Dasein.

> Spiegel-Meditation > Erschließt den Weg zu Selbsterkenntnis, Selbstständigkeit, Selbstermächtigung. Rehabilitiert alte Fähigkeiten!

Gunar von Atalant
Druidorix der Druiden des TAO
FREIER ORDEN FREIER WESEN

Günter Skwara * Burgundenstraße 14 * 90461 Nürnberg

Kontakt: **0157-341 019 07**

e-Mail: rueckfuehrer@protonmail.com
www.studio-chi.de oder **www.rueckfuehrer.de**